W0083679

Ein Reich ist leicht zu regieren, eine Familie schwer. Diesem chinesischen Sprichwort kann man nur seufzend zustimmen, wenn es in Haushalt und Familie mal wieder so richtig drunter und drüber geht. Dass die Probleme im Familienalltag weitgehend identisch sind mit den Problemen eines Managers in einem Wirtschaftsunternehmen, stellte die Familienberaterin Julia Rogge erstaunt fest, als sie sich zum ersten Mal mit Management-Strategien befasste. Nur einen Unterschied gibt es: Manager werden auf ihre Aufgaben vorbereitet, sind in Zeitplanung, Stressmanagement, Organisation und Kommunikation geschult …

Für ihren ebenso kompetenten wie pragmatischen Ratgeber hat Julia Rogge deshalb verschiedene Management-Strategien auf die Familienarbeit übertragen. So schildert sie Wege zur optimalen Planung und zu einer effektiveren Organisation und Kommunikation im Familienalltag. Darüber hinaus zeigt sie die Möglichkeit der (außerfamiliären) Entlastung sowie zahlreiche Körperübungen, um zu entspannen und wieder Kraft zu tanken.

Julia Rogge, geboren 1962, ist Diplom-Pädagogin und Geburtsvorbereiterin und arbeitet seit 1989 bei der Evangelischen Familien-Bildungsstätte in Pinneberg. Darüber hinaus hält sie Kurse zur Vorbereitung auf Elternschaft und in Familien-Management sowie Fortbildungen für Gruppenleiter. Sie ist verheiratet und Mutter von drei Kindern.

Julia Rogge

Den Alltag in den Griff bekommen

Familien-Management

Deutscher Taschenbuch Verlag

Originalausgabe
Juli 2000
© Deutscher Taschenbuch Verlag GmbH & Co. KG, München
www.dtv.de
Das Werk ist urheberrechtlich geschützt.
Sämtliche, auch auszugsweise Verwertungen bleiben vorbehalten.
Umschlagkonzept: Balk & Brumshagen
Umschlaggestaltung: Angelika Fritsch
Umschlagfoto: © Bavaria Bildagentur
Illustrationen: © Angela von Roehl
Satz: KCS GmbH, Buchholz/Hamburg
Gesetzt aus der Minion 10/11,5ʼ
Druck und Bindung: C. H. Beck'sche Buchdruckerei Nördlingen
Gedruckt auf säurefreiem, chlorfrei gebleichtem Papier
Printed in Germany ISBN 3-423-36199-9

Inhalt

Wie es zu diesem Buch kam

Als einer meiner Freunde, selbst kinderlos, begann, sich mit Managementstrategien zu beschäftigen, erzählte er mir von den spannenden und interessanten Büchern, die er sich zu diesem Thema gekauft hatte. Ich begann zu blättern, und in der Tat, sie waren amüsant zu lesen, und vor allem war es für mich spannend festzustellen, dass es sich darin um genau die gleichen Themen drehte wie im Familienalltag. Da ging es um Planung, im Kleinen und im Großen, da ging es um positives Denken, um Optimismus und Zielstrebigkeit. Da ging es um die Arbeit mit Menschen, um Sprache und Kommunikation, um klare Anweisungen, da ging es um das Verhalten den Mitarbeitern gegenüber, um Motivation und Selbstmotivation, um Nähe und Distanz, da ging es um den Umgang mit Reserven und um Prioritäten. Und in einem Buch ging es um die »Affen«, die sich an einen klammern und einen ständig von der eigentlich wichtigen Arbeit abhalten. Besonders dieses Bild von den Affen erinnerte mich lebhaft an den Alltag in der Familie.

Ich las diese Bücher mit den Augen einer berufstätigen Mutter und stellte fest, dass die Probleme eines Managers in einem Wirtschaftsunternehmen mit den Problemen im Familienalltag weitestgehend identisch sind. Ich war erstaunt, mit welchen »Kleinigkeiten« sich die »großen« Manager beschäftigen, wenn es um die Verbesserung ihrer Arbeit geht. Auch in der Familie ist es die Summe der vielen »Kleinigkeiten«, die den Alltag immer wieder schwer macht.

Weiterhin erfuhr ich, dass es Managerfortbildungen gibt, die in Form von Überlebenstrainings abgehalten werden. Nach allem, was ich mittlerweile über Management wusste, war ich fest davon überzeugt, dass die beste Managerfortbildung sicherlich darin bestünde, einmal für eine Woche den Haushalt einer Familie mit vier Kindern zu führen. Ein besseres Überlebenstraining kann ich mir beim besten Willen nicht vorstellen. Ich bin sicher, jeder, der diese Arbeit nicht tagtäglich tut und da nicht »hineingewachsen« ist, wäre froh, wieder an seinen gewohnten Arbeitsplatz zurückzuwechseln, egal, wie viele Sorgen und Schwierigkeiten ihn dort erwarten.

Beruflich bin ich seit zehn Jahren als Pädagogin in der Familien-Bildung tätig. Meine Schwerpunkte sind die Arbeit mit werdenden Eltern, also der Übergang vom Paar zur Familie, und die Startbedingungen, die junge Familien heute haben. Darüber hinaus kümmere ich mich seit einigen Jahren um Frauen, die eine (Müttergenesungs-)Kur brauchen, bin ihnen bei der Antragstellung und Durchführung einer Kur behilflich. In meine Beratung kommen ausnahmslos Frauen (und auch einige Männer), die aus verschiedenen Gründen dem Alltag in der Familie nicht mehr standhalten, die ausgebrannt sind und Hilfe brauchen, um ihre Reserven wieder aufzufüllen. Viele von ihnen haben ein schlechtes Gewissen, dass es so weit gekommen ist, und glauben, sie allein wären unfähig, »das bisschen Familie« auf die Reihe zu kriegen.

Ich befasste mich intensiv mit der Frage, was denn eine gute Organisation in einer Familie ausmacht, welche Faktoren dazu führen, dass es »gut läuft«. Und ich begann, verschiedene Managementstrategien auf die Familienarbeit zu übertragen bzw. auf Familienarbeit »umzuschreiben«. Daraus entwickelten sich meine Kurse über Familien-Management, und die positive Resonanz meiner TeilnehmerInnen sowie das rege Interesse von KollegInnen an diesem Thema haben mich veranlasst, das Konzept und die Inhalte, die meiner Arbeit zugrunde liegen, zu veröffentlichen.

Ein Wort zur Sprache in diesem Buch:

Im Sinne guter Lesbarkeit habe ich an den meisten Stellen auf die Doppelnennung der Geschlechter verzichtet und die traditionelle Rollenverteilung vorausgesetzt. Das bedeutet aber nicht, dass Sie als das jeweils andere Geschlecht hier nicht angesprochen sind. Wo es nicht stört, will ich auch sprachlich beiden Geschlechtern gerecht werden, sei es mit dem Wort »Eltern« oder mit dem großen »I«.

Des Weiteren beziehe ich mich in der Regel auf Familien, in der Mutter und Vater zusammenleben. Die Vielfalt der heute existierenden Familienformen kann (und soll) in diesem Buch nicht im Einzelnen behandelt werden. Da es grundsätzlich darum geht, dass Sie Ihre *individuelle* Familie organisieren, werden Sie Ihre persönlichen Pläne genauso gut auf Ihre spezielle Situation als Alleinerziehende, (neu) zusammengesetzte Familie oder jede andere Form des Zusammenlebens zuschneiden können.

Ich wünsche Ihnen viel Spaß beim Lesen, beim Planen und vor allem im Leben mit und in Ihren Familien!

Frühjahr 2000   Julia Rogge

Warum Familien-Management?

Familie ist ein Unternehmen, das den Fortbestand unserer Gesellschaft sichert. Und deshalb ist sie eines der wichtigsten Unternehmen überhaupt. Da sie aber nicht finanziell gewinnträchtig ist – im Gegenteil, sie ist einer der größten gesellschaftlichen Kostenfaktoren –, steht sie in Zeiten knapper öffentlicher Kassen nicht gerade hoch im Kurs.

Gute Umsätze eines Wirtschaftsunternehmens werden direkt auf ein straffes und effektives Management zurückgeführt. Umgekehrt erwartet man von einem zielgerichteten Management auch steigende Umsätze. Da ist es nicht verwunderlich, dass Unternehmen auch in Management-Trainings investieren, in Planung und Organisation, in Controlling und Nachwuchspotenziale, um kontinuierlich ihre Umsätze (weiter) voranzutreiben. Was bedeutet das nun für die Familie? Was sind die »Umsätze« in der Familie? Und was gar »steigende Umsätze«? Was wäre hier der Profit?

Denken Sie einmal in Ruhe über diese Fragen nach. Die Antworten hängen entscheidend von Ihren persönlichen Ansprüchen, Wertvorstellungen und Lebenszielen, aber auch von Ihrer augenblicklichen Familiensituation ab. Mit kleinen Kindern sehen die Antworten sicher anders aus als mit größeren Kindern. Es sind Fragen, über die Sie immer wieder neu nachdenken können.

Als Leitfaden für die Auseinandersetzung mit diesen Fragen können Sie folgende Aspekte bedenken:

Die Familie ist ein Unternehmen, in dem

- eine Atmosphäre geschaffen werden soll, die den Kindern die Möglichkeit gibt, zu gesellschaftsfähigen Erwachsenen heranzuwachsen – was immer das für Sie persönlich heißt,
- die Beziehungen der einzelnen Personen zueinander die Grundlage aller Weiterentwicklungen bilden,
- Erfolge und Ziele nicht in Mark und Pfennig dargestellt werden können,
- Erfolge hauptsächlich subjektiv definiert werden und
- Ziele immer nur als Teilziele erreicht werden können, weil auch sie dem vielschichtigen Prozess des Wachsens unterliegen.

Die »Umsätze« bzw. »Profite« in der Familie können also weitestgehend nur über Ihre persönliche Zufriedenheit definiert werden. Dies ist eine sehr subjektive Größe, und deshalb ist es für das »Unternehmen Familie« erst recht schwierig, Umsätze oder Profite nach außen darzustellen oder zu vertreten. Darum soll es auch nicht gehen!

Vielmehr soll Ihnen in diesem Buch Folgendes gezeigt werden:

- Familienarbeit ist eine wichtige und sehr vielseitige Arbeit, die weitaus mehr Kompetenzen erfordert und bildet, als gemeinhin anerkannt wird.
- Es gibt Möglichkeiten, den Familienalltag so zu gestalten, dass Kinder sich zu selbstbewussten Erwachsenen entwickeln können.
- Zweifel, Unsicherheiten und schlechtes Gewissen hinsichtlich

der geleisteten Arbeit sind gelegentlich normal, und Sie können lernen, damit umzugehen. Eltern sind auch nur (fehlbare) Menschen, die in der Regel gut genug sind!

- Sie können lernen, das Nie-fertig-Werden auszuhalten.
- Sie sind nicht allein, wenn Sie manchmal meinen, Sie würden die Dinge nicht »auf die Reihe kriegen«. Anderen geht es auch so.
- Sie können sich den Alltag in Ihrer Familie erleichtern.
- Familie und Beruf sind durchaus miteinander vereinbar.
- Planung und Organisation können auch in der Familie sehr hilfreich sein.
- Arbeitsteilung ist möglich.
- Sie leisten als Eltern eine so vielgestaltige Arbeit, dass dies ein Management erfordert, und:
- Es ist möglich, dieses Management zu optimieren.

In vielen Betrieben werden die Mitarbeiter geschult in Zeitmanagement, Arbeitsmanagement, Stressmanagement, Gesprächsführung, Körpersprache usw. Nur Eltern sind in ihrem »Beruf« vollkommen sich selbst überlassen, und es hängt von ihrem persönlichen Einsatz ab, in welcher Weise sie sich für diesen Beruf qualifizieren oder weiterbilden.

Viele Eltern schütteln ein hervorragendes Familien-Management aus dem Ärmel. Sie merken manchmal gar nicht, *wie* sie das eigentlich machen. Viele sind trotzdem ständig unzufrieden und meinen immer, es wäre nicht gut genug, was sie so den ganzen Tag schaffen. Oder sie haben ständig ein schlechtes Gewissen, dass sie irgendeinem Bereich nicht genügend gerecht werden.

Dabei ist die Familie eines der kompliziertesten Unternehmen unserer Gesellschaft. Da ist es längst überfällig, auch hier ein gelungenes Management zu fördern, zu unterstützen und weiterzuentwickeln. Dabei soll Ihnen dieses Buch helfen.

Vom Paar zur Familie

$$1+1=3$$

Wenn Paare zum ersten Mal Eltern werden, dann gibt es in dem neuen Leben zu dritt häufig Startschwierigkeiten. Diese lassen sich im Wesentlichen durch zwei grundlegende Erfahrungen beschreiben, die alle Paare in irgendeiner Form machen:

Erstens, es kommt (alles) anders, als sie es sich vorher vorgestellt haben, und, zweitens, Ansprüche und Lebenswirklichkeit klaffen meist weit auseinander.

Mit diesen Erfahrungen geht es Ihnen also wie den meisten anderen jungen Eltern auch. Am besten gewöhnen Sie sich an diese neue Situation, wenn Sie sich jeweils mit Ihrer aktuellen Situation auseinander setzen, ohne sich vorher (theoretisch) festgelegt zu haben, wie Sie mit dem einen oder anderen Problem umgehen wollen.

Seien Sie von Anfang an offen und flexibel – Sie können nichts vorwegnehmen!

Es kam alles anders, als Karin und Peter es sich vorgestellt hatten. Bei ihnen sollte es nicht so werden wie bei all den anderen, nicht so chaotisch wie bei den Freunden und KollegInnen, die schon

Kinder hatten. Bei ihnen sollte alles so sein wie in der »Sonnen-schein«-Werbung mit ewig strahlenden Eltern und makellosen Kindern – oder so ähnlich wenigstens. Vor allem so, wie *sie selbst* sich das vorstellten.

Karin und Peter kannten sich bereits fünf Jahre und waren fast genauso lange ein Paar. Sie lebten seit Jahren in einer gemeinsa-men Wohnung; der Haushalt war nie ein Problem. Die anfallen-den Arbeiten wurden von beiden erledigt. Karin machte die Wäsche, Peter war für das Bügeln zuständig. Sauber machen und Einkaufen erledigten sie gemeinsam oder nach Absprache. Sie gingen gern ins Kino oder ins Theater, Karin spielte Tennis, und Peter war in der Freiwilligen Feuerwehr aktiv. Kurzum, sie führ-ten ein angenehmes und anregendes Leben und waren sich in den entscheidenden Punkten der Lebensgestaltung einig. Nun wünschten sie sich ein Kind.

Als Karin bald darauf schwanger wurde, freuten sie sich riesig und malten sich innerlich ein Traumbild ihrer zukünftigen Fami-lie. In der Geburtsvorbereitung hörten sie davon, wie anstren-gend es sei, eines Tages nicht mehr durchzuschlafen. Und dass man mittags noch im Bademantel herumlaufe, ganz zu schweigen von dem Zustand der Wohnung, in die man niemals jemand unangemeldet einlassen könne. Das schienen ihnen nur Ge-schichten von schlecht organisierten Leuten zu sein, die sowieso nichts »gebacken« kriegen.

Und dann kam Lisa, das heiß ersehnte Kind. Die erste Zeit war geprägt von Stolz und Euphorie. Freunde und Verwandte kamen zu Besuch. Da Peter Urlaub genommen hatte, konnte der Besuch auch mühelos bewirtet werden. Karin freute sich und genoss es, von Peter versorgt und verwöhnt zu werden. Und vor allem, dass er die wesentlichen Aufgaben im Haushalt in dieser Zeit allein bewältigte. So konnte sie sich ganz und gar Lisa, dem Stillen und der Erholung widmen.

Am Ende von Peters Urlaub wurde ihr schon etwas mulmig. Sie konnte sich gar nicht vorstellen, wie sie den Alltag mit Lisa allein bewältigen sollte.

An Peters erstem Arbeitstag klappte alles so weit ganz gut. Karin kümmerte sich um Lisa, der Haushalt blieb einfach liegen. So ähnlich ging es auch in den nächsten Tagen. Inzwischen konnten sie verstehen, was mit dem Chaos in der Wohnung gemeint war. Peter kam jeden Abend nach Hause, räumte die Küche auf, saugte Staub, kümmerte sich um die Wäsche und alles was sonst noch liegen geblieben war. (Seine Mutter begann bereits, sich über die Schwiegertochter zu beschweren.) Mit der Zeit wurde auch Peter zunehmend ungnädig, die Arbeit wurde ihm zu viel. Außerdem stellte er fest, dass er überhaupt keine Zeit mehr mit seiner Tochter verbrachte, ja, es war ein immer fremderes Gefühl, wenn er sie nach der Arbeit auf den Arm nahm. Er wünschte sich, sie auch einmal wieder wickeln zu dürfen. So schlug er einen Tausch vor: Karin solle den Haushalt machen, während er sich um Lisa kümmere. Karin verstand ihn und willigte ein.

Während sie die Küche aufräumte und das Abendessen vorbereitete, hörte sie Lisa schreien. Und sie hörte sofort, was ihr fehlte. Sie war ja schließlich den ganzen Tag mit ihr zusammen, hatte inzwischen ein sehr gutes Interpretationsvermögen entwickelt für die verschiedenen Tonlagen des Schreiens und wusste, womit sie sie jeweils am besten beruhigen konnte.

Schon eilte sie zu Peter und Lisa, um die Tochter zu »retten«. Sie sah, dass Peter umständlich versuchte, Lisa eine Windel umzubinden, und stellte fest, dass die eine Seite schon schief zugeklebt war – das konnte ja nichts werden. »Das muss schneller gehen, sie friert doch. Und außerdem …, darf ich mal«, schon riss sie die Windel wieder auf, drängelte Peter zur Seite, zog Lisa die Windel und die nötigen Kleider an, nahm sie auf den Arm, wandte sich zu Peter und sagte: »Guck, nun geht es ihr wieder gut!«

Peter wusste gar nicht, wie ihm geschah. Im Grunde hatte er keine Ahnung, was er falsch gemacht hatte, es fehlte ihm eben einfach an Routine. Er sah wohl, dass Karin es schneller und geschickter konnte, aber trotzdem ärgerte er sich.

In den nächsten Tagen wiederholten sich solche oder ähnliche Szenen, so dass Peter bald keine Lust mehr hatte, sich um Lisa zu kümmern. Karin würde ihm ja sowieso dazwischenfunken und es besser können.

Mit der Zeit schaffte sie tagsüber auch wieder die eine oder andere Arbeit im Haushalt, trotzdem blieb noch eine ganze Menge liegen, und Karin bat Peter, ihr abends noch bei dem einen oder anderen zu helfen. Er packte bereitwillig mit an, aber auch an seiner Art, die Wäsche zu machen oder die Küche aufzuräumen, hatte sie immer mehr auszusetzen. Es gab Streitereien um Kleinigkeiten und Rechthabereien um Dinge, die sie früher mühelos gemeinsam erledigt hatten.

So kam es, dass Peter immer weniger im Haushalt mithalf. Er kam auch immer später von der Arbeit nach Hause. Und Karin wurde immer ärgerlicher darüber, dass alle Arbeiten in der Familie an ihr hängen blieben.

So viel zu Karin und Peter, und wie es weitergeht, haben Sie entweder selbst erlebt, oder Sie können Ihre Fantasie spielen lassen. Viele Paare stolpern ziemlich unvorbereitet in die neue Situation hinein. Und wenn sie sich doch darauf vorbereitet haben, schon Pläne geschmiedet haben, dann kommt es meist anders, als sie es sich vorgestellt haben. Oder es kommt genau so, aber sie haben nicht vorwegnehmen können, wie es sich anfühlt, in dieser Situation zu sein, und wie anstrengend es ist. Es gibt diesbezüglich mindestens so viele Geschichten, wie es Familien gibt.

Karins und Peters Geschichte zeigt nur einen kleinen Ausschnitt aus dem Familienleben, nämlich den, der sich auf die Haus- und Kinderarbeit bezieht. Die Unstimmigkeiten können sich auch auf andere Bereiche übertragen, wie z. B. die Sexualität oder den Wunsch, etwas miteinander zu unternehmen. Manchmal ist es auch umgekehrt: Wenn die Frau nach der Entbindung keine Lust hat, mit ihrem Mann zu schlafen, spielt seine Unzufriedenheit vielleicht auch in den »Arbeitskampf« mit hinein.

Wie auch immer: Die Zeit nach der Geburt (besonders des ersten Kindes) wird als eine natürliche Krise in der Partnerschaft bezeichnet und sie birgt auch eine Gefahr: Wenn Sie sich den Konflikten nicht stellen, riskieren Sie, sich immer weiter auseinander zu leben, und eine Trennung ist in den meisten solchen Fällen vorprogrammiert. (Wie Sie das vermeiden können, erfahren Sie im Kapitel »Kommunikation«.)

Noch einmal zurück zu Karin und Peter. Wahrscheinlich sagen Sie: »Ist sie doch selber schuld, wenn sie ihn nicht mal machen lässt und ihm immer dazwischenfunkt!« Wahrscheinlich können Sie Peter gut verstehen: »Würde ich auch nichts mehr tun und sauer sein an seiner Stelle!« Gleichzeitig stellen Sie vielleicht fest, dass Sie diese Geschichte irgendwoher kennen: »So ähnlich war das bei uns auch.«

Ja, und woran liegt es, dass Karin sich quasi selbst vermasselt, was sie sich sehnlichst wünscht?

Das Problem ist, dass die Arbeitsteilung in der Familie – sofern es eine gibt – zunächst von der Natur vorgegeben ist: Solange das Kind gestillt wird, muss die Mutter sich um die Ernährung kümmern. Und dementsprechend ist die Beziehung zwischen Mutter und Kind enger als die Beziehung zwischen Vater und Kind. Nicht zuletzt aus diesem Grund entscheiden sich viele Paare dafür, dass zunächst die Frau zu Hause bleibt und der Mann das Geld verdient.

Nun sind Sie als Frau von Anfang an zusammen mit Jungen beschult worden. Das heißt, an Sie wurden seit dem Kindergartenalter die gleichen Anforderungen gestellt wie an Ihre männlichen Altersgenossen (von geschlechtsspezifischer Erziehung im Schulalltag mal abgesehen). Sie haben die gleichen Leistungen erbracht wie Ihre männlichen Altersgenossen, wenn nicht sogar bessere. Dies ist ein entscheidender Unterschied zu vorangegangenen Generationen.

Früher wurden Mädchen in der Regel noch auf Mädchenschulen erzogen, Hauswirtschaft gehörte zu jeder guten Ausbildung einer Frau. So wurden Frauen früher insgesamt anders sozialisiert als die Frauen, die seit den fünfziger Jahren geboren wurden. Frauen, die heute Mütter werden, haben sich von Kindesbeinen an selbstverständlich mit Jungen und Männern messen müssen, haben meist eine Ausbildung und auch Berufserfahrung. Sie sind kompetent und werden dafür auch belohnt. Sie sind ehrgeizig und es gewohnt, selbstständig zu arbeiten und sich in ihrer Arbeit weiterzuentwickeln.

Wenn Sie nun (vorübergehend) Ihren bisherigen Job aufgeben, um sich um Haushalt und Kind(er) zu kümmern – egal übrigens, ob als Mann oder Frau –, so geben Sie einen wesentlichen Bereich Ihres Lebens auf. Diese Lücke will geschlossen werden. Ihr neuer Bereich ist die Haus- und Familienarbeit. Ihr Partner behält in seinem Job die alten Kompetenzen und Anerkennungen, während Sie sich in Ihr neues Spezialgebiet einarbeiten, und zwar rund um die Uhr. Meist sind Sie ausschließlich damit beschäftigt, zumindest zu Beginn. Während Sie sich nun Ihren neuen Job erarbeiten, kommt Ihr Partner abends nach Hause und will (oder soll) es nach seiner »eigentlichen« Arbeit genauso gut machen wie Sie. Gelingt ihm das, so zweifeln Sie an Ihrer eigenen Kompetenz. Gelingt es ihm nicht, so sind Sie vielleicht enttäuscht und fühlen sich mit der Familienarbeit allein gelassen. Er kann es also nur falsch machen.

In dem Ringen um die neuen Kompetenzen und in der Ambivalenz der neuen Situation verbreiten Sie manchmal paradoxe Botschaften: »Du sollst mir helfen, aber du darfst es eigentlich nicht gut machen.« Da viele junge Eltern zu Beginn ihrer Elternschaft häufig überfordert sind, sind sie sich dieser Ambivalenz nur selten bewusst. Das führt dazu, dass die daraus resultierenden Konflikte auf Nebenschauplätzen ausgetragen werden, wie z. B. im Streit um Haushaltsfragen, im sexuellen Rückzug oder in einer immer größer werdenden Distanz zwischen den Partnern. Insofern ist diese Situation eine harte Probe, und nicht jede Partnerschaft hält das aus.

Viele Paare finden mit der Zeit trotzdem Wege zu einer Arbeitsteilung. Diese entwickelt sich permanent, abhängig von den ständig sich ändernden Bedürfnissen und Fähigkeiten aller Familienmitglieder.

Vielleicht haben Sie sich entschlossen, dass baldmöglichst beide Partner wieder einer Berufstätigkeit außerhalb der Familie nachgehen, und schaffen eine funktionsfähige Kinderbetreuung. Dann ist die Diskrepanz der Erlebnisse (einer erlebt nur den Familienalltag, der andere in erster Linie seinen beruflichen Alltag) nicht mehr so groß und die Verantwortung in der Familie eher auf beide Partner verteilt.

Wenn es Ihnen schwer fällt, eine Zeit lang (notgedrungen) auf Ihre Berufstätigkeit zu verzichten, machen Sie sich bewusst, dass eine intensive Kinderbetreuung für eine gewisse (begrenzte) Zeit notwendig ist. In dieser Zeit verzichten Sie auf einen Teil Ihrer Bedürfnisse, um dann später wieder ruhigen Gewissens einem Job außerhalb der Familie oder Ihren anderen Interessen nachzugehen.

Vielleicht fühlen Sie sich auch sehr wohl bei der Arbeit in Haushalt und Familie, wünschen sich noch mehr Kinder und können gut damit leben, dass Sie sich eindeutig für den Beruf des Familienmanagers/der Familienmanagerin entschieden haben.

Wie auch immer: Wichtig dabei ist, dass Sie nach Lösungen suchen, mit denen alle Familienmitglieder zufrieden sein können, und sei es eben nur für eine begrenzte Zeit. Wichtig ist auch zu wissen, dass solche Entscheidungen nicht endgültig sind: Überprüfen Sie immer wieder, ob sich Bedürfnisse im Lauf der Zeit verändert haben, und wenn ja, so müssen Sie neu miteinander verhandeln, nach neuen Lösungen suchen. (Das könnte sich auf die Arbeitssituation der Frau beziehen oder auf die Kinderbetreuung oder auf die Verteilung der Arbeit im Haushalt usw.)

Wenn Sie davon ausgehen, dass nichts endgültig ist, sondern dass Sie immer die Möglichkeit haben, etwas zu verändern, wenn Sie unzufrieden sind, dann können Sie gelassen in die Zukunft schauen in dem Vertrauen, dass Krisen eher Herausforderungen sind, an denen Sie wachsen, statt sie zwangsläufig als Bedrohung zu empfinden.

Verabschieden Sie sich von Ihrem Perfektionismus!

Es ist normal, wenn das Leben in der Familie nicht immer reibungslos verläuft. Da kann es Probleme in der Entwicklung der Kinder geben, da gibt es Krisen in der Partnerschaft, es tauchen unvorhersehbare Probleme oder Ängste und Sorgen auf.

Wie auch immer Sie sich in Ihrer Familie einrichten, Sie können an irgendeinem Punkt Ihren Ansprüchen nicht mehr gerecht werden, weil die Lebenswirklichkeit anders ist, als Sie es sich vorgestellt haben. *Wo* es anders kommt, *was* anders ist und *wie* es sich dann anfühlt, das können Sie nicht vorhersehen. Deshalb ist es wichtig, dass Sie innerlich flexibel bleiben (oder es endlich werden), dass Sie bereit sind, Ihre Anschauungen – falls nötig – zu ändern, dass Sie versuchen, Gelassenheit zu entwickeln gegenüber Dingen, die zurzeit einfach keine Priorität haben können. Perfektionismus raubt Ihnen Kräfte, die Sie für die ganz normale Alltagsbewältigung brauchen. Deshalb sollten Sie sich von der Vorstellung verabschieden, dass *alles* perfekt laufen muss, was immer »perfekt« für Sie persönlich bedeutet.

Das ist leichter gesagt als getan, denn viele Menschen streben nur zu gerne nach perfekten Leistungen. Das ist ihnen ja lange genug beigebracht und seit jeher belohnt worden. Die Familie besteht nun mal aus Menschen, und wo Sie es mit Menschen zu tun haben, suchen Sie vergebens nach perfekten Lösungen.

Natürlich gibt es das perfekt geputzte Badezimmer (jedenfalls subjektiv), und ein Essen, das allen gut schmeckt, mag auch als perfekte Leistung verbucht werden. Wenn es allerdings um den Umgang miteinander oder das Haushalten mit den eigenen Kräften geht, geraten nicht wenige Eltern an ihre Grenzen.

So wie Christiane, die mit ihrem Sohn Alexander alles ganz gut hinbekommen hatte. Sie war schon immer gut organisiert, und was sie in ihrem Leben wollte, hatte sie auch geschafft. Es gelang ihr, Kind und Berufstätigkeit miteinander zu vereinbaren, und was lag da näher, als sich ein zweites Kind zu wünschen? Janina wurde geboren, als Alexander knapp vier Jahre alt war. Sie war nicht so »pflegeleicht«, wie Christiane es von Alexander in Erinnerung hatte. Janina weinte häufiger, schlief unruhig und nahm Christiane einfach mehr in Anspruch. Durch den mangelnden Schlaf wurde diese zunehmend nervös und hatte auch für Alexander nicht mehr die Geduld wie früher.

Christianes Schuldgefühle wuchsen von Tag zu Tag, weil sie nicht mehr allen Situationen in der Weise gewachsen war, wie sie es gewohnt war. Ständig hatte sie ein schlechtes Gewissen, weil sie kaum noch Zeit für Alexander hatte, weil sie schnell ungeduldig wurde und schimpfte, weil sie bei der Ernährung von Janina (ihrer Meinung nach) nachlässiger war als damals bei Alexander usw. Sie konnte auch das Leben als »Nur-Mutter« schwer ertragen und brauchte ihren Job als Ausgleich.

So gab sie Janina mit einem Jahr zu einer Tagesmutter und ging halbtags wieder arbeiten. Dabei ging es ihr schon erheblich besser, trotzdem plagten sie weiterhin Selbstzweifel und sie fragte sich, warum ausgerechnet sie es nicht schaffte, eine perfekte Mutter zu sein. Besonders Situationen, an denen sie kaum oder gar nichts ändern konnte, machten ihr zu schaffen: dass die Kinder trotzig waren, dass die Kinder stritten, dass (Kinder-)Krankheiten die Familie aus der Bahn warfen oder dass die Kinder auch einmal traurig waren und Christiane das nicht sofort ändern konnte. Sie wollte doch, dass ihre Kinder eine glückliche Kindheit hätten!

Auf die Frage, was denn eine »glückliche Kindheit« ihrer Meinung nach sei, antwortete Christiane: »Na, wenn immer alles perfekt ist!« Doch zu glauben, dass immer nur Sonnenschein, Eintracht, Frieden und Glück herrschen müssten, ist ein Trugschluss. Denn die dunkle Seite gehört genauso zum Leben wie die helle, und in einer gesunden Lebenseinstellung sollte es darum gehen, die positive Seite des Lebens genießen zu können und die negativen ertragen zu lernen. Dann sind Sie als Eltern Ihren Kindern das beste Vorbild.

Es wird immer Dinge geben, mit denen Sie nicht hundertprozentig zufrieden sind, und die wesentliche Frage besteht darin, ob Sie sich an den positiven oder an den negativen Seiten des (Familien-)Lebens orientieren. Lautet Ihre Frage grundsätzlich: Was läuft schlecht und muss verbessert oder verändert werden? Oder heißt sie eher: Was läuft schon ganz gut und gibt uns die Kraft, auch unsere Macken und andere Unannehmlichkeiten auszuhalten? Vielleicht kennen Sie das Beispiel vom Wasserglas: Schauen Sie auf das halb leere oder auf das halb volle Glas? Solange noch etwas drin ist, sollten Sie sich daran freuen, statt sich darüber zu ärgern, dass schon einiges weggetrunken ist!

Aber Sie müssen nicht von heute auf morgen ein neuer Mensch werden. Ein beliebtes Paradox bei perfektionistischen Menschen ist: »Ab morgen darf ich nicht mehr perfekt sein!« Das wäre ein fataler und gleichzeitig wiederum perfektionistischer Anspruch. Denn alle Veränderungen brauchen Zeit, meistens viel mehr, als Sie dafür einkalkulieren.

Stellen Sie zunächst fest, worin Ihr Perfektionismus besteht, und nehmen Sie sich Zeit zu überlegen, welcher Teil davon belastend ist (Perfektionismus ist ja nicht an sich etwas Schlechtes!). Überlegen Sie dann, wie viel und was davon Sie loswerden können und wollen. Haben Sie Geduld mit sich selbst. Das Allerwichtigste dabei ist, dass Sie nur einen Schritt zur Zeit machen und auch nur einen nach dem anderen. Nur so kommen Sie zum Ziel. Wenn Sie überzeugt sind, dass jeder kleine Schritt Sie dem Ziel näher bringt, dann fällt es Ihnen auch leichter, jetzt diesen Schritt zu gehen und nicht alles auf einmal zu wollen.

Versuchen Sie Ihren Perfektionismus auf die *kleinen Schritte* zu richten, da ist er gut angebracht!

Die Arbeit in Haushalt und Familie

Jeder Mensch hat – bewusst oder unbewusst – seine eigenen Techniken zu arbeiten. Je bewusster Ihnen Ihre Techniken sind, umso direkter können Sie Ihre Arbeit beeinflussen und gestalten. Je gezielter Sie Ihre Arbeit beeinflussen können, desto eher erreichen Sie einen Zustand der Zufriedenheit. Und das hat Auswirkungen darauf, wie effektiv Ihnen die Arbeit erscheint.

Auch bei der Familienarbeit geht es in großem Maße um ein effektives Zeit- und Stressmanagement. Die Aufgabe der Eltern im »Unternehmen Familie« – also ihre Arbeit – ist es, die in der Familie lebenden Kinder großzuziehen, ihnen ein Zuhause zu bieten, in dem sie sich zu reifen Erwachsenen entwickeln können. Daneben geht es immer auch um die Weiterentwicklung der Paarbeziehung und der Elternschaft. Das alles ist leichter gesagt als getan, denn bis die Kinder zu selbstständigen Erwachsenen geworden sind, gilt es, unendlich viele Hürden, Krisen und Entwicklungen zu nehmen. Das braucht Zeit. Die Entwicklung eines Kindes zum ausgereiften Erwachsenen dauert trotz zunehmender Schnelllebigkeit ca. zwanzig Jahre. (Und rein gefühlsmäßig werden manche Eltern lebenslang das Verantwortungsgefühl für ihre

Kinder nicht los.) Und es braucht Geduld, Flexibilität, Kompromissbereitschaft, Toleranz, Verständnis und vor allem Kraft.

Zunächst wollen wir uns mit den Bedingungen beschäftigen, die die Familienarbeit im Alltag schwierig und unübersichtlich machen.

FamilienmanagerIn ist ein Beruf, für den es keine Ausbildung gibt

Wahrscheinlich sind auch Sie – wie viele Eltern vor Ihnen – in diesen Beruf hineingewachsen. Nach wie vor ist es eine Tätigkeit, die zumeist die Frauen unserer Gesellschaft – zunehmend aber auch Männer – im Laufe ihres Lebens »haupt- oder nebenberuflich« ausüben. In der Regel werden Sie jedoch nicht auf diese Aufgabe vorbereitet. Natürlich haben Sie im Laufe Ihrer Sozialisation erfahren, dass die Familiengründung eines Tages von Ihnen erwartet wird. Vielleicht haben Sie sich sogar bewusst und gern für diesen »Beruf« entschieden.

Die Qualifikation für diese Tätigkeit entspringt jedoch hauptsächlich den Erfahrungen in Ihrer Herkunftsfamilie. Manche (werdenden) Eltern nehmen sich vor, alles anders zu machen, als sie es selbst erlebt haben. Andere wollen es vielleicht genauso machen, weil sie positive Erinnerungen haben. Wieder andere lassen es einfach auf sich zukommen. Letzten Endes bleibt ihnen auch nichts anderes übrig. Denn Qualifikationsmöglichkeiten für die neue Aufgabe werden nur sehr beschränkt angeboten. Man kann vor dem ersten Kind an einem Geburtsvorbereitungskurs und darüber hinaus an einem Säuglingspflegekurs teilnehmen. Aber die in diesen Kursen erworbenen Kenntnisse bleiben bis zur Geburt und der ersten Zeit mit dem Kind Theorie. Und vergleicht man den Umfang dieser Kurse mit Qualifizierungsmaßnahmen für andere Berufe, so wird deutlich, dass dieses Maß an »Ausbildung« mehr als mager ist.

Selbst wenn Sie einen Beruf gelernt haben, der Ihnen bei der Familienarbeit hilfreich erscheint, wird es hinterher meist doch anders, als Sie es sich vorgestellt haben. Wenn Sie Hauswirtschaftsleiterin, Erzieherin, Lehrerin, Kinderkrankenschwester, Hebamme, Putzfrau oder Ärztin sind, haben Sie in Ihrer Ausbildung doch nicht gelernt, was es bedeutet, persönlich und ganz allein für dieses neugeborene kleine Wesen verantwortlich zu sein. Mit der Mutter- oder Vaterrolle treten meist all Ihre beruflich erlernten Kompetenzen in den Hintergrund, sie verschwinden regelrecht manchmal, so überwältigend ist zunächst die Erfahrung, selbst Mutter oder Vater geworden zu sein.

Früher wurden die Frauen in der Großfamilie auf die neue Rolle vorbereitet: Besonders die weiblichen Mitglieder der Familie standen der werdenden Mutter mit Rat und Tat zur Seite und bereiteten sie auf die Geburt und die Zeit danach vor. Auch war in der Zeit nach der Geburt die Großfamilie zur Unterstützung der neuen Familie ständig zur Stelle.

Mit der zunehmenden Trennung der Generationen entstand die Isolation der jungen Familie. Selbst wenn Eltern oder Schwiegereltern am Ort zur Unterstützung bereit sind, dann leben sie in der Regel in anderen Haushalten, dürfen als Großeltern Beziehung zu den Kindern aufnehmen, sind jedoch nur noch selten als Berater akzeptiert. Die Geburtsvorbereitungskurse, Säuglingspflegekurse u. Ä. ersetzen außerdem nur einen Teil der Vorbereitung durch die Familie. Die Isolation trägt also zu zunehmender Unsicherheit bei. Die Eltern sind auf Ratgeberliteratur und Kurse an Volkshochschulen, Elternschulen und Familien-Bildungsstätten angewiesen. Die rege Teilnahme an solchen Angeboten zeigt, dass Eltern sich für ihre »Ausbildung« selbst verantwortlich zeigen.

Es gibt keine Kollegen, keine soziale Kontrolle, keine soziale Entlastung und keinen Chef, der Ihnen sagt, was Sie tun sollen

Wenn Sie nach der Geburt zu Hause bleiben und sich um das Kind (oder die Kinder) kümmern, stellen Sie schnell fest, dass Sie allein sind, dass niemand Ihnen sagt, was Sie tun sollen, dass auch niemand Ihnen sagt, was gut, richtig oder falsch ist. Diese Situation kennen nur wenige aus ihrem (vorherigen) Beruf. Sie sind es meist nicht gewohnt, ganz allein vor ihrer Arbeit zu stehen.

An den meisten Arbeitsplätzen gibt es Kolleginnen und Kollegen,

- die Sie fragen können, wenn Sie mal nicht weiterkommen,
- mit denen Sie zusammenarbeiten können,
- die kontrollieren, was Sie schaffen, und
- mit denen Sie einen kleinen Plausch halten können und damit auch Ihr Bedürfnis nach zwischenmenschlichen Kontakten befriedigen – so ganz nebenbei.

Und es gibt einen Chef oder eine Chefin, der oder die

- sagt, wo es langgeht,
- vorgibt, was erledigt werden muss,
- Lob und Tadel ausspricht, so dass Sie immer wissen, wo Sie stehen, ob Sie sich mehr anstrengen müssen oder ob es schon ganz gut ist, was Sie zustande kriegen.

Im »normalen« Berufsleben bekommen Sie also in der Regel ständig eine Rückmeldung über Ihre Leistung.

All das entfällt von heute auf morgen, wenn Sie in den Erziehungsurlaub wechseln. Es gibt keine KollegInnen, keine/n ChefIn – alles dürfen Sie selbst entscheiden. Allerdings *müssen* Sie auch alles selbst entscheiden. Niemanden können Sie fragen, ob es so, wie Sie es machen, denn gut und richtig ist.

Wenn Sie Freunde mit Kindern haben, entwickeln sich manchmal Beziehungen, die die fehlenden Kollegen zu ersetzen versuchen. Sie können dann mit diesen Freunden

- sich über Ihren (Arbeits-)Alltag austauschen,
- sich beraten,
- Ihre Bedürfnisse nach sozialen Kontakten befriedigen und
- sich evtl. auch gegenseitig entlasten.

Wenn dies Freunde von früher sind, die ungefähr gleichzeitig Kinder bekommen haben, lauern hier allerdings Gefahren. Diese Freundschaften werden durch die neue Art von Kollegialität schnell überstrapaziert, wenn die Veränderung der Ansprüche nicht klar für beide Seiten definiert wird. Es können Konkurrenz, Neid oder Eifersucht in Bezug auf die Kinder ins Spiel kommen, und nicht selten gehen solche Freundschaften dann auseinander. Eine weitere Gefahr ist, dass die Kinder sich nicht in der von den Eltern gewünschten Weise verstehen und die Freundschaft der Eltern an einem Mein-Kind-dein-Kind-Streit zerbricht.

Leichter ist es deshalb manchmal mit neuen FreundInnen, die Sie erst durch Ihre neue Situation kennen gelernt haben, vielleicht im Geburtsvorbereitungskurs, in der Krabbelgruppe o. Ä.

Im Wesentlichen hängt es nun also von Ihrer eigenen Initiative ab, in welcher Weise und in welchem Umfang Sie für Ihre sozialen Kontakte sorgen und sich Entlastung schaffen. Und Sie müssen als Eltern alle für die Familie gültigen Maßstäbe selbst setzen. Das kann eine gewisse Erleichterung sein. Für manche Eltern entsteht daraus jedoch eine Last, weil sie von einer ständigen Unsicherheit begleitet werden und der Angst, sie könnten etwas falsch machen.

Es gibt keine Arbeitsplatzbeschreibung

Für jede bezahlte Tätigkeit gibt es eine Arbeitsplatzbeschreibung, eine Dienstanweisung, ein klar vereinbartes oder definiertes Tätigkeitsfeld. Selbst wenn dies nicht in schriftlicher Form existiert, so gibt es eindeutige mündliche Absprachen über das, was Sie für Ihr Geld tun sollen. Im Zweifelsfall entscheidet eben der Chef oder die Chefin, was zu tun ist.

Wenn Sie nun eine Familie gründen, so sagt Ihnen niemand, was Sie zu tun und zu lassen haben. Und: Ihre Arbeit ist entscheidend von Ihren persönlichen Bedingungen und Ansprüchen abhängig.

Das heißt:

- Wie viele Familienmitglieder hat Ihre Familie?
- Wie groß ist die Wohnung?
- Gibt es einen Garten, Haustiere o. Ä. und damit noch zusätzliche Arbeit?
- Wie groß ist der Aufwand, die Wohnung/ den Garten/ die Tiere etc. sauber zu halten?
- Was haben Sie für Ansprüche bezüglich Sauberkeit und Ordnung?
- Wie stark sind Sie (beruflich) außer Haus eingebunden?
- Wie viele mithelfende Familienmitglieder gibt es?
- Welche Hilfe und Unterstützung haben Sie von außen? (Putzfrau, Au-pair-Mädchen, Babysitter, Großeltern, Tagesmutter, Tauschdienste u. Ä.)
- Wer macht was?
- Welche Einschränkungen gibt es? (Z. B. Krankheiten, Behinderungen, finanzielle Einschränkungen usw.)

Aus diesen und ähnlichen Fragen resultieren die entscheidenden Grundvoraussetzungen Ihres persönlichen »Arbeitsplatzes Familie«. Deshalb kann es keine allgemein gültige Arbeitsplatzbeschreibung für Ihren Familienhaushalt geben, denn abhängig von den oben genannten Faktoren wird die Organisation in jeder Familie anders aussehen.

Es gibt keine Trennung zwischen Beruf und Privatleben

Wenn Sie zu Hause bleiben, um Haushalt und Kinder zu versorgen, so haben Sie sich für den so genannten »Erziehungsurlaub« entschieden. Wovon machen Sie Urlaub? Und wofür?

Von der Wortwahl her könnte man glauben, Sie hätten nun drei Jahre Zeit, sich endlich einmal richtig auszuruhen. Sie sind ja *nur* zu Hause! Sie haben Privatleben pur! Und nun wollen Sie dieses Privatleben auch noch planen – da kommen Sie ja wirklich in »Freizeitstress«. Wenn Sie einen Beruf haben, für den Sie aus dem Haus gehen, Sie Ihre Arbeit also in anderen Räumen als zu Hause erledigen, dann gibt es eine deutliche Trennung zwischen Beruf und Privatleben. Wenn Sie z. B. LehrerIn sind oder als Selbstständige/r ein Büro im eigenen Haus haben, dann wird die Trennung schon sehr viel schwieriger. Sie haben die Arbeit, die mit Ihrem Beruf zusammenhängt, unter demselben Dach zu verrichten, unter dem auch Ihr Privatleben stattfindet. Sie müssen und können selbst entscheiden, wann Sie sich welchem Bereich widmen. Allerdings leben Sie nicht mit Ihren SchülerInnen oder KundInnen zusammen und sind in der Regel nicht privat mit ihnen verflochten. Auch wenn diese manchmal zu sehr »privaten« Zeiten anrufen oder vor der Tür stehen, können Sie Ihre Arbeitsinhalte weitestgehend von Ihrem Privatleben trennen.

In der Familienarbeit wird die Trennung der beiden Bereiche schwieriger. Sie machen (vorübergehend) Ihr Privatleben zum Beruf. Ihre Familie oder eben Ihr privater Wunsch nach Kindern

und Familie wird zur Rund-um-die-Uhr-Beschäftigung, vor der es kein Entrinnen mehr gibt. Und selbst wenn Sie meinen, Sie könnten sich zu Hause einmal ausruhen oder sich einem Hobby widmen, so bedarf dies erheblicher Organisation, weil Sie dazu entweder das Haus verlassen oder dafür sorgen müssen, dass Sie im eigenen Haushalt nicht gestört werden.

Dies ist insbesondere mit kleinen Kindern nicht immer leicht, denn die Kinder können den Unterschied zwischen Ihrer »Arbeit« und Ihrem »Privatleben« noch weniger erkennen als Sie selbst. Außerdem fällt es vielen Eltern schwer, nicht mehr auf die Geräusche im Haus zu hören und sich im Zweifelsfall auch nicht einzumischen. Um jedoch nicht voll und ganz die eigenen Bedürfnisse zu vergessen, ist es notwendig, dass Sie sich Freiräume erschließen, in denen Sie auch innerhalb der Familie einmal ganz »privat« sein können.

Familienarbeit ist ein 24-Stunden-Job

Für Kinder da zu sein bedeutet, 24 Stunden pro Tag im Dienst zu sein. Sogar in der Nacht sind Sie in Bereitschaft. Sie haben die Verantwortung rund um die Uhr, die ganze Woche, zu jeder Jahreszeit und auch im Urlaub. Das ist für die meisten Eltern eine der einschneidendsten Veränderungen des Alltags mit ihrem ersten Kind. Sie können nicht mehr ungestört acht Stunden am Stück schlafen. Und es fällt nicht allen Menschen leicht, sich auf einen fremden Rhythmus einzustellen.

Später sind es vielleicht die Sorgen um Ihre jugendlichen Kinder, die Sie um Ihren Schlaf bringen. Für Eltern wird es immer etwas geben, womit sie rund um die Uhr beschäftigt sind.

Auch am Tage gibt es wenig Ruhe. Die Arbeit fällt an, ohne dass Sie einen Einfluss darauf haben. Zu den Routinearbeiten wie Putzen, Wäsche waschen, Bügeln, Abwaschen etc. kommen Sie tagsüber oft nicht mehr, weil diese Arbeiten zu bestimmten Zeiten gar nicht mit der Kinderbetreuung vereinbar sind. Deshalb erledigen viele Eltern diese Dinge dann am Abend, bis sie erschöpft ins Bett fallen.

So eine Situation halten Sie auf die Dauer nur aus, wenn

- die Familie auch ein Ort ist, an dem Sie Kraft schöpfen können,
- Sie Ihren Dienst auch als Freizeit sehen können oder
- Sie in Ihren Alltag bewusst Zeiten der Ruhe, Zeit für Ihr ganz individuelles Privatleben einbauen können.

Das bedarf jedoch der klaren Trennung der verschiedenen Aktivitäten, der Abgrenzung und der Organisation. Wenn Sie Zeit für sich haben wollen, dann brauchen Sie entweder einen Babysitter oder Sie nutzen die Zeiten, in denen die Kinder schlafen, im Kindergarten oder in der Schule sind oder in denen sich Ihr Partner um die Kinder kümmern kann. Aber ohne Organisation geht gar nichts.

Es gibt keine finanzielle Anerkennung

Wenn Sie nach der Geburt Ihres Kindes zu Hause bleiben, steht Ihnen gesetzlich ein »Erziehungsurlaub« von bis zu drei Jahren zu. Wenn Sie Beamter oder Beamtin sind, können Sie sich auch für längere Zeit »beurlauben« lassen. Wenn Sie wenig Geld verdienen, bekommen Sie während des »Erziehungsurlaubs« ein Erziehungsgeld von bis zu 600 DM. Für SozialhilfeempfängerInnen ist dies natürlich zusätzliches Geld, da es nicht auf die Vermögensgrundlagen angerechnet wird. Wer jedoch ein bisschen mehr verdient, muss mit weniger oder gar keinem Geld für die geleistete Arbeit auskommen. Selbst wenn die aktuellen politischen Entwicklungen langfristig auf eine Erhöhung des Kindergeldes oder größere steuerliche Entlastungen für Familien zusteuern, so wird auch dieses niemals einer angemessenen Entlohnung für die geleistete Arbeit entsprechen. Jeder weiß, dass Kinder auch über das zweite Lebensjahr hinaus versorgt werden müssen, und das kostet weit mehr, als das Kindergeld abzudecken vermag. Außerdem müssen darüber hinaus genügend finanzielle Mittel für Ihre eigene Versorgung zur Verfügung stehen. Wenn Sie kein Kind hätten, könnten Sie einer regelmäßigen Arbeit nachgehen und damit Ihren eigenen Lebensunterhalt sowie eine Rentensicherung erwirtschaften.

Nun haben Sie aber eine Familie gegründet und bleiben zu Hause. Sie haben Privatleben pur! Wer sollte Sie dafür bezahlen?

Das Bundesfamilienministerium veröffentlichte 1996 die Ergebnisse einer repräsentativen Zeitbudgeterhebung. In dieser Studie geht es um die Inhalte und den Wert von Familienarbeit. Die Verfasser stellen u. a. heraus: »Alle Personen ab dem 12. Lebensjahr leisteten (1992) in Deutschland 95,5 Milliarden Stunden an unbezahlter Arbeit, (…) das sind 59 Prozent mehr als die bezahlte Erwerbsarbeit.« Würde man hier eine angemessene Entlohnung ansetzen, so ergäbe sich »daraus ein monatlicher Wert von durchschnittlich über 3 200 DM an ›zusätzlichem Haushaltseinkommen‹« (»Zeit im Blickfeld«, S. 16).

Natürlich ist es schwierig, diese Arbeit einheitlich zu bewerten, da die Qualität der Haus- und Familienarbeit ja von vielen variablen Faktoren abhängig ist, besonders von den persönlichen Beziehungen in der Familie.

Es wäre müßig, hier weiter darüber nachzudenken, wie man nun diese Arbeit gerecht in Geld und Zahlen ausdrücken könnte, denn Tatsache ist, dass Familienarbeit zurzeit nicht bezahlt wird. Und damit fehlt in der Familie diese nicht unwichtige Form der Anerkennung.

»Was nichts kostet, ist auch nichts wert.« Dies scheint in unserer Gesellschaft wie ein ungeschriebenes Gesetz zu gelten. Diese »Wahrheit« wird Kindern auf subtile Weise von klein auf beigebracht, und auch Sie als Eltern merken überhaupt nicht, wie Sie selbst es Ihren Kindern vermitteln. Markenterror, Konsumorientierung und Sozialneid sind nur einige Stichworte in diesem Zusammenhang. Und kennen auch Sie das Phänomen, dass Sie skeptisch werden, wenn es etwas zu verschenken gibt? Da fragen Sie doch sofort nach dem Haken, oder? Und wo ist der Haken bei der Familienarbeit?

Sie wird gemacht, ganz selbstverständlich, und es gibt keine Lobby, die dafür sorgen würde, diese Arbeit aufzuwerten, sei es finanziell oder moralisch. Und wenn diese Arbeit nichts kostet, dann ist es schön, dass sie gemacht wird. Aber manche Eltern fragen sich nicht selten, wofür sie all das auf sich nehmen, wer ihnen das jemals danken wird. Ständig sinkende Geburtenzahlen deuten zudem darauf hin, dass immer weniger Eltern überhaupt bereit sind, diese Arbeit zu leisten.

Anerkennung ermutigt und gibt Kraft für die weitere Arbeit. Wenn Anerkennung fehlt, machen sich Frust, Lustlosigkeit und Destruktivität breit. Das wissen Sie als Eltern nur zu gut, weil Ihre Kinder täglich Anerkennung brauchen. In jedem anderen Job bekommen Sie Anerkennung, und sei es einzig auf Ihrem Kontoauszug – aber dann immerhin da.

Natürlich machen Sie Ihre Familienarbeit auch gern. Und natürlich werden Sie sagen, dass die Kinder es Ihnen danken, und sei es mit dem unbezahlbaren Lächeln und den unbezahlbaren Erfahrungen, die Sie nur durch Ihre Kinder machen können. Aber es ist eine Tatsache, dass es für diese Arbeit nur begrenzt Anerkennung gibt. Es ist daher wichtig, dass Sie sich selbst Mut machen und Anerkennung untereinander (innerhalb der Familie, im Freundeskreis) aussprechen. Und es wäre wünschenswert und langfristig notwendig, Familienarbeit auch gesellschaftlich und finanziell *erheblich* aufzuwerten. Nur dann werden auch langfristig genügend reife Erwachsene bereit sein, Kinder in die Welt zu setzen.

Es gibt keine Kündigungsmöglichkeit

Wenn Sie in einem Betrieb angestellt sind, haben Sie die Möglichkeit, Ihren Job zu kündigen: wenn er Ihnen nicht mehr gefällt, wenn Sie mit dem Chef oder den KollegInnen nicht zurechtkommen, wenn sich eine bessere Arbeitsstelle bietet oder aus welchen Gründen auch immer. Sie müssen diesen Job nicht lebenslang ausüben. Auch wenn Sie selbstständig tätig sind, haben Sie gewisse Freiheiten: Sie können Ihre Tätigkeit jederzeit aufgeben und sich einer anderen widmen.

All diese Möglichkeiten haben Sie bei der Familienarbeit natürlich nicht. Auch wenn Sie sich von Ihrem Partner oder Ihrer Partnerin trennen, auch wenn sich nur noch einer hauptsächlich um die Kinder kümmert – Sie bleiben immer in der Verantwortung. In den meisten Fällen gibt es Besuchsregelungen, die Kinder sehen beide Elternteile weiterhin mit einer gewissen Regelmäßigkeit. Meistens ist es für denjenigen Elternteil, der die Kinder seltener sieht, besonders schwierig, weil ihm wesentliche Entwicklungen, die Rituale und Gewohnheiten im Alltag fehlen und mit der Besuchsregelung für die Kinder immer eine Ausnahmesituation entsteht. In den meisten Fällen gibt es wichtige und gute Gründe für die Trennung der Eltern, aber die Verantwortung und der Auftrag beider Eltern für die Kinder bleiben in jedem Fall.

In der Familie stellt sich also gar nicht die Frage, ob Sie den Job machen wollen oder nicht. Sie müssen sich darauf einstellen, so lange für die Familie da zu sein, bis die Kinder in der Lage sind, sich selbst zu versorgen. Weglaufen ist nicht möglich. Und auch Krisenzeiten müssen Sie durchstehen, ob Sie wollen oder nicht.

Wenn es gesundheitliche Gründe gibt, weswegen Sie sich nicht mehr oder nur eingeschränkt um Ihre Familie kümmern können, so ist es oft schwer, einen Ersatz für Sie zu finden. Auch in solchen Fällen ist es nicht immer leicht, die Familienarbeit anderen zu überlassen.

Gerade wegen der Unauflöslichkeit Ihres »Arbeitsverhältnis-

ses« ist es unbedingt ratsam, dass Sie schonend mit Ihren Kraft-
reserven umgehen, denn Kraft brauchen Sie in der Familie ganz
besonders in den Momenten, in denen Ihnen vielleicht doch einmal nach einer Kündigung zumute ist.

Scheinwelt Werbung

Wenn Sie die Werbespots und -fotos der Kaffeehändler, der Win-
delhersteller, der Schokoriegelfabrikanten oder anderer Waren-
produzenten betrachten, die die Familie als Hauptzielgruppe
ansprechen und sie regelmäßig in den Mittelpunkt ihrer Promo-
tion rücken, so könnten Sie den Eindruck bekommen, Familie sei
das Nonplusultra: Immer sind alle makellos, schlank, hübsch,
perfekt gestylt und vor allem glücklich. Mit den »richtigen« Produkten gibt es eben nur die rosige Seite des Lebens – das jedenfalls wird Ihnen regelmäßig suggeriert.

Je mehr Sie sich von diesen Bildern beeinflussen oder beeindrucken lassen, desto schwieriger wird es, es als etwas Normales
anzusehen, wenn es in Ihrem Alltag auch andere Momente gibt:
Momente, in denen trotz bester Ausstattung mit all den viel
gepriesenen Produkten auch einmal die Tränen kullern und das
Leben aussichtslos erscheint. Je mehr Sie und Ihre Kinder sich
von diesen Bildern beeindrucken lassen, desto mehr empfinden
Sie die Diskrepanz zu Ihrem wirklichen Leben.

Erinnern Sie sich hin und wieder daran, dass es im echten
Leben auch Schattenseiten gibt, und zwar in allen Familien. Das
ändert sich auch nicht durch den besseren Kaffee, das neue
Waschmittel oder das neuste familienfreundliche Auto. Diese
Produkte können bestenfalls kleine Ausschnitte Ihres Lebens
»versüßen«, nicht jedoch das Glück pur servieren, wie es in der
Werbung manchmal scheint.

Das Einzige, das sicher ist: Sie werden gestört!

Was immer Sie sich vornehmen, solange Sie (kleine) Kinder haben, wird Ihnen häufiger etwas dazwischenkommen, als Ihnen lieb ist. Wir alle kennen die Geschichten des Alltags wie z. B. die folgende:

Frauke K. ist mit ihrem Sohn Jakob (18 Monate) allein. Die zwei »großen« Kinder sind bereits in der Schule und im Kindergarten. Eigentlich will Frauke nur den Tisch abräumen. Wie nett, dass Jakob der Mama helfen will, nur leider fällt der eine Teller herunter und geht kaputt. »Macht nichts, kann ja mal passieren, ich hole Handfeger und Schaufel und fege die Scherben wieder auf«, sagt Frauke. Und Jakob – schlau, wie er ist – geht schon einmal zum Mülleimer, denn da sollen die Scherben ja gleich hinein. Oh, da ist ja der Kaffeefilter – wie interessant, denkt sich Jakob, was wohl passiert, wenn man damit Frau Holle spielt …?

So langsam schwindet Fraukes Ruhe, sie macht sich jedoch gleich an die Arbeit, nach den Scherben auch den Kaffee aufzufegen (um den Staubsauger zu holen, müsste sie Jakob einen Moment allein lassen, das erscheint ihr zu riskant) – wo sie Handfeger und Schaufel doch schon in der Hand hat.

Jakob hat jedoch bereits eine neue Idee, er guckt schon einmal, was noch auf dem Tisch steht, das er vielleicht als Nächstes abräumen könnte. Da bekommt er doch noch Appetit auf einen Schluck Milch … – zu dumm, dass ein Dreiviertelliter einfach nicht in das Milchglas passt!

Der Kaffee fällt gerade von der Schaufel in den Mülleimer, da greift Frauke auch schon zum Wischlappen, begibt sich zum Esstisch und beginnt, die vergossene Milch aufzuwischen. Während sie den Lappen zwischendurch ausspült, setzt Jakob das Milchglas an … und schüttet auf ex!

»Oh nein!« Frauke ringt so langsam um die letzte Fassung, aber was soll's? Milch riecht ja nicht so gut, wenn man sie länger in den Klamotten einwirken lässt. Also geht sie mit Jakob ins Badezimmer und zieht ihn komplett um. Bei der Gelegenheit kann sie ja auch gleich die schon wieder reichlich nasse Windel wechseln.

Schön sauber und frisch gewickelt stellt sie ihr Söhnchen auf die Füße und atmet tief durch, weil nun ja eigentlich nichts mehr schief gehen kann. (Rein statistisch ist das Soll an unerwarteten Zwischenfällen heute längst erfüllt.) Jakob schaut sie an, dann wendet sich sein Blick nach innen, die Gesichtsfarbe verdunkelt sich … Das mit dem Wickeln gleich noch einmal, bitte!

Schade nur, dass in der Küche der Tisch immer noch nicht abgedeckt ist und die vergossene Milch inzwischen die Marmeladengläser und den Käse am Tisch festgeklebt hat und Frauke in keinster Weise auch nur einen Bruchteil der sonst noch anstehenden Arbeit erledigt hat.

Sie glauben, ich hätte eine rege Fantasie? Nein, ich bin überzeugt, dass man so viel Fantasie gar nicht haben kann und dass man solche Geschichten erlebt haben muss, um sie zu erzählen.

Außerdem kennen Sie bestimmt auch die eine oder andere ähnliche Geschichte, oder? Solche Geschichten können ganze Bücher füllen. Und das Schönste daran ist, dass man hinterher darüber lachen kann, auch wenn einem in der Situation selbst kaum zum Lachen zumute ist.

Auch wenn Ihre Kinder schon größer sind und einmal nicht als Störfaktoren fungieren, sind Sie vor Störungen nicht gefeit:

- Da ruft schon mal die Freundin an – dabei hatten Sie sich doch gerade für heute vorgenommen, die Steuererklärung zu machen, die schon so lange auf Erledigung wartet.
- Da ruft die Lehrerin an und verwickelt Sie in ein längeres Gespräch. Dabei wollten Sie doch gerade mit dem Sohn die Hausaufgaben besprechen.
- Da kommt die Nachbarin und braucht ein Ei, und hinterher fragen Sie sich, weshalb man deshalb gleich eine halbe Stunde klönen muss?
- Da hat Ihr Fahrrad einen Platten, wenn Sie einen dringenden Termin wahrnehmen müssen.

- Da gibt es unvorhergesehene Unfälle mit mehr oder weniger schwerwiegenden Konsequenzen.
- Usw. usw. usw.

Welche Störungen erinnern Sie – nur aus der letzten Woche?

»Ich komme zu nichts!«, »Ich schaffe gar nichts mehr!«, »Ich weiß gar nicht, wo meine Zeit bleibt!«

Geht es Ihnen auch so? Nehmen Sie sich auch vor, dass Sie morgen mehr schaffen wollen, dass alles besser werden soll? Glauben Sie auch, dass alle anderen es besser hinkriegen, nur Sie scheinen einfach nichts zu schaffen?

Wenn dem so ist, kann ich Sie einerseits beruhigen: Sie befinden sich in bester Gesellschaft. So wie Ihnen geht es vielen anderen Eltern. Andererseits sind Sie mit diesem Zustand wahrscheinlich genauso unzufrieden wie all die anderen. Wenn Sie das Gefühl haben, Sie leiden ständig unter Zeitnot, dann ist der Kreislauf von unerledigten Arbeiten und schlechtem Gewissen meist schon im Gange (s. Abb. 1).

Je mehr Sie sich mit dem schlechten Gewissen beschäftigen, das Ihre unerledigten Arbeiten Ihnen ständig bereitet, und je schlechter Ihr Gewissen deswegen ist, *dass* Sie ein schlechtes Gewissen haben, desto weniger wissen Sie, wo Sie eigentlich anfangen sollen, desto unorganisierter ist Ihre Arbeit, desto weniger schaffen Sie und desto größer ist schon wieder das schlechte Gewissen. HALT – wird Ihnen auch schwindelig, wenn Sie dies nur lesen? Oder kennen Sie diese Spirale nur zu gut?

Hier können Sie etwas tun! Auch wenn es Ihnen zunächst so erscheint, dass eine strukturierte Planung noch mehr Ihrer kostbaren und ohnehin zu knappen Zeit rauben würde, rate ich

Ihnen: Nehmen Sie sich die Zeit und beginnen Sie mit Ihrer ganz persönlichen Planung.

Viele meiner KursteilnehmerInnen waren skeptisch. Aber: Keine/r von denen, die sich auf den Weg zu einer strukturierten Planung gemacht haben, hat es je bereut. Wichtig ist nur, dass Sie sich nicht zu viel auf einmal vornehmen: Das gilt ebenso für Ihren Alltag wie auch für Ihre Planung. Denken Sie nicht an den großen Wust, der vor Ihnen liegt, sondern fangen Sie mit dem *ersten* Schritt an, dann folgt der zweite usw. Nur Schritt für Schritt kommen Sie Ihren Zielen näher. Wenn Sie versuchen zu fliegen, fallen Sie auf die Nase.

(Mehr dazu erfahren Sie im Kapitel »So kommen Sie zu Ihrer persönlichen optimalen Planung«.)

Abb. 1: Teufelskreis des schlechten Gewissens

Es gibt kein Falsch oder Richtig

Viele Menschen haben in der Schule und im Leben gelernt, dass sie eine Sache »richtig« oder »falsch« machen können. Meistens gibt es eine richtige und viele falsche Lösungen.

Auf mathematische Aufgaben, auf handwerkliche Ausführungen, auf die Einhaltung bestimmter Regeln mag das sicher zutreffen. Wenn Sie eine Sprache lernen, dann gehört zu einer bestimmten Vokabel genau ein Wort oder eine Bedeutung – und nur diese. Wenn Sie Zahlen zusammenzählen, dann gibt es nur eine richtige Lösung. Wenn Sie ein Haus bauen, müssen Sie gewisse statische Grundregeln beachten – das ist klar.

Wenn Sie in einer Beziehung leben, wenn Sie Kinder erziehen, wenn Sie mit Menschen umgehen, dann gelten ebenfalls bestimmte Regeln des Umgangs miteinander. In den verschiedenen Kulturen gibt es unterschiedliche Normen und Gesetze und herrscht Konsens darüber, was als noch akzeptabel gilt und was verboten oder kriminell ist.

Im Kontext Ihrer persönlichen Erfahrungen haben Sie jedoch eine Reihe von Handlungs- und Reaktionsmöglichkeiten, die weder falsch noch richtig sind, die allenfalls innerhalb der Beziehung eine bestimmte Funktion erfüllen. Ihr Umgang mit anderen Menschen ist abhängig von Ihren persönlichen Überzeugungen, Glaubenssätzen, Familienregeln und Einstellungen, die in anderen Familien vielleicht einen ganz anderen Stellenwert einnehmen. Im Bereich der akzeptierten Verhaltensweisen gibt es daher eine große Bandbreite von möglichen Lösungen für ein und dasselbe Problem.

Wenn Sie eine Partnerschaft eingehen, prallen bereits die Erfahrungen aus zwei verschiedenen Familiensystemen aufeinander. Wenn Sie gemeinsame Kinder bekommen, kommen auch noch unterschiedliche Grundsätze über den Umgang mit Kindern hinzu. Den meisten werdenden Eltern ist dies nicht klar – und schon gar nicht die Auswirkungen dieses Phänomens.

Unsere Kultur erlaubt uns viele Möglichkeiten, Beziehungen und Erziehung zu gestalten. Und viele Eltern suchen nach der »richtigen« Art, mit ihren Kindern umzugehen.

»Es ist richtig, Kinder so lange wie möglich zu stillen«, sagen die einen, »nur so bekommen sie ein Maximum an Abwehrstoffen.« – »Es ist falsch, Kinder länger als nötig zu stillen«, sagen die anderen, »die Muttermilch ist in vielen Fällen verseucht, und wenn die Mutter lange stillt, bleibt das Kind zu lange von ihr abhängig. Und Stillen schließt den Vater aus.«

»Es ist falsch, Kindern Süßigkeiten zu geben«, sagen die einen, »das schadet den Zähnen und dem Wachstum.« – »Es ist richtig, Kindern Süßigkeiten zu geben«, sagen die anderen, »sonst stopfen sie sich maßlos voll, wenn sie einmal die Gelegenheit dazu haben.«

»Es ist falsch, Kinder fernsehen zu lassen«, sagen die einen, »sie stumpfen ab und werden gewalttätig.« – »Es ist richtig, Kinder fernsehen zu lassen«, sagen die anderen, »es gibt so gute Kindersendungen, und dann sind die Kinder endlich auch mal still.«

Die Aufzählung möglicher Beispiele könnte unendlich weitergeführt werden. Und was stimmt für Sie persönlich?

Wie Sie sehen, existieren in Ihrem Alltag eine Vielzahl von Fragen und Entscheidungen, für die es keine fertigen Lösungen gibt, keine Lösung, die verbindlich oder allgemein als richtig oder falsch zu bewerten ist.

Außerdem befinden Sie sich in einem weiteren Dilemma: Was Ihrer Meinung nach das Beste für Ihr Kind ist, müssen Ihre Kinder nicht als das Beste empfinden. »Wir wollten doch nur dein Bestes!«, sagen viele Eltern verzweifelt, wenn sich dieses »Beste« als ein Irrtum entpuppt.

Damit müssen Sie leben lernen: Sie werden Fehler machen, auch dort, wo Sie Ihr Bestes gegeben haben. Und: Ihre Kinder werden Ihnen danken für Dinge, um die Sie sich gar keine Gedanken gemacht haben.

Niemand außer Ihnen selbst kann entscheiden, was für Ihre Familie »richtig« und »falsch«, was »gut« oder »schlecht« ist. Alle

Ihre Handlungen und Entscheidungen sind abhängig von Ihrer eigenen Persönlichkeit, von den Beziehungen in der Familie, von Ihren Ansprüchen, Erwartungen, Zielen, Sorgen, Ängsten und Befürchtungen, von Ihren Stärken und Schwächen, von Ihren Erfahrungen und nicht zuletzt auch von Ihrer augenblicklichen Verfassung. Und alles, was Sie persönlich für gut und richtig halten, werden Sie Ihren Kindern auch überzeugend vermitteln können.

Wenn Sie unsicher sind, werden die Kinder Sie auf die Probe stellen. Kinder können mit Unsicherheit der Eltern nur schwer umgehen, und überall dort, wo sie dieser begegnen, werden sie Sie herausfordern, damit Sie klar Stellung beziehen.

Wichtig ist, dass Ihre Entscheidungen und Ihr Verhalten grundsätzlich zu Ihrer Persönlichkeit passen und dass Sie auf Ihre Kinder überzeugend wirken. Da Sie aber auch nur ein Mensch sind, sind Sie fehlbar – doch auch damit lernen Kinder umzugehen! Vieles in Ihrem Alltag entscheidet sich auch über Versuch und Irrtum. Ob Sie Ihr angestrebtes Ziel erreicht haben, entscheidet sich oft erst hinterher. Das eine Kind hört vielleicht dann von allein auf mit den Computerspielen, wenn es einmal endlos spielen durfte, weil es ihm zu langweilig wird. Ein anderes Kind braucht vielleicht die klare Vorgabe, täglich nicht länger als eine halbe oder eine Stunde mit Computerspielen zu verbringen, und selbst dabei muss es kontrolliert werden. Welche Behandlung Ihr Kind braucht, wissen Sie selbst am besten, oder Sie müssen es eben ausprobieren.

Lassen Sie sich in diesem Zusammenhang nicht zu vorschnellen Bewertungen oder Schwarzweißdenken hinreißen: Was »gut« und »richtig« bzw. »schlecht« und »falsch« ist, ist immer relativ. In Beziehungen geht es meistens gar nicht um gute oder schlechte Lösungen, sondern um den Sinn für die Beziehung. Und der ist von außen nur schwer zu erkennen oder nachzuvollziehen.

Dennoch: Die Unsicherheit wird Sie begleiten. Wenn Ihre Zweifel anhalten, schlage ich Ihnen vor, zunächst selbst Ihre unsicheren Momente zu identifizieren und sich dann Hilfe zu holen, sei es vom Partner, von Freunden oder einer Beratungsstelle. Hilfreich sind allerdings nur BeraterInnen, die mit Ihnen eine Lösung erarbeiten, die zu Ihnen passt. Wenn jemand versucht, Ihnen zu sagen, wie Sie es machen sollen – egal, ob professionell oder nicht –, ist das immer riskant. Es kann sein, dass ein passender Ratschlag dabei ist. Aber in der Regel gilt besonders in Erziehungsfragen: Ratschläge sind auch Schläge. Und Schläge führen nicht zu besserem Verhalten, sondern nur zu noch weniger Selbstwertgefühl und Unsicherheit.

Also, erinnern Sie sich: Was für *Sie* richtig und falsch ist, das gilt. Wenn andere von außen Sie verunsichern, dann suchen Sie sich Gleichgesinnte. Das hilft meistens, um die eigene Linie wiederzufinden. Und trotzdem ist es schwer, nicht immer danach zu fragen, ob es nun richtig oder falsch war, sich so oder so zu verhalten. Hilfreich ist auf jeden Fall immer die Frage: Welchen Sinn macht es, dass ich mich so oder anders verhalte?

Wenn Sie dem Kind Süßigkeiten geben, damit es nicht bei anderen betteln geht, dann ist das bestimmt ein »richtiges« Verhalten. Es ist jedoch sicher ungünstig, wenn Sie dem Kind bei jeder Quengelei Süßigkeiten gestatten. Es ist sicher günstig, ein Kind im Alltag nicht länger als eine bestimmte Zeit fernsehen zu lassen und dies auch konsequent zu kontrollieren. Bei einem kranken Kind ist es aber vielleicht hilfreich, die täglichen Zeitvorgaben fürs Fernsehen nicht so eng zu sehen.

Wenn ein bestimmtes Verhalten also im Rahmen Ihrer Familie oder in der Beziehung einen Sinn macht, dann wird es die »richtige« Lösung sein. Und nur Sie selbst können entscheiden, welchen Sinn Ihr Verhalten für die Familie ergibt, und ob Sie damit ein angestrebtes Ziel verfolgen.

Sie können viele Entscheidungen selbst treffen, Sie *müssen* aber auch viele Entscheidungen treffen

Wer die Verantwortung hat, darf auch die Entscheidungen fällen. Wer der Chef ist, darf entscheiden. Wer der Chef ist, *muss* aber im Zweifelsfall auch entscheiden. Wer entscheidet, hat auch Macht.

Das ist eine Erfahrung, die Kinder schon im Kindergarten machen, wenn sich die Rangordnung in ihrer Gruppe bildet. Das kennen Sie alle aus Ihren persönlichen Erfahrungen und aus Ihrer Arbeitswelt.

In der Familie sind Sie als Eltern diejenigen, die die Verantwortung tragen, die die Macht haben und die die alltäglichen Entscheidungen treffen.

Da gibt es die großen und weit reichenden Entscheidungen, z. B. für

- die Familiengründung und eine bestimmte Anzahl an Kindern,
- eine bestimmte Stadt, ein bestimmtes Haus, eine bestimmte Wohnung,
- eine Raumaufteilung im Haus,
- das Mobiliar,
- das Auto,
- die Urlaubsziele,
- (oder gegen) die Impfungen gegen (Kinder-)Krankheiten,
- einen Kindergarten, eine Schule, einen Sportverein etc. für die Kinder,
  usw.

Und dann gibt es die scheinbar weniger weit reichenden Entscheidungen des Alltags wie z. B.:

- Wie gestalte ich die Wohnung?
- Was gibt es zu essen?
- Was ziehen wir an?
- Wann stehen wir auf?
- Wo kaufe ich ein? Und was?
- Wie oft mache ich sauber?
- Wie viel Spielzeug sollen meine Kinder haben? Und welches?
- Wer sind meine Freunde? Und wen meide ich?
- Wie rede ich mit meinen Mitmenschen?
- Soll ich ans Telefon gehen, wenn es klingelt?
- Gehe ich dazwischen, wenn die Kinder streiten?
- Was mache ich morgen?
  usw.

Die Liste könnte endlos fortgeführt werden, denn es gibt täglich eine Menge Dinge zu entscheiden, viel mehr, als Ihnen meistens lieb ist, und viel mehr, als Ihnen immer bewusst ist.

Manchmal ist es natürlich auch möglich, bestimmte Entscheidungen anderen zu überlassen. Das erfordert allerdings bereits die Entscheidung, diese Entscheidung anderen zu überlassen. Denn wenn Sie nicht entscheiden, wird es jemand anderes tun, und es liegt an Ihnen, zu entscheiden, wer entscheiden soll.

Das Problem dabei ist, dass wir eine Vielzahl von Entscheidungen im Alltag nicht aufgrund von wohl überlegten Abwägungen treffen, sondern meist intuitiv und spontan handeln. Und da passiert es zuweilen, dass Sie Entscheidungen treffen, die sich im Nachhinein als ungünstig erweisen. Oder Sie merken gar nicht, dass andere Menschen Entscheidungen treffen, mit denen Sie hinterher leben müssen. Das kann erleichternd, aber auch störend sein.

Wenn Ihnen diese Zusammenhänge bewusst sind, können Sie abwägen, wann Sie eigene Entscheidungen für nötig halten und wann andere – z. B. Ihre Kinder – Entscheidungen selbst treffen dürfen.

Eine weitere Tatsache ist: *Sie treffen immer eine Entscheidung.*

Selbst wenn Sie z. B. meinen, Sie würden eine bestimmte Entscheidung vertagen, so haben Sie immerhin entschieden, noch unentschieden zu bleiben. Das muss übrigens nicht unbedingt schlecht sein.

Wenn Sie z. b. nicht wissen, was es bei Ihnen morgen zu essen geben soll, so gibt es verschiedene Möglichkeiten, mit dieser Frage umzugehen:

1. Sie wollen sich gedanklich nicht weiter damit beschäftigen und legen schnell etwas für morgen fest, kaufen evtl. fehlende Zutaten heute noch ein.
2. Sie wollen abwarten, worauf Sie morgen Lust haben.
3. Sie haben nur langweilige Ideen und werden morgen die anderen Kindergartenmütter nach Rezepten fragen, oder Sie rufen Ihre Freundin an. Dabei bekommen Sie gleich einmal wieder Kontakt zu anderen.
4. Sie gehen einkaufen und lassen sich vom Angebot inspirieren.
5. Sie fragen Ihre Kinder. (Das sollten Sie allerdings nur tun, wenn Sie deren Entscheidungen auch bedingungslos akzeptieren und umsetzen können.)
6. Sie blättern in einem Kochbuch.
7. Sie lassen es auf sich zukommen. Und wenn Ihnen bis zum nächsten Mittag nichts eingefallen ist, lassen Sie spontan Ihren Kühlschrank oder die Kühltruhe entscheiden.

Sicherlich gäbe es noch viele weitere Möglichkeiten, mit diesem »Problem« umzugehen. Die Lösung hat immer etwas mit Ihnen persönlich und der augenblicklichen Situation zu tun. Sie hat sicher auch etwas mit Ihrer Zeit und Ihren Freiräumen zu tun. Sie können nach Ihrem persönlichen Ermessen entscheiden, und Sie müssen anschließend mit der jeweiligen Entscheidung leben.

Ob eine bestimmte Frage oder Entscheidung ein echtes Problem für Sie ist, liegt an Ihrer persönlichen Bewertung der Situation. Denn: *Nicht das Problem ist das Problem, sondern wie Sie es empfinden und bewerten.*

Frau Müller findet es vielleicht scheußlich, wenn sie nicht weiß, was auf sie zukommt, und braucht deshalb eine möglichst genaue Planung. Frau Meier fühlt sich vielleicht von einer festen Planung eingeengt und möchte sich weitestgehend Spontaneität vorbehalten. Frau Müller hätte wahrscheinlich ein Problem damit, keine Idee für das morgige Mittagessen zu haben, während Frau Meier vermutlich ein Problem damit hätte, dass alles schon vorher festgelegt ist. Ihre Aufgabe ist es, herauszufinden, was zu Ihrer Persönlichkeit, zu Ihrer Partnerschaft und zu Ihrer Familie passt, wie viel Planung Sie brauchen und in welcher Weise Sie Entscheidungen treffen, damit Sie einerseits genügend Sicherheit, aber andererseits auch genügend Freiheit im Alltag haben. Sie selbst legen den Rahmen fest, in dem sich alle Ihre Entscheidungen abspielen – das kann Ihnen keiner abnehmen.

Genauso wenig kann Ihnen jemand abnehmen, mit Ihren Fehlentscheidungen zu leben. Wenn Sie sich jedoch klarmachen, welche Fülle von Entscheidungen Sie tagtäglich treffen, so können Sie nur Gelassenheit entwickeln und dafür sorgen, dass die günstigen Entscheidungen die Fehlentscheidungen überwiegen und teilweise auch ausgleichen.

Sie werden als Multitalent gefordert

Familienarbeit erfordert eine Vielzahl von verschiedenen Kompetenzen, wie Sie es in sonst kaum einem Beruf finden. Zu Ihren Aufgaben gehören

- die Pflege der Kinder
- die Erziehung
- das Kochen
- das Putzen

- das Waschen
- das Haushalten
- der Einkauf
- die Planung
- Reparaturen
- das Trösten
- das Spielen mit den Kindern
- Hilfen für Schulkinder und Partner
- die Organisation und Durchführung von Festen, Kindergeburtstagen etc.
- Elternarbeit in Kindergarten und Schule
- die Verwaltung (Versicherungen, Krankenkasse, Post, Bank, Finanzamt etc.)

Sie selbst können diese Liste wahrscheinlich noch wesentlich erweitern, z. B. um einen oder mehrere der folgenden Punkte:

- Berufstätigkeit außer Haus
- Gartenarbeit
- Pflege von Haustieren
- Betreuung von pflegebedürftigen Angehörigen
- Therapiemaßnahmen für Kinder mit Behinderungen sowie ständige Informationen über die Behinderung
- Einarbeitung, Begleitung und Kontrolle von Putzfrau, Kinderfrau, Tagesmutter, Au-pair-Mädchen o. Ä.

Für alle diese Aufgaben brauchen Sie viele verschiedene Kompetenzen, die Sie sich mit der Zeit selbst aneignen. Bedenken Sie dabei: Der Erwerb der notwendigen Kompetenzen für Familienarbeit geschieht genauso wenig von heute auf morgen wie für jede andere (neue) Tätigkeit. Das Anlegen der ersten Windel braucht lange, und auch später passiert es ab und zu, dass sie nicht richtig sitzt. Es dauert, bis Sie das Schreien Ihres Kindes richtig deuten, aber nach einer gewissen Zeit können Sie sehr wohl unterscheiden, ob das »äääähh« gerade »ich habe Hunger« oder »ich habe Bauchweh« oder »Mama, wo bist du?« heißt.

Der Unterschied zu der Ausbildung in anderen Berufen ist nur, dass Sie in der Familie autodidaktisch lernen müssen, das heißt, die meisten Dinge müssen Sie sich selbst beibringen. Und da die Familienarbeit so viele verschiedene Kompetenzen von Ihnen verlangt, die Sie zwangsläufig lernen – frei nach dem Motto: »Übung macht den Meister« (in der Familie meist: die Meisterin) –, werden Sie mit der Zeit unweigerlich zu einem Multitalent. Denn: »Man wächst mit seinen Aufgaben.«

Es sind meistens mehrere Dinge auf einmal zu tun

Je mehr Sie auf einmal machen, umso weniger Aufmerksamkeit haben Sie für die einzelne Aufgabe, umso eher machen Sie Fehler und müssen diese wieder ausmerzen. Deshalb haben Sie alle einmal gelernt, dass Sie eine Aufgabe möglichst konzentriert zu Ende bringen sollen, um dann die nächste anzufangen.

In der Familie können Sie versuchen, in dieser Weise diszipliniert zu arbeiten, aber Sie werden immer wieder Situationen erleben, in denen Ihnen das nicht gelingt. Sie können mit Sicherheit davon ausgehen, dass Sie gestört werden, und wenn Sie gestört werden, können Sie nicht immer die Arbeit, die Sie gerade tun, einfach liegen lassen, sondern müssen verschiedene Aufgaben miteinander kombinieren. So passiert es dann, dass Sie gleichzeitig kochen, Po abwischen, Tisch decken, den Telefonanruf abwimmeln und dem Postboten die Tür öffnen müssen. So schnell können Sie gar nicht abwägen, welche Arbeit nun Priorität hat und welche Reihenfolge die günstigste ist. Oder: Sie sind gerade beim Aufräumen, während in der Küche ein Glas zerbricht, im selben Moment das Baby aufwacht und Hunger hat.

Manche Aufgaben lassen sich sinnvoll kombinieren und rationell zusammenfassen. An vielen Stellen ist dies sogar unabdingbar, um dem Arbeitsaufkommen überhaupt gerecht werden zu können. Während z. B. das Essen vor sich hin köchelt, ist bestimmt die Zeit, den Tisch zu decken. Schwierig wird es nur, wenn hier noch mehr dazwischenkommt. Für mache Leute ist Telefonieren auch wunderbar mit Kartoffelschälen oder Wäschelegen kombinierbar, wenn auch wahrscheinlich auf Kosten der Hals- und Schultermuskulatur.

Es ist jedoch ein Unterschied, ob Sie mehrere Aufgaben geplant miteinander kombinieren oder ob Sie aufgrund von Störungen plötzlich alles auf einmal machen müssen. Gerade in der Familie geraten Sie immer wieder unversehens in solche Situationen. Und bei der Vielzahl von unvorhergesehenen Ereignissen brauchen Sie enorme Flexibilität und die Fähigkeit, Gelassenheit zu entwickeln, wenn alles über Ihnen zusammenbricht. Eine große Hilfe kann Ihnen in solchen Situationen Ihr Körper sein. Wenn Sie glauben, dass gar nichts mehr geht, sollten Sie sich auf sich selbst besinnen, sich entspannen, erst einmal tief durchatmen und dann überlegen, was Sie zuerst erledigen wollen. (Mehr dazu im Kapitel »Die Kraft des Körpers«.)

Die Umstände und Anforderungen ändern sich ständig mit der rasanten Entwicklung der Kinder

Wenn Sie Ihr erstes Kind bekommen haben, ändert sich Ihr ganzes Leben von Grund auf: Der Rhythmus ist anders, die alltäglichen Fragen und Probleme sind andere, Sie müssen alle Tätigkeiten, die mit der Pflege eines Neugeborenen zusammenhängen, lernen – kurzum, Sie sind rund um die Uhr beschäftigt.

Nach einiger Zeit wird all dies zur Routine. Das Wickeln macht

keine Probleme mehr. Das Stillen hat sich weitestgehend einge-
spielt. Sie haben sich (zumindest ein wenig) an den veränderten
Tagesrhythmus gewöhnt. Und schon gibt es tagtäglich Veränderungen, mit denen Sie zunächst nicht gerechnet haben. Das Baby
schläft weniger, will auch mehr beschäftigt werden. Sie müssen
sich vielleicht mit ersten Krankheiten oder Fragen der Impfung
beschäftigen. Wenn Sie abstillen, ändern sich wieder der Tages-
und Nachtrhythmus und die Ernährung und Verdauung des Kindes. Wenn es krabbelt und sich an den Möbeln hochzieht, muss
an einigen Stellen die Wohnung umgestaltet werden. Und wenn
das Kind anfängt zu laufen, ändern sich auch seine Wahrnehmung und seine Interessen entscheidend. Und so gibt es ständig
etwas Neues, auf das Sie sich einstellen müssen.

Mit der Geburt weiterer Kinder gibt es besonders einschnei-
dende Veränderungen. Wie auch vor dem ersten Kind haben Sie
vielleicht eine Vorstellung davon, wie es mit weiteren Kindern
sein wird, aber wie sich der Alltag dann tatsächlich anfühlt, wissen Sie erst, wenn es so weit ist. Sie kennen das neue Kind vorher
noch nicht, wissen noch nicht, wie die anderen Familienmitglieder auf den Familienzuwachs reagieren werden usw. Aber auch
darauf werden Sie sich einstellen.

Später beschäftigen Sie sich mit Fragen des Kindergartens, der
Schule. Mit der fortschreitenden Entwicklung Ihrer Kinder lassen
Sie die Zügel immer länger, übertragen den Kindern selbst mehr
Verantwortung. Der Alltag in der Familie verändert sich permanent mit der Entwicklung der Kinder. Und die ist den Kindern
vorbehalten, Sie können sie als Eltern dabei nur begleiten. Sie
müssen sich jeweils den Problemen und Herausforderungen stellen, die sich ergeben, Sie selbst haben darauf keinen großen Einfluss. Die Kinder fragen vorher nicht, ob Ihnen eine Lungenent-
zündung gerade in den Kram passt oder ob es Ihnen gefällt, wenn
sie Schul- oder Pubertätsprobleme haben.

Je offener und flexibler Sie mit diesen Situationen umgehen können, je mehr Vertrauen Sie haben, dass die Kinder sich
gut entwickeln, und je mehr Unterstützung Sie von außen

bekommen und diese auch annehmen können, desto leichter wird es Ihnen fallen, sich auf die ständigen Veränderungen einzustellen.

Die Arbeit orientiert sich vorwiegend an den Bedürfnissen der Kinder

Die Arbeit, die in der Familie anfällt, ist nicht in erster Linie an Ihren eigenen Bedürfnissen orientiert, sondern wird bestimmt durch die allgemeinen Familienumstände.

Die wiederum sind abhängig von der Zahl der Familienmitglieder und besonders von dem Alter der Kinder. Wenn Sie einen Säugling haben, sieht Ihr Alltag anders aus, als wenn das Kind schon läuft. Mit Kindergartenkindern haben Sie andere Themen und Probleme als mit Schulkindern. Mit Teenagern müssen Sie sich mit wieder anderen Themen auseinander setzen. Und in jeder Phase gibt es Bereiche Ihres eigenen Lebens, die Sie ganz oder stark vernachlässigen (müssen). Sollten Sie weiterhin Ihre eigenen privaten Interessen verfolgen wollen, so erfordert dies besondere Organisation.

Zunächst einmal gibt in der Regel ein Elternteil seine Berufstätigkeit auf. Soll diese wieder aufgenommen werden, brauchen Sie eine Kinderbetreuung für den Normalfall und den Krankheitsfall. Sie müssen dafür sorgen, dass die anfallenden Haushaltsarbeiten erledigt werden und die gesamte Familienorganisation regelmäßig abgestimmt wird.

Solange ein Baby gestillt wird, sind Kino- und Theaterbesuche nur mit erheblichem Aufwand zu realisieren. Sie müssen vorher genügend Milch abpumpen und einfrieren und einen Babysitter engagieren, der dem Säugling und den Umständen in Ihrer Familie gewachsen ist.

Wenn Sie weiterhin Ihre Hobbys pflegen wollen, so brauchen Sie auch für diese Zeit eine Kinderbetreuung. Selbst wenn Sie Ihrem Hobby zu Hause nachgehen können, z. B. beim Lesen, Handarbeiten oder Malen, sind Sie dafür an die Zeiten gebunden, in denen die Kinder schlafen.

Später, wenn die Kinder Kindergarten, Schule, Sportverein o. Ä. besuchen, haben Sie tagsüber zwar mehr »freie« Zeit, doch die Abende mit den Kindern werden länger, die Kinder gehen später ins Bett, es gibt weniger Zeit, in der Sie mit Ihrem Partner allein sein können. Manche Paare mit jugendlichen Kindern haben kaum mehr die Gelegenheit, in Ruhe miteinander zu schlafen, weil sich immer ein Kind oder gar auch deren Freunde in »Hörnähe« befinden.

Natürlich ist Ihre Situation nicht hoffnungslos, aber: Es ist alles und immer eine Frage der Organisation.

Arbeitsteilung ist nur nach Übereinkünften möglich

Viele Frauen wünschen sich, dass ihre Männer bei der Hausarbeit helfen. Viele Männer wissen aber gar nicht, wie sie am besten helfen können. Für die Frau ist es meist »sonnenklar«, was zu tun ist, weil sie den Überblick hat. Und sie geht selbstverständlich davon aus, dass ihr Mann ihn ebenso hat und dass er vor allem auch sieht, was am dringendsten zu tun ist. Wenn dem nicht so ist, unterstellt sie ihm, er sei faul und gemein, und lässt ihn ihre Enttäuschung spüren. Dies ist häufig der Beginn vieler Missverständnisse in der Partnerschaft, die Wurzel vielen Ärgers und leider oft auch ein Anlass zu Resignation auf beiden Seiten. Die Frau resigniert, weil sie meint, ihr Mann wolle ihr sowieso nicht helfen. Und der Mann resigniert, weil sie immer unzufrieden mit ihm ist.

Der gleiche Mechanismus spielt sich übrigens zwischen älteren Kindern und Eltern ab, wenn diese im Haushalt mithelfen sollen und unklaren Absprachen ausgesetzt sind.

Aus dieser Resignation heraus beschließt manch eine Frau, die Arbeit allein zu machen, dann wisse sie wenigstens, woran sie sei. Wenn ihr immer jemand mit anderen Methoden oder anderen Ansprüchen dazwischenfunke, dann könne sie gleich alles allein machen. Resigniert sagt sie sich: »Viele Köche verderben sowieso nur den Brei«, und gibt keine Arbeit mehr ab. Manche »Köche« kochen deshalb lieber allein, andere haben trotzdem Spaß an gemeinsamem »Kochen«.

Wenn Sie Absprachen darüber treffen, in welcher Weise die Arbeit in der Familie aufgeteilt werden soll, sollten Sie damit rechnen, dass Sie nicht immer auf einen Nenner kommen. Die Ansprüche der einzelnen Familienmitglieder bezüglich Sauberkeit und Ordnung unterscheiden sich häufig, und sie haben unterschiedliche Wege, zu ein und demselben Ziel zu gelangen. Andere machen das Gleiche eben anders, und das kann nicht jeder aushalten (s. a. S. 182 f.). Je mehr Routine Sie bei bestimmten Arbeiten entwickelt haben, umso größer wird der Unterschied sein, wenn ein anderer diese Arbeit macht. Deshalb ist es nicht ganz leicht, die Arbeit anderen zu überlassen. »Bevor ich zugucke, ermahne und erkläre, wie das geht, habe ich es doch schon dreimal selbst gemacht!«, sagen Sie vielleicht. Und schon hat niemand mehr Lust, diese Arbeit (für Sie) zu tun.

In den meisten Familien ist Arbeitsteilung ein längerer Lernprozess. Sie sollten sie deshalb nicht übers Knie brechen, sondern einzelne Schritte nacheinander einführen und sich mit der ganzen Familie über Vor- und Nachteile der verschiedenen Regelungen austauschen. In solche Absprachen können schon kleine Kinder mit einbezogen werden. Sie werden sich dann umso früher und umso selbstverständlicher an der Familienarbeit beteiligen.

Wenn Sie es lernen auszuhalten, dass andere das Gleiche anders machen, ja wenn Sie vielleicht hier oder da sogar eine

Bereicherung darin sehen können, dann werden Sie nicht mehr das Gefühl haben, dass viele Köche den Brei verderben, sondern dass viele Hände mehr schaffen und Sie insgesamt als Familie viel mehr Freizeit haben. Außerdem werden alle Familienmitglieder ein größeres Verständnis auch für die lästigen Aufgaben entwickeln.

Je mehr Mitglieder in der Familie, desto mehr Kompromisse sind nötig

Solange Sie ein Paar sind, brauchen Sie sich in Ihrem Haushalt nur auf eine andere Person einzustellen. Schon das ist manchmal schwer genug. Wenn dann ein Kind dazukommt, gibt es die Beziehung zwischen den Eltern, zwischen der Mutter und dem Kind und dem Vater und dem Kind. Aus einer Beziehung sind also drei Beziehungen geworden, und Sie kommen ohne Kompromisse nicht mehr aus. Da sind einmal die Kompromisse zwischen den Eltern bezüglich des Kindes, z. B. über seine Erziehung. Da braucht es außerdem Kompromisse zwischen der Mutter und dem Kind bezüglich des Vaters (welche Rolle spielt er für die Mutter und welche für das Kind – und wie ist das miteinander vereinbar?). Und da gibt es schließlich die Kompromisse zwischen dem Vater und dem Kind bezüglich der Mutter (welche Rolle spielt sie für den Vater und welche für das Kind – und wie ist das miteinander vereinbar?). Und in jeder einzelnen dieser Beziehungen sind Kompromisse über Sachfragen nötig, die im Laufe des Alltags auftauchen. Außerdem kann eine Auseinandersetzung zwischen zwei Personen (und der daraus folgende Kompromiss) auch indirekt von der dritten beeinflusst werden. Ein Beispiel:

Der Vater möchte mit dem Sohn ins Kino gehen. Sie sind sich

nicht einig über den Film. Der Sohn möchte einen Film sehen, der für seine Altersgruppe noch nicht freigegeben ist, der Vater zweifelt, hätte aber selbst Lust, diesen Film zu sehen. Die Mutter ist absolut dagegen und bringt dies auch unmissverständlich zum Ausdruck. Den Ausgang dieser Situation können Sie sich selbst überlegen. Da gibt es verschiedene Möglichkeiten, und in jedem Fall ist für mindestens einen Beteiligten ein Kompromiss zu finden.

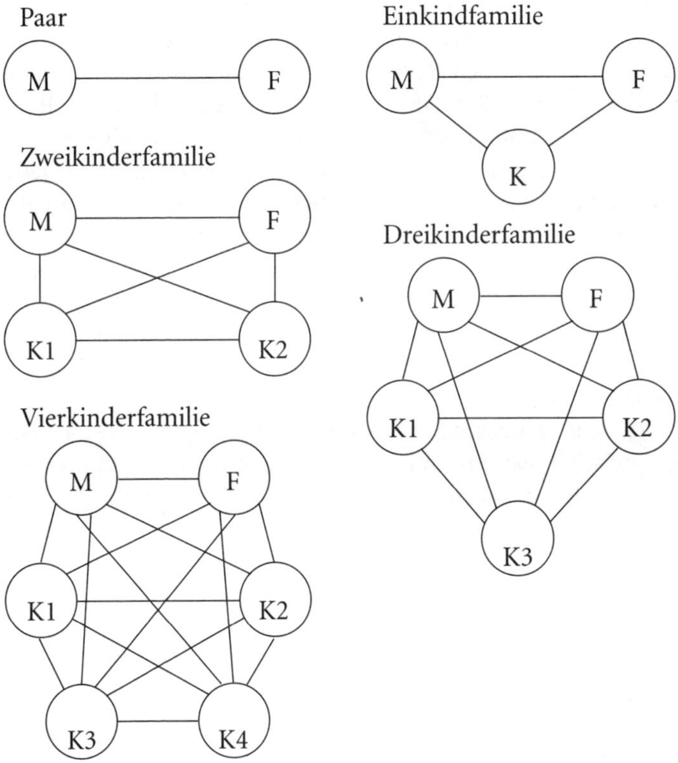

Paar

Einkindfamilie

Zweikinderfamilie

Dreikinderfamilie

Vierkinderfamilie

Abb. 2: Anzahl und Vernetzung der Beziehungen innerhalb der Familie

Wenn Ihnen jetzt klar geworden ist, welche Auswirkungen bereits die Veränderungen vom Paar zur Einkindfamilie haben, können Sie sich vielleicht vorstellen, wie viel komplizierter es mit jedem weiteren Kind wird. Mit zwei Kindern gibt es bereits sechs Zweierbeziehungen, die das Netz der Familie aufspannen. Mit drei Kindern zehn Zweierbeziehungen usw. Die Beziehungen sind auch untereinander abhängig voneinander, und dadurch werden die einzelnen Beziehungen vielschichtiger und komplizierter (s. Abb. 2).

Wenn die Kinder zudem einen großen Altersunterschied haben, wird die alltägliche Organisation insofern erschwert, als die altersentsprechenden Bedürfnisse und Interessen der einzelnen Kinder kaum in Einklang zu bringen sind. Wenn Sie z. B. ein zehnjähriges und ein zweijähriges Kind haben, so gibt es kaum Aktivitäten, die Sie gemeinsam unternehmen können. Ein zehnjähriges Kind hat nicht mehr die Riesenlust auf den Tierpark, und der Erlebnispark ist nur begrenzt etwas für Zweijährige. Im Kino oder im Museum haben Zweijährige wenig verloren, während das für Zehnjährige sehr spannend sein kann. Wenn Zehnjährige Schularbeiten machen müssen, erleben sie nicht selten, dass sich der kleine Bruder bereits daran versucht hat. Und wie erklärt man das der Lehrerin?

Als Mutter müssen Sie in so einer Familie tagtäglich einen Spagat zwischen extrem unterschiedlichen Bedürfnissen und Interessen hinlegen. Da ist es nicht verwunderlich, wenn Sie sich hin und wieder erschöpft fühlen.

Die Arbeit ist nie fertig, und der Blick fällt gern auf die unerledigten Arbeiten

In der Familie – und vor allem im Haushalt – bleibt immer etwas liegen, ist die Arbeit nie fertig. Bei einem Teil der täglichen Arbeit liegt es in der Natur der Sache, dass sie nicht abgeschlossen wird: Erziehung, Beziehung und Atmosphärisches in der Familie sind einem ständigen Prozess ausgesetzt, der niemals innehält oder beendet ist. Die Arbeiten im Haushalt jedoch müssten so zu erfüllen sein, dass Sie erwarten können, hinterher auf Ihr getanes Werk zu blicken. Denken Sie vielleicht. Aber Pustekuchen! Sicher kennen Sie das: Wenn Sie eine Arbeit tatsächlich zu Ende gebracht haben, stellen Sie fest, dass Sie gleich wieder von vorne anfangen können. Haben Sie gerade das Klo geputzt, geht der Nächste und pinkelt auf den Rand – »Hab ich nicht gemerkt!«, heißt es dann. Haben Sie gerade abgewaschen, steht garantiert einen Augenblick später wieder ein schmutziges Glas oder noch viel mehr Geschirr da. Haben Sie gerade alle Fußböden sauber gemacht, vergisst doch gleich wieder jemand, die Gummistiefel auszuziehen, und läuft damit einmal durch die ganze Wohnung. Haben Sie gerade eingekauft, so können Sie recht bald den nächsten Einkaufszettel schreiben, weil Sie etwas vergessen haben oder weil die Sachen in kürzester Zeit wieder aufgegessen sind. Haben Sie gerade ein aufwändiges Essen gekocht, wird es in null Komma nix aufgegessen – es bleiben nur die schmutzige Küche und der Abwasch. Haben Sie gerade Wäsche gewaschen, so liegt bestimmt wieder etwas im Wäschekorb, bevor die letzte Maschine fertig ist.

Solche Beispiele fallen Ihnen sicher auch reichlich ein, und Sie kennen wahrscheinlich jenes Frustgefühl.

Selbst wenn Sie einmal eine Arbeit zu Ende bringen (weil vielleicht außer Ihnen niemand zu Hause ist) und Sie das Ergebnis genießen und bewundern, so haben Sie ebenso viel Gelegenheit, andere unfertige Arbeiten zu betrachten. Sie werden niemals alles sauber haben, alle Wäsche gewaschen und gebügelt, den Abwasch erledigt und eine blitzsaubere Küche haben, alle Fenster geputzt, den Kühlschrank voll und mit der ganzen Familie ein störungsfreies Festmahl genießen. Sie werden immer Prioritäten setzen müssen, welche Arbeiten Sie vorrangig erledigen und welche zunächst liegen bleiben.

Das ist der Alltag in der Familie. Und die Frage ist, wie Sie mit dieser Tatsache umgehen. Sie können sich endlos über liegen gebliebene Arbeit ärgern, oder Sie freuen sich an dem, was Sie geschafft haben. Das ist die Sache mit dem halb vollen und dem halb leeren Glas. Und bei der Familienarbeit sollten Sie sich immer an dem halb vollen Glas freuen!

Berufstätige Eltern haben es in der Regel leichter

Wahrscheinlich haben Sie sich Ihre alltäglichen Bedingungen in der Familienarbeit noch nie so umfassend klar gemacht. Und vielleicht haben Sie beim Lesen dieses Kapitels häufig genickt, sich wieder gefunden oder bestätigt gefühlt. Nun könnte man denken: Wenn Familienarbeit so umfangreich und auf so vielerlei Weise ermüdend und anstrengend ist, dann ist es doch Wahnsinn, auch noch woanders arbeiten zu gehen.

Das Gegenteil ist jedoch der Fall! Berufstätigen Eltern fällt die Familienarbeit oft leichter, und das hat verschiedene Gründe:

- Besonders die Frauen betrachten ihre Berufstätigkeit als Ausgleich, manche sogar als ihre »Freizeit«.
- Die meisten Frauen haben heute eine Ausbildung, die sie für die Familie nicht ganz an den Nagel hängen möchten. Schließlich haben sie einen Beruf gewählt, der ihnen Spaß macht, in dem sie kompetent sind, in dem sie Anerkennung bekommen und in dem sie nicht zuletzt auch Geld verdienen.

- Wenn Sie Ihrer Berufstätigkeit außerhalb der Familie nachgehen, müssen Sie sich dafür Freiräume schaffen. Da heißt es organisieren. Und diese (gute) Organisation überträgt sich oft von selbst auch auf die Familienarbeit.

- Wenn Sie eine feste Zeit für die Berufstätigkeit verplant haben, bleibt weniger Zeit für die Familienarbeit, die – wie wir gesehen haben – wesentlich schwierigeren Bedingungen unterliegt als viele andere Tätigkeiten.

- Wenn Sie für die Berufstätigkeit Ihr Haus verlassen, hält sich in der Regel auch niemand anderes zu Hause auf – die Kinder sind bei der Tagesmutter, im Kindergarten, in der Schule oder bei der Arbeit. Sie können also sicher sein, dass in dieser Zeit im Haushalt keine Arbeit produziert wird. Niemand benutzt Geschirr, niemand geht aufs Klo, niemand läuft mit schmutzigen Schuhen durch die Wohnung, niemand patscht an die Fensterscheiben. Sie werden das Haus unverändert wieder vorfinden.

- Die Partnerschaft der Eltern ist ausgeglichener. Wenn ein Partner berufstätig ist und der andere nicht, dann ist derjenige, der »nur zu Hause« ist, häufig gierig nach den Erlebnissen des Partners »in der großen weiten Welt«. Gerade wenn die Kinder noch klein sind, ist es den meisten »Daheimgebliebenen« ein großes Bedürfnis, am Abend auch mal ganze Sätze mit jemandem zu wechseln. Derjenige aber, der tagtäglich »in der großen weiten Welt« zu kämpfen hat, ist häufig froh, wenn er zu Hause endlich davor Ruhe hat. Die Diskrepanz zwischen den beiden Welten, in denen die Partner leben, ist sehr groß. Wenn jedoch beide die Gelegenheit haben, »in der großen weiten Welt« ihre Erfahrungen zu machen, wenn beide im Beruf ihr Bedürfnis nach Interaktionen (in ganzen Sätzen) befriedigen können, so ist zumindest die Gier nach den Erlebnissen des anderen nicht mehr so ausgeprägt. Das heißt natürlich nicht, dass Sie kein Interesse aneinander haben, aber Sie sind nicht so leicht enttäuscht, wenn der Partner Ihnen nicht sofort alle Erlebnisse berichten möchte. Sie können sich gegenseitig oft besser verstehen.

Wenn Sie bereits neben der Familie berufstätig sind, werden Sie den meisten Punkten wahrscheinlich zustimmen. Vielleicht fällt Ihnen der Alltag trotzdem manchmal schwer, und es erscheint Ihnen alles viel zu viel. Dann ist es gut, wenn Sie sich ab und zu besonders die Vorzüge der »Doppelbelastung« vor Augen führen.

Wenn Sie mit dem Gedanken spielen, eine Berufstätigkeit (wieder) aufzunehmen, oder wenn Sie sich gerade darauf vorbereiten, dann machen diese Aspekte Ihnen vielleicht etwas Mut.

Viele Frauen berichten, dass sie vor dem Beginn des Wiedereinstiegs in den Beruf große Bedenken hatten. Wenn es dann so weit ist, müssen sie sich natürlich zunächst an den neuen Rhythmus gewöhnen, aber die genannten Vorzüge der neuen Situation machen es ihnen meist leichter, als sie es vorher für möglich gehalten haben!

Das können Sie tun zur Erleichterung der Arbeit

Nehmen Sie Ihren Beruf ernst! Familienarbeit ist eine der wichtigsten Tätigkeiten in unserer Gesellschaft

»Ich habe keinen Beruf, ich bin nur Mutter und Hausfrau«, hört man Frauen manchmal sagen. Oder auch: »Ich bin kaufmännische Angestellte, ich bin *nicht* Hausfrau!« Haben Sie zu Hause mit zwei Kindern nichts mehr zu tun? Ist das keine Arbeit?

Je mehr Sie denken, Ihre Arbeit in der Familie sei nichts wert, desto weniger werden Sie mit Ihrer täglichen Arbeit zufrieden sein. Je mehr Sie denken, Sie sind ja »nur zu Hause« oder die Familienarbeit ist »nur Nebensache«, Sie haben ja eigentlich gar nichts zu tun, desto weniger werden Sie verstehen, warum Sie sich ständig so erschöpft fühlen. Wenn Sie nichts zu tun haben, wovon sind Sie dann erschöpft?

Es stimmt ja nicht, dass Sie nichts zu tun haben! Sie haben auch nicht nur »etwas« zu tun, sondern eine ganze Menge! Und wie Sie im vorangegangenen Kapitel bereits gesehen haben, arbeiten Sie unter Bedingungen, die Sie sonst in kaum einem anderen Beruf antreffen. In diesem Sinne können Sie stolz sein auf all das, was Sie tagtäglich schaffen! Sie dürfen Ihre Familienarbeit als einen Beruf verstehen und ihn auch als solchen ernst nehmen! Mit der Familienarbeit leisten Sie eine der wichtigsten Arbeiten, die es gibt: Sie sorgen dafür, dass auch weiterhin selbstständige und verantwortliche Menschen heranwachsen, die nicht nur später für die Renten Ihrer Generation arbeiten, sondern die auch den Fortbestand der Gesellschaft sichern. Allein das Bewusstsein, *wie wichtig* Ihre alltägliche Arbeit ist, wird es Ihnen erleichtern, die Hürden des Alltags zu nehmen und immer wieder Mut und Kraft zu schöpfen, so dass Sie auch Krisenphasen überstehen können.

Das bedeutet auf der anderen Seite, dass Sie, um Ihre Arbeit gut zu machen, auch sinnvoll planen sollten, um einen Überblick zu bekommen, was Sie wann am besten tun und was gerade Priorität hat.

Dabei werden Ihnen die folgenden Kapitel behilflich sein.

Erarbeiten Sie sich eine eigene Arbeitsplatzbeschreibung

In jedem anderen Job gibt es eine Arbeitsplatzbeschreibung oder klare Anweisungen, was Sie zu tun haben. Da Sie, wie Sie schon im Kapitel »Die Arbeit in Haushalt und Familie« gesehen haben, Ihr eigener Chef sind, gleichwohl Ihr Arbeitsalltag von den Bedürfnissen der Kinder oder der aktuellen Familiensituation bestimmt wird, kann es keine allgemein gültige Arbeitsplatzbeschreibung für Familienarbeit geben.

Wenn Sie sich jedoch einen Überblick über die Tätigkeiten, mit denen Sie sich regelmäßig beschäftigen, verschaffen, so wird es

Ihnen – und auch Ihrem Partner – leichter fallen, die Arbeit im Alltag zu strukturieren und sie zielstrebig und effektiv zu erledigen, zumindest die Arbeit, die auf diese Weise erledigt werden kann. Darüber hinaus wird die Arbeitsplatzbeschreibung Ihnen ermöglichen, auf die Arbeit zu gucken, die Sie geschafft haben, statt sich darüber zu ärgern, was Sie alles nicht geschafft haben. Sie werden eine stärkere Empfindung für den Wert der Arbeit bekommen, die Sie geleistet haben, und es wird Ihnen leichter fallen, Dinge auch einmal liegen zu lassen. Denn mithilfe des Überblicks merken Sie, dass Sie nicht alles auf einmal schaffen können, und es fällt Ihnen leichter zu entscheiden, welche Arbeiten wirklich vorrangig sind.

Wie Sie sich Ihre persönliche Arbeitsplatzbeschreibung erarbeiten, erfahren Sie im Kapitel »So kommen Sie zu Ihrer persönlichen optimalen Planung«.

Verplanen Sie maximal 50 Prozent der Ihnen zur Verfügung stehenden Zeit

Im Zeitmanagement wird allgemein gelehrt, dass Sie nur 50 bis 60 Prozent der Ihnen zur Verfügung stehenden Zeit verplanen sollten. Für die Familienarbeit sollten Sie 50 Prozent als oberste Grenze der zu verplanenden Zeit ansetzen.

Diese Vorgabe schockt viele. Sie sagen: »Dann schaffe ich ja gar nichts mehr! Da brauche ich ja gar nicht erst anzufangen!« Und wahrscheinlich überlegen Sie jetzt auch schon, wie Sie jemals alles schaffen sollen, was Sie so täglich zu erledigen haben.

Es ist jedoch ein Trugschluss, zu glauben, dass Sie in der Hälfte der Zeit nur die Hälfte schaffen. Die Erfahrung zeigt, dass Sie wesentlich mehr erledigen können, wenn Sie von vornherein weniger Zeit verplanen, als wenn Sie sich den Tag voll packen mit tausend wichtigen Arbeiten und Besorgungen, die rein theoretisch zu schaffen sein müssten. Bei solcher Art Planung haben Sie jedoch die so genannten »äußeren Zeitdiebe« nicht mit einkalkuliert: das Telefon, die Nachbarin, die Freundin etc. Und Sie gehen davon aus, dass nichts Unvorhergesehenes dazwischenkommt. Genau darin liegt der Trugschluss.

Gerade in der Familienarbeit kommt immer etwas dazwischen, werden Sie meistens von etwas gestört, mit dem Sie nicht gerechnet haben. Und dann geht die Hetze los: Der Zeitplan gerät durcheinander, andere Personen müssen womöglich »versetzt«, Termine abgesagt werden, und alles, was Sie heute nicht schaffen, staut sich morgen, übermorgen oder langfristig an – es gibt garantiert Stress. Und mit Sicherheit planen Sie nicht nur den heutigen Tag so eng – morgen und übermorgen sind ebenfalls bereits lückenlos verplant. Das erhöht noch den Druck, das heutige Pensum unbedingt schaffen zu müssen.

Störungen können Sie nicht einplanen (wollen Sie ja auch gar nicht), Sie müssen aber damit rechnen, und deshalb ist es in jedem Fall ratsam, dass Sie wesentlich weniger Zeit verplanen, als Sie zur Verfügung haben.

Praktisch heißt das, dass Sie grundsätzlich doppelt so viel Zeit für eine Arbeit veranschlagen sollten, wie die eigentliche Arbeit dauert. Wenn Sie eine halbe Stunde brauchen, um staubzusaugen, dann sollten Sie eine Stunde dafür einkalkulieren. Wenn Sie vormittags drei Stunden Zeit haben, bis die Kinder aus der Schule kommen, sollten Sie nur Arbeiten für eineinhalb Stunden einplanen. Bei festen Terminen wie Kinderturnen oder Kursen müssen Sie für die Vorbereitungszeiten (Sachen packen, Anziehen usw.) und Wege jeweils ausreichend Zeit rechnen, also mindestens das Doppelte der Zeit, von der Sie glauben, dass Sie und die Kinder fertig werden könnten. Wenn Sie so kalkulieren, steigt die Wahrscheinlichkeit, dass Sie Ihr geplantes Pensum tatsächlich und in Ruhe erfüllen, auf nahe 100 Prozent.

Am Ende sind Sie auf jeden Fall zufriedener, weil Sie insgesamt das Gefühl bekommen, den Anforderungen gerecht zu werden.

Und manchmal schaffen Sie bei dieser Art Planung sogar mehr, als Sie sich eigentlich vorgenommen haben.

(Mehr dazu und Beispiele finden Sie im Kapitel »So kommen Sie zu Ihrer persönlichen optimalen Planung«.)

Planen Sie realistisch! Versuchen Sie Belastungssituationen und Hektik zu vermeiden

Wenn Sie Ihre Planung für den nächsten Tag anschauen, dann überprüfen Sie, ob sie auch realistisch ist:

- Lässt sich das, was Sie sich vorgenommen haben oder was an Terminen für Sie ansteht, überhaupt realisieren?
- Gibt es Momente an dem Tag, die hektisch werden könnten?
- Gibt es Termine, die eine besondere Belastung für Sie bedeuten?

Wenn Sie mithilfe der genannten Fragen evtl. mögliche Hektik oder besondere Belastungen auf Ihrem Tagesplan identifiziert haben, können Sie überlegen, welche Möglichkeiten der Entlastung sich bieten:

- Kann jemand anders das Kind in den Kindergarten bringen oder wieder abholen?
- Müssen Sie tatsächlich selbst Milch holen, oder kann das auch eins der Kinder oder jemand anders erledigen?
- Wer kann vielleicht auf die kleineren Kinder aufpassen, während Sie mit dem größeren Kind zum Arzt gehen?
- Müssen alle diese Programmpunkte tatsächlich morgen stattfinden, oder gibt es Möglichkeiten, das eine oder andere zu verschieben?

Versuchen Sie, spätestens am Vortag dafür zu sorgen, dass Sie bei Bedarf an der einen oder anderen Stelle entlastet werden. Manchmal lassen sich absehbare Engpässe auch schon langfristig organisatorisch vermeiden. Versuchen Sie bei Ihrer kurz- und langfristigen Planung immer wieder, so wenig Hektik und so wenig Belastung wie möglich in Kauf zu nehmen. Und denken Sie dran: Unvorhergesehenes kann außerdem noch kommen!

Setzen Sie Prioritäten! Entscheiden Sie, was Ihnen wirklich wichtig ist

Auch das ist leichter gesagt als getan! Wünschen Sie sich auch, dass

- Ihr Haushalt immer in Ordnung ist,
- die Wäsche regelmäßig gewaschen und gebügelt ist,
- die Toiletten sauber sind,
- die Kinder ordentlich angezogen sind,
- die beste Schule gerade gut genug ist,
- jedes Kind sich sportlich betätigt,
- jedes Kind ein Musikinstrument lernt,
- Sie regelmäßig Zeit finden, mit den Kindern zu spielen oder ihnen vorzulesen,
- Sie Zeit für alle Sorgen und Probleme der Kinder haben,
- Sie allen Freunden und Verwandten zum Geburtstag schreiben,
- Sie selbst regelmäßig Sport treiben
- Sie regelmäßig Zeit mit dem Partner haben,
- Sie Familie und Beruf unter einen Hut kriegen,
- Sie sich Ihren Hobbys widmen können,
- Sie öfter ins Kino oder ins Theater gehen können,

- Sie sich ständig weiterbilden,
- Sie mit Leichtigkeit und Freude Feste organisieren und durchführen,
- und, und, und …

Wäre doch schön, wenn das alles auf einmal möglich wäre, oder? Es ist aber nicht alles möglich! Auf irgendetwas müssen Sie (zwischenzeitlich) verzichten. Und es liegt an Ihnen, wie Sie damit umgehen. Sie können sich darüber ärgern, denn das Verzichten – vor allem auf die eigenen Wünsche und Bedürfnisse – ist in der Tat nicht immer leicht. Wenn die Kinder klein sind, müssen Sie auch oft erst einmal lernen, dass Schwerpunkte unerlässlich sind.

Sie tun sich einen großen Gefallen, wenn Sie sich bewusst für bestimmte Prioritäten entscheiden. Wenn Sie sich klar machen, worauf Sie am allerwenigsten verzichten wollen, wird es auch möglich sein, dies weiterhin zu organisieren. Und zum Trost wird es Ihnen leichter fallen, auf andere Dinge zu verzichten. Wenn Sie also z. B. unter keinen Umständen das Tauchen oder Surfen aufgeben wollen, so werden Sie Möglichkeiten finden, auch mit Kindern hin und wieder diesem Hobby nachzugehen. Dafür ist Ihnen vielleicht Theater nicht mehr so wichtig, es fällt Ihnen leichter, eine Zeit lang darauf zu verzichten.

Wenn Sie vielleicht gerne Freunde einladen oder Feste feiern, so wird Ihnen dies sicher auch mit Kindern gelingen. Sie machen dann evtl. weniger Handarbeiten als früher, aber das vermissen Sie wahrscheinlich nicht so sehr, wenn Sie sich bewusst machen, wofür Sie darauf verzichten. Es könnte auch umgekehrt sein: Früher haben Sie sich gern mit Freunden getroffen, heute bleiben Sie lieber zu Hause und nähen Kleidung für die Kinder. Für Besuch müssten Sie sauber machen und aufräumen, das macht Ihnen vielleicht mehr Arbeit als Freude. Bei der selbst genähten Kleidung bemerken Sie immerhin einen (sichtbaren) Erfolg Ihrer Arbeit, und Sie empfinden es als lohnenden Ausgleich für Ihre sonstige (unsichtbare) Arbeit.

Wenn Sie sich entscheiden, neben der Familie noch berufstätig zu sein, so nimmt dies einen Großteil Ihrer Zeit in Anspruch. In der verbleibenden Zeit werden Sie nur wenig Spielraum für eigene Interessen haben, denn zunächst ist das Notwendige zu erledigen. Aber auch dafür gilt, dass Sie Prioritäten setzen und entscheiden müssen, was denn das Notwendigste ist: die saubere Wohnung? Oder die Zeit für die Kinder? Die gebügelte Wäsche? Oder das Treffen mit den Freunden?

Überlegen Sie, was Ihnen wirklich wichtig ist, und verabschieden Sie sich (vorübergehend) von anderen Wünschen und Bedürfnissen. Solange Sie zu vielen Zielen auf einmal nachjagen, können Sie das, was Sie tun, gar nicht genießen, weil Sie immer nur den Dingen nachtrauern, die Sie nicht schaffen.

Die Zeiten in der Familie ändern sich ständig, und wenn die Kinder größer werden, können Sie viele Aktivitäten, die Sie auf Eis gelegt haben, wieder aufnehmen. Oder Sie bekommen Freiräume für die Erfüllung lang gehegter Träume. Sie können jedoch niemals die Zeit zurückdrehen. Und deshalb ist es umso wichtiger, dass Sie *zu jeder Zeit* darüber nachdenken, welches *Ihre augenblicklichen Prioritäten* sind.

Haben Sie Mut zu eigenen Entscheidungen

Wenn Sie an einer Kreuzung stehen, haben Sie die Möglichkeit, Ihren Weg in die eine oder andere Richtung fortzusetzen. Wenn Sie sich nicht entscheiden können, bleiben Sie an der Kreuzung stehen, treten auf der Stelle und bewegen sich nicht weiter in Richtung auf Ihr angestrebtes Ziel. Es kann sinnvoll sein, hier oder da einmal zu verweilen, bis Sie sich entschieden haben, in welche Richtung es weitergehen soll. Wenn Sie jedoch mit Kindern unterwegs sind, ist es meist hilfreich, wenn Sie sich schnell entscheiden. Es ist fast egal, *wie* Sie entscheiden, Hauptsache ist, *dass* Sie entscheiden! Stellen Sie sich das Theater auf der Kreuzung vor, wenn die Kinder warten sollen, bis Sie sich entschieden haben, in welche Richtung es weitergeht. Die Kinder werden Ihnen Vorschläge machen, werden Sie in eine Richtung drängen, oder sie laufen von sich aus einfach weiter, womöglich in verschiedene Richtungen. Welch ein Chaos! Dann geht es plötzlich nicht mehr darum, welchen Weg Sie eigentlich einschlagen wollten oder welches Ziel Sie anstreben, sondern nur noch um Schadensbegrenzung. Sie sind dann nicht mehr damit beschäftigt, sich für einen der verschiedenen Wege zu entscheiden, sondern nur noch damit, die (verschiedenen) Entscheidungen der Kinder rückgängig zu machen.

Manchmal fällt es schwer, überhaupt Entscheidungen zu treffen, aus der Angst heraus, es falsch zu machen. Deshalb versuchen manche Menschen, sich einfach *nicht* zu entscheiden, in der Hoffnung, dann auch keine falsche Entscheidung zu treffen. Es fällt Ihnen vielleicht auch umso schwerer, Entscheidungen zu treffen, wenn Sie nicht nur für sich selbst, sondern auch noch für andere, für Ihre Kinder, für Ihre Familie, mit entscheiden müssen.

Und dann gibt es da noch den Unterschied zwischen den kleinen und den großen Entscheidungen. Die großen beziehen sich auf Fragen wie:

- In welcher Stadt leben Sie?
- Welche Wohnung beziehen Sie?
- In welchen Kindergarten/welche Schule gehen die Kinder?
- Welche Impfungen werden durchgeführt? Und wann?
- Welche Arbeit nehmen Sie an?
- Welches Auto fahren Sie? Haben Sie überhaupt ein Auto? usw.

Wenn diese Entscheidungen getroffen sind, bleiben immer noch die alltäglichen kleinen Entscheidungen:

- Was ziehen Sie selbst und die Kinder an?
- Putzen Sie erst die Zähne oder decken Sie erst den Tisch ab?
- Gehen Sie noch ans Telefon, wenn Sie doch gerade in der Tür stehen und weggehen wollen?
- Was bekommt der Schulfreund des Sohnes als Geburtstagsgeschenk?
- Was soll es zum Mittagessen geben?
- Putzen Sie heute oder morgen das Bad?
- Ignorieren Sie das Gezeter des Vierjährigen noch weiter oder greifen Sie ein, bevor es ein Donnerwetter gibt?
- Tragen Sie dem Achtjährigen schon wieder den Turnbeutel in die Schule hinterher?
- Sehen Sie erst die Hausaufgaben an oder lesen Sie erst die Zeitung?
- Rufen Sie die Freundin an, obwohl Sie eigentlich abwaschen wollen?
- und, und, und …

Diese vielen kleinen Entscheidungen des Alltags sind es, die Ihnen das Leben schwer machen. Und das Problem ist, dass es umso schwerer wird, je länger Sie jede einzelne Entscheidung auf die lange Bank schieben.

Wenn Sie ein erklärtes Ziel haben, sollten Sie mit Entscheidungen nicht allzu lange zögern. Und da bekanntlich viele Wege nach Rom führen, ist das Risiko einer Fehlentscheidung gar nicht so groß, wie Sie manchmal fürchten. Was Ihren Familienalltag angeht, so sollten *Sie* entscheiden, wo es langgehen soll. Kinder sind dankbar, wenn Sie ihnen eindeutige Wege aufzeigen. Nur wenn Sie den Kindern Wege aufzeigen, riskieren Sie nicht, dass sie sich im Gestrüpp verlaufen!

Nicht immer gelingt das reibungslos. Im Familienalltag überqueren Sie tagtäglich eine Vielzahl von Kreuzungen. Und da gibt es eben auch Situationen, in denen Sie sich nicht sofort entscheiden können, weil Sie unsicher sind. Sie dürfen den Kindern dann auch Ihre Schwächen zumuten und darauf vertrauen, dass niemand daran Schaden erleidet, sondern dass Sie dadurch nur menschlich sind.

Grundsätzlich sollten Sie jedoch nicht davor zurückschrecken, überhaupt Entscheidungen zu treffen und die Verantwortung für mögliche Fehlentscheidungen zu tragen. Haben Sie den Mut, bestimmte Wege einzuschlagen! Manchmal erfahren Sie erst hinterher, wozu es gut war.

Schrauben Sie Ihre Ansprüche zurück

Es hilft nichts. Bei alldem, was im Familienalltag auf Sie einströmt, werden Sie wahrscheinlich Ihren Ansprüchen nicht gerecht. Da tun Sie sich einen Gefallen, wenn nicht alles hundertprozentig sein muss. Lassen Sie fünfe einmal gerade sein. Schrauben Sie Ihre Ansprüche zurück. Wenn das nicht geht, sorgen Sie dafür, dass Sie genügend Hilfe von außen haben, damit Ihre Ansprüche erfüllbar sind.

Wenn Sie z. B. den Anspruch haben, dass es bei Ihnen immer picobello sauber ist, dann setzen Sie sich und Ihre Familie enorm unter Druck, denn besonders mit (kleinen) Kindern ist dieser Anspruch nicht zu verwirklichen. Sie haben zwei Möglichkeiten: Entweder Sie schrauben Ihre Ansprüche zurück und lernen, es auszuhalten, wenn es einmal nicht sauber ist, oder Sie sorgen dafür, dass es eine Person in Ihrem Haushalt gibt, die in der Lage ist, sich regelmäßig um den Hausputz zu kümmern. Das könnte eine Putzfrau sein oder auch Sie selbst, wenn jemand anders Sie von anderen Aufgaben entlastet, z. B. der Kinderbetreuung. Auf jeden Fall werden Sie Hilfe von außen brauchen, wenn Sie einen solchen Anspruch aufrechterhalten wollen.

Wenn es bei Ihnen eine Diskrepanz zwischen Anspruch und Wirklichkeit gibt, wird Ihr Leben oft zur Qual. Aber auch diese

Tatsache ändert nichts an der Diskrepanz. Sie selbst sind es, die diese Ansprüche stellen, die für die Diskrepanz sorgen. Es ist eine Frage Ihrer eigenen Bewertung, ob Sie Ihre Familienorganisation für gut halten oder ob Sie unzufrieden sind. Und wenn Sie sich zuweilen sagen können, dass »gut genug« auch gut genug ist, dann können Sie nach und nach mehr Gelassenheit entwickeln. Sie sind – wie alle anderen auch – nur Menschen, und deshalb wird es – auch bei Ihnen – niemals perfekt laufen.

Trennen Sie sich von störenden Dingen/Menschen/Einflüssen/Ansprüchen

Versuchen Sie, sich von allem, was Sie stört, zu trennen. Das fängt bei der Ordnung im Haus an: Alles, was herumsteht oder herumliegt und eigentlich nicht gebraucht wird – schmeißen Sie es weg! Oder verkaufen Sie es! Sie bekommen im wahrsten Sinne des Wortes mehr Freiraum.

Räumen Sie regelmäßig alles weg, was Sie oder die Kinder nicht mehr brauchen. Vielleicht macht es Ihnen oder den Kindern Spaß, etwas auf dem Flohmarkt zu verkaufen. Kleidung, Möbel oder Spielzeug können auch für gute Zwecke gespendet werden. Wenn Sie sich von störenden oder überflüssigen Dingen getrennt haben, sind Sie die überflüssigen Belastungen los.

Manchmal gibt es auch Menschen, die Ihnen den Familienalltag schwer machen. Das können bestimmte »Freunde«, Nachbarn oder Familienangehörige sein. Häufig meinen es diese Menschen »nur gut« mit Ihnen, indem Sie Ihnen »gute Ratschläge« erteilen. Wenn Sie sich jedoch eher belästigt fühlen, versuchen Sie, sich innerlich (und vielleicht auch äußerlich) von solchen Menschen zu distanzieren. Schränken Sie den Kontakt ein oder suchen Sie das Gespräch mit ihnen. Sagen Sie ihnen, dass Sie ihre Ratschläge oder ihre Gesellschaft nicht wünschen. Wählen Sie einen freundlichen Ton und werden Sie nicht aggressiv. Sollten Sie, um böses Blut zu vermeiden, vor der Abgrenzung zurückschrecken, so empfehle ich Ihnen die Lektüre des Buches von Ute Ehrhardt, »Gute Mädchen kommen in den Himmel, böse überall hin«. Das wird Ihnen Mut machen, dass so manche »Boshaftigkeit« im Leben Sie nur weiterbringen kann.

Darüber hinaus gibt es vielleicht äußere störende Einflüsse. Mit manchen – wie klimatischen Bedingungen, Hausstaub und Pollenflug – müssen Sie leben. Nicht aber mit dem Einfluss der Medien: In manchen Familien ist das Fernsehen ein Problem, weil es entweder immer Streit um das Programm gibt oder weil Sie selbst öfter, als Ihnen lieb ist, »vor der Glotze« hängen bleiben, obwohl Sie etwas ganz anderes vorhatten. Überlegen Sie, ob es in so einem Fall Sinn macht, den Fernseher abzuschaffen, oder ob ein neuer Standort für das Gerät vielleicht auch schon Abhilfe schafft.

Auch andere Medien wie Zeitschriften, Internet, Radio oder Telefon können Ihr Familienleben in ungünstiger Weise beeinflussen. Das bedeutet nicht, dass Sie alles abschaffen sollen. Gerade in Zeiten fortschreitender Technisierung ist es ratsam, Kindern diese Medien nicht gänzlich vorzuenthalten, sondern ihnen einen sinnvollen Umgang damit zu vermitteln. Beherzigen Sie das Motto »weniger ist mehr« und machen Sie sich selbst und den Kindern hin und wieder klar: Die Geräte haben alle auch einen Knopf zum Ausschalten!

Über störende Ansprüche, also die unerreichbaren, ist auf den vorangegangenen Seiten bereits genug gesagt worden. Eins nur noch einmal zur Wiederholung: Den Anspruch, dass alles perfekt läuft, den werden Sie nie erreichen. Und deshalb sollten Sie alles dransetzen, sich zumindest von diesem Anspruch zu trennen.

Versuchen Sie, sich von allem, was Sie selbst als störend empfinden oder was negativ auf Ihre Familie einwirkt, zu distanzieren oder gar zu trennen. Sie werden es auf jeden Fall als Befreiung empfinden.

Lernen Sie, Nein zu sagen zu unvorhergesehenen oder unliebsamen Dingen

Sigrid E. wollte es immer allen recht machen: dem Ehemann Dieter, den Kindern, den Eltern und den Schwiegereltern. Auch Freundinnen und Nachbarn konnte sie keine Bitte abschlagen. Immer war sie zur Stelle, wenn sie gebraucht wurde, und immer gab sie ihr Letztes, wenn sie damit jemandem helfen konnte. Natürlich war sie beliebt, und das war für sie die Bestätigung dafür, dass ihr Tun richtig war.

Eines Tages musste sie mit einer akuten Blinddarmentzündung ins Krankenhaus. Da brach bei ihr zu Hause alles zusammen, denn zunächst wollte sich niemand um ihre Kinder kümmern. Den Großmüttern waren drei Kinder zu viel. Der Mann musste weiter arbeiten und die Nerven für den Alltag mit drei Kindern hatte er sowieso nicht. Auch die Freundinnen hatten genug zu tun mit ihren eigenen Kindern und Haushalten. Dabei hatte Sigrid doch auch deren Kinder bereitwillig aufgenommen, wenn dort Not an der Mutter war. Sie ärgerte sich und fragte sich, warum nur sie sich immer aufopferte, während andere einfach »Nein« sagten, wenn es ihnen nicht »in den Kram passte«.

Natürlich fand sich eine Lösung für die Woche, in der sie im Krankenhaus bleiben musste: Die Kinder wurden auf Freunde und Großeltern verteilt, Dieter wurde von seiner Mutter unterstützt, wenn er am Abend die Kinder ins Bett brachte. Auch um das Essen kümmerte sie sich. Am Morgen schaffte er es, die Kinder in Schule und Kindergarten zu bringen, bevor er zu seiner Arbeit ging. Zum ersten Mal bekam er eine Ahnung davon, was seine Frau tagtäglich zu tun hatte, und schon die Teilzeitfamilienarbeit setzte ihm arg zu.

Als Sigrid aus dem Krankenhaus kam, musste sie sich noch schonen, aber alle waren froh, dass sie wieder da war. Eine Woche hatte sie Zeit gehabt, darüber nachzudenken, wie sie sich künftig weniger aufhalste. Eines war ihr dabei klar geworden: Sie wollte lernen, mehr Nein zu sagen. Sie hatte erlebt, wie Familie und Freunde Nein gesagt hatten zu ihrem Wunsch, dass jemand während ihrer Abwesenheit ihre Rolle übernähme. Sie war neidisch auf die Fähigkeit, das einfach so abzulehnen. Sie selbst hätte doch sofort alles möglich gemacht und alle Widrigkeiten in Kauf genommen. Gleichzeitig merkte sie, dass es gar nicht so schlimm war, das Nein der anderen zu ertragen, denn sie wusste immerhin, woran sie war. Und eine Lösung hatte sich trotzdem gefunden!

In der Folgezeit übte sie regelrecht das Neinsagen. Da sie sich noch schonen musste, gab es genügend Anlässe, den Kindern die eine oder andere Bitte abzuschlagen. Sie mussten dann nach anderen Lösungen suchen. Und siehe da, es kamen häufig sogar bessere Lösungen heraus, als wenn Mama geholfen hätte. Ganz nebenbei lernte sie also auch noch, dass es nicht nur *eine* Lösungsmöglichkeit für ein Problem gibt. Und die Kinder wurden auf diese Art und Weise selbstständiger.

Dieser positive Nebeneffekt bestärkte Sigrid darin, auch anderen Menschen einmal eine Absage zu erteilen. Neulich rief ihre Freundin an und fragte, ob Sigrid am folgenden Tag die Kinder nach der Schule versorgen könne, weil sie einen Termin beim Arzt habe. Früher hätte Sigrid ihre eigenen Termine verlegt, um der Freundin den Gefallen zu tun. Nun sagte sie, das ginge nicht, weil sie selbst mit zwei Kindern einen Arzttermin habe. Sie kam nicht in Terminschwierigkeiten und die Freundin fand eine andere Lösung. Ein anderes Mal, als es gut passte, konnte Sigrid der Freundin dagegen einen Wunsch erfüllen. Je mehr Sigrid sich traute, Nein zu sagen, desto leichter fiel es ihr auch, andere um Hilfe zu bitten, denn ihr eigenes Neinsagen-Können führte auch dazu, dass sie ein Nein von anderen besser ertrug und akzeptierte.

Sicherlich kennen Sie das, dass es manchmal schwer fällt, Nein zu sagen. Es kommt auch darauf an, *wer* Sie um etwas bittet, und *was* es ist. Aber es macht Sinn, wenn Sie sich immer zuerst fragen, ob Sie einen Wunsch, der an Sie herangetragen wird, wirklich erfüllen können oder wollen und was es für Konsequenzen hätte, wenn Sie ablehnen. Meistens sind die Konsequenzen gar nicht so schlimm, wie Sie befürchten.

Außerdem muss ein Nein ja auch kein ausschließliches Nein sein. Sie können demjenigen, dem Sie einen Wunsch abschlagen, ja auch bei der Lösung seines Problems behilflich sein, indem Sie z. B. sagen: »Heute kann ich nicht, aber morgen könnte ich, wenn dir das weiterhilft.« Oder: »Ich kann zwar nicht, aber vielleicht könnte Otto oder Egon dir weiterhelfen.«

Die Hilfe bei der Suche nach einer Lösung ist auf jeden Fall mehr wert als ein halbherziges Ja, für das Sie sich selbst unnötig krumm machen müssten.

Noch etwas werden Sie feststellen: Echte Freunde sind Ihnen eher dankbar, wenn Sie Nein sagen. Und: Ein Ja kommt umso mehr von Herzen, je besser Sie auch Nein sagen können.

Die Fähigkeit, Nein zu sagen, sollten Sie für alle Situationen entwickeln, die Ihnen unvorhergesehen dazwischenkommen. Darüber hinaus sollten Sie auch Nein sagen zu Dingen, die Sie nicht mögen, die Ihnen lästig sind und für die Sie sich andere Lösungen ausdenken.

Delegieren Sie unangenehme Aufgaben oder planen Sie sie fest ein

In jedem Haushalt gibt es Aufgaben, die Ihnen näher oder ferner liegen. Lieben Sie das Waschen oder mehr das Staubsaugen? Freuen Sie sich ganz besonders auf den täglichen Abwasch? Oder putzen Sie besonders gerne die Fenster?

Viele Ihrer regelmäßigen Aufgaben tun Sie vermutlich nur leidlich gern und auch nur deshalb, weil sie nun mal gemacht werden müssen. Trotzdem gibt es darunter immer Aufgaben, die Sie lieber tun als andere. Wenn Ihnen das Waschen ein Dorn im

Auge ist, fragen Sie Ihren Partner, wie es ihm mit dieser Aufgabe geht. Der findet vielleicht Abwaschen eine der schlimmsten Tätigkeiten, was Sie wiederum nicht finden, weil Sie dabei immer besonders gut nachdenken können.

Sie sollten sich in Ihrer Familie über die regelmäßig zu erledigenden Arbeiten austauschen, um herauszufinden, was am besten wessen Job sein könnte. Wer kann was am besten, und wer mag welche Aufgaben am liebsten?

Wenn nun Arbeiten übrig bleiben, die niemand in der Familie erledigen kann oder mag, sollten Sie sich fragen, wer sie dann erledigen kann. Eine Putzfrau? Oder ein Kindermädchen, das sich hin und wieder um die Kinderbetreuung kümmert? Oder können Sie sich einem Tauschring anschließen, in den Sie selbst »geliebte« Dienste einbringen und jemand anderes dafür Ihre unbeliebten Arbeiten übernimmt? (s. a. das Kapitel »Entlastung durch Tauschdienste«, S. 194).

Wenn es nun weder Personal noch die Möglichkeit eines Tauschgeschäfts gibt, so müssen Sie wohl oder übel die Arbeiten selbst erledigen. Je mehr Sie sich darüber ärgern, umso schwerer wird es Ihnen fallen, sie in Angriff zu nehmen. Da hilft nur eins: Planen Sie sie fest ein und belohnen Sie sich anschließend dafür, dass Sie es geschafft haben. Dann ist alles nur halb so schlimm.

Erledigen Sie wiederkehrende Aufgaben so rationell wie möglich

Manche Aufgaben tauchen regelmäßig wieder auf: die Wäsche, der Abwasch, das Saubermachen, die Müllbeseitigung, das Kochen, der Einkauf, das Aufräumen usw. Alle diese Arbeiten brauchen Zeit. Deshalb ist es sinnvoll, die Aufgaben, die sowieso immer wiederkehren, so rationell wie möglich zu machen. Das heißt zum einen, so schnell wie möglich und so gründlich wie nötig. Zum anderen heißt das, einen möglichst geringen Aufwand dafür zu betreiben. Welche Aufgaben können Sie miteinander verbinden? Welche Wege können Sie einsparen, weil Sie auf einem Weg mehrere Dinge gleichzeitig erledigen können?

Wenn Sie ein Haus bauen oder neu einrichten, sollten Sie auf jeden Fall Überlegungen mit einbeziehen, in welcher Weise Wege, die Sie häufig zurücklegen, im Haus möglichst kurz gehalten werden können. In der Broschüre »Planung« von der Bausparkasse Schwäbisch Hall wird folgende Rechnung aufgemacht: »Untersuchungen haben ergeben, dass die Hausfrau für die Zubereitung eines Mittagessens bei guter Kücheneinrichtung etwa 70 Meter zurücklegen muss, bei unzweckmäßiger Einrichtung etwa 174 Meter. Dies erhöht entsprechend die Arbeitszeit von 51 auf 69 Minuten. Die Differenz erscheint auf Anhieb nicht besonders groß, rechnet man sie jedoch einmal auf das ganze Jahr hoch, so summiert sie sich auf eine Strecke von 115 Kilometern und einen zusätzlichen Zeitaufwand von 41 Arbeitstagen!« (Schwäbisch Hall: »Planung« S. 39 f.)

Wenn Sie also schon beim Kochen derart viel Zeit sparen können und damit mehr freie Zeit für andere Dinge übrig behalten, was kommt da alles zusammen, wenn Sie auch die anderen Bereiche rationeller gestalten? Insofern lohnt es sich tatsächlich, bei jeder Ihrer routinemäßigen Arbeiten darüber nachzudenken, in welcher Weise Sie jeweils effektiver arbeiten können, sowohl in Bezug auf die Zeit wie auch in Bezug auf den Erfolg.

- In welcher Reihenfolge ist es sinnvoll, die Routinearbeiten zu erledigen?
- Wie können Sie Wege im Haushalt kurz halten, z. B. zwischen Waschmaschine und Trockenraum, Küche und Vorratskammer?
- Was können Sie jeweils »unterwegs« erledigen?
- Wenn Sie putzen: Wie können Sie dabei unnötige Wege vermeiden?

- Wenn Sie abwaschen: Überlegen Sie sich vorher die Reihenfolge, damit Sie mit einem Spülwasser auskommen.
- Wenn Sie aufräumen: Gehen Sie nie mit leeren Händen, denn es gibt garantiert immer etwas, das von A nach B getragen werden muss, und etwas, das von B nach A getragen werden muss.
- Wenn Sie Wäsche aufhängen, tun Sie es so, dass Sie sich das Bügeln von vornherein erleichtern oder sogar ersparen.
- Wenn Sie den Einkauf so schnell wie möglich erledigen wollen, sollten Sie einen genauen Einkaufszettel vorbereiten und sich auch die Route überlegen, in der Sie die jeweiligen Geschäfte anfahren.

Ein wesentlicher Faktor beim rationellen Arbeiten ist eine gute Planung. Wenn Sie sich »am grünen Tisch« vorher überlegen, wie es am besten und am schnellsten gehen kann, dann haben Sie die Zeit für die Planung allemal wieder heraus, weil Sie für die Durchführung der Arbeit wesentlich weniger Zeit brauchen.

Dieses Thema könnte noch sehr viel eingehender bearbeitet werden. Im Rahmen dieses Buches ist es jedoch nur ein Punkt unter vielen, so dass ich alles Weitere zunächst Ihrer Fantasie und Ihrer Kreativität überlasse. Je mehr Sie darauf achten, wie Sie arbeiten, und darüber nachdenken, wie es noch effektiver gehen könnte, desto mehr gute Ideen werden Sie haben, die dann speziell zu Ihrem Haushalt und Ihrer Familie passen.

Beginnen Sie nur Arbeiten, die Sie auch zu Ende bringen können

Je mehr Sie im Stress sind, je mehr unerledigte Dinge noch vor Ihnen liegen und je enger Ihr Zeitplan ist, desto eher werden Sie kopflos und ungeplant drauflosarbeiten und am Ende gar nichts mehr »auf die Reihe« kriegen. Und dann fangen Sie alles an, was Ihnen zwischen die Finger kommt, mit dem »Erfolg«, dass nichts fertig wird und Sie am Ende erschöpft und frustriert sind. Da hilft nur eins: Halten Sie zwischendurch inne, kontrollieren Sie Ihre Planung und überlegen Sie, was Sie in der verbleibenden Zeit überhaupt noch schaffen können:

- Welche geplanten Aktivitäten können (oder müssen) Sie jetzt streichen?
- Was lohnt sich überhaupt noch anzufangen?
- Welche Arbeiten können getrost halb fertig liegen bleiben? (Macht es Sinn, solche Arbeiten halb fertig liegen zu lassen?)
- Welche Arbeiten müssten von vorne angefangen werden, wenn Sie sie nicht zu Ende bringen?

Die Waschmaschine sollten Sie gar nicht erst anstellen, wenn Sie die Wäsche voraussichtlich nicht am selben Tag aufhängen können. Ein halb fertiger Abwasch blockiert beim Kochen eventuell die Küche, und die Nähmaschine auf dem Küchentisch aufzubauen, wenn die zu erledigenden Arbeiten nicht fertig werden können, bedeutet doppelte Arbeit, weil Sie für die nächste Mahlzeit alles wieder wegräumen und später wieder aufbauen müssen.

Ein weiterer Aspekt der halb fertigen Arbeiten ist, dass es unbefriedigend ist und Sie unter Umständen sehr unter Druck geraten. Je mehr angefangene Arbeiten auf Sie warten, desto mehr Unerledigtes liegt vor Ihnen. Und unerledigte Geschäfte belasten Ihr Gemüt.

Überlegen Sie in solchen Momenten lieber, welche Arbeiten Sie sicher noch zu Ende bringen können. Machen Sie lieber weniger, dann haben Sie mit den fertigen Arbeiten immerhin die Befriedigung, etwas geschafft zu haben.

Manchmal kommen Sie in solchen Momenten zu dem Schluss, dass es am besten ist, wenn Sie gar nichts mehr anfangen, alles stehen und liegen lassen und erst einmal eine Pause machen. Das ist sogar meistens die beste Idee, weil Sie aus der Ruhe heraus viel gezielter planen und klarer sehen, was sich überhaupt noch lohnt anzufangen.

Fangen Sie nicht noch etwas Neues an, wenn Sie bereits mit »fünf Dingen« beschäftigt sind

Wie bereits gesagt, haben Sie meistens mehrere Dinge auf einmal zu tun. Und manchmal gibt Ihnen Ihr Erfolg bei der »Simultanarbeit« die Bestätigung, dass Sie auf diese Weise enorm viel schaffen. Aber Vorsicht! Je mehr Sie sich selbst übertreffen wollen, umso gefährdeter sind Sie, dass Sie neben den »fünf Dingen«, mit denen Sie gerade beschäftigt sind, auch noch eine sechste und siebente Tätigkeit beginnen. Und irgendwann klappt das Kartenhaus in sich zusammen und dann geht gar nichts mehr.

Deshalb sollten Sie, wenn Sie feststellen, dass Sie »fünf Dinge« noch gut auf die Reihe kriegen, nichts Neues mehr anfangen, sondern sich darüber freuen, dass Sie bereits so viel auf einmal schaffen. Das ist die beste Garantie, dass Ihr Plan aufgeht.

Natürlich ist das ein bisschen übertrieben. Natürlich will ich Ihnen eigentlich sagen, dass es im Grunde schon zu viel ist, wenn Sie mit fünf Dingen auf einmal beschäftigt sind (einzelne Menschen haben diesbezüglich allerdings unterschiedlich ausgeprägte Fähigkeiten). Meistens sind Sie bereits überfordert, wenn Sie nur zwei Dinge auf einmal erledigen, z. B. mit zwei Kindern auf einmal sprechen. Es kommt natürlich darauf an, worin die fünf Dinge bestehen, aber grundsätzlich sollten Sie solche Situationen vermeiden.

Versuchen Sie, die anfallenden Arbeiten nacheinander zu verrichten – wenn nicht etwas Unvorhergesehenes dazwischenkommt. Aber Sie sollten Ihre Arbeit nicht von vornherein so anlegen, sondern nur dann mehrere Dinge auf einmal tun, wenn es sich tatsächlich nicht vermeiden lässt.

Erledigen Sie unfertige Arbeiten so bald wie möglich

Wenn nun trotz aller guten Planung und aller guten Vorsätze doch Arbeit liegen bleibt, so überlegen Sie sich, wann diese Arbeit beendet werden kann. Planen Sie dies fest und so bald wie möglich ein, damit Sie das »vom Tisch« haben! Je mehr Arbeit vor Ihnen liegt, desto größer ist der Stau (in jeder Hinsicht), den Sie vor sich her schieben. Alles, was erledigt ist, kann Sie auch nicht mehr belasten.

Wenn Sie bei der Planung feststellen, dass es in absehbarer Zeit keine Möglichkeit gibt, die angefangene Arbeit zu beenden, dann stellt sich zunächst die Frage, wie wichtig oder dringend diese Arbeit ist. Wenn sie nicht so wichtig ist, dann packen Sie sie weg (wenn das geht), so dass Sie nicht ständig darauf gucken müssen. Oder Sie haben sich dazu entschieden, diese Arbeit erst einmal liegen zu lassen, und müssen sich folglich auch nicht mehr darüber ärgern.

Wenn es aber doch wichtig ist, gerade dies zu beenden, fragen Sie sich, wer Ihnen dabei helfen oder Ihnen die Arbeit abnehmen könnte. Wenn es Ihnen wichtig ist, werden Sie bestimmt eine Lösung finden. Entlasten Sie sich durch gute Organisation!

Machen Sie nur selbst, was Ihnen niemand abnehmen kann

Wenn Sie sich nicht verzetteln wollen, so sollten Sie sich auf die wesentlichen Arbeiten beschränken. Das bedeutet, dass Sie nur tun, was Ihnen niemand abnehmen kann.

Wenn Sie eine Putzfrau haben, dann lassen Sie sie tatsächlich auch alle Arbeiten tun, für die Sie sie angestellt haben und bezahlen! Wenn Sie ein Kindermädchen haben, so mischen Sie sich möglichst auch nicht ein, überlassen Sie ihr die Kinderbetreuung und nutzen Sie die Zeit für andere Dinge! Wenn Sie eine Köchin haben, brauchen Sie auch nicht zu kochen, und wenn jemand anders Ihre Wäsche bügelt, so sind Sie auch von dieser Arbeit befreit.

Wenn Sie niemanden haben, der Ihnen im Haushalt und bei der Kinderbetreuung hilft, müssen Sie die meisten Arbeiten selbst erledigen. Da gibt es jedoch noch den Partner und die Kinder, die heranwachsen und mit zunehmendem Alter auch Aufgaben im Haushalt übernehmen können.

Mit Ihrem Partner sollten Sie absprechen, wer welche Arbeiten macht. Wer kann was besser? Wer mag welche Arbeiten lieber (oder findet sie weniger schlimm)? Was ist wessen Job?

Überlegen Sie genau, ob Sie wirklich all das, was Sie täglich tun, selbst machen müssen oder welche Möglichkeiten der Entlastung Sie vielleicht noch nicht in Erwägung gezogen haben.

(Mehr Ideen über Arbeitsteilung in der Familie finden Sie im Kapitel »Möglichkeiten der Entlastung«.)

Entwickeln Sie Disziplin

»Disziplin« ist in der heutigen Elterngeneration nach wie vor ein eher negativ besetzter Begriff. In den 70er Jahren wurden Disziplin, der Respekt vor Autoritäten, Ordnung und Pünktlichkeit zu »noblen Eigenschaften der Vergangenheit« degradiert. Sprüche wie »erst die Arbeit und dann das Vergnügen« sind seitdem »megaout«. Und viele aus dieser damals jungen Generation haben später kein rechtes Verhältnis zu diesen Tugenden entwickeln können. Entweder wurde Disziplin an sich abgelehnt und aus reinem Trotz für spießig und nicht akzeptabel erklärt oder die Ausübung von Disziplin war in der Sozialisation gar nicht vorgesehen, und die heute Erwachsenen konnten mangels Übung keine oder zu wenig Erfahrungen mit Disziplin sammeln. Jedenfalls ist festzustellen, dass Disziplin für die augenblickliche Elterngeneration eine schwierige Tugend ist. Der »innere Schweinehund« ist meist stärker und man lässt sich gerne zu anderen Dingen hinreißen als zu dem, was man sich gerade vorgenommen hat. Diese Gefahr besteht besonders in der Familie, weil das Angebot an Alternativtätigkeiten stets riesengroß ist.

Aber Sie tun sich keinen Gefallen, wenn Sie immer wieder vor (lästigen) Arbeiten davonlaufen, im Gegenteil: Das schlechte Gewissen wuchert und der Berg der unerledigten Geschäfte wächst in unermessliche Höhen. Sie fühlen sich erdrückt von alldem, was noch vor Ihnen liegt.

Entwickeln Sie Disziplin! Planen Sie Ihren Alltag so realistisch, dass das Soll erfüllt werden kann. Dann fällt auch die Disziplin immer leichter, denn wenn Sie die Arbeit erledigt haben, winkt freie Zeit, in der Sie sich erholen oder vergnügen können. Ein erfüllter Plan motiviert für den nächsten Tag. Erfüllte Aufgaben geben Ihnen Zufriedenheit, und mit Disziplin erreichen Sie Ihre Ziele einfach schneller. Je öfter Sie kleine Ziele erreichen, desto zuversichtlicher können Sie auch größeren Zielen nacheifern.

Halten Sie Ordnung

Wie heißt es so schön? – »Ordnung ist das halbe Leben!« Was bedeutet das für Sie persönlich? Dass Sie die Hälfte Ihrer Lebenszeit mit Aufräumen beschäftigt sind? Oder dass es eine schöne und eine weniger schöne Seite des Lebens gibt? Oder dass das Leben ohne eine Ordnung nur die Hälfte wert ist? Was auch immer Sie bei dieser Redewendung assoziieren, eins ist sicher: Wenn Sie immerhin so viel Ordnung halten, dass Sie den Überblick behalten, wo Sie was wiederfinden und wo was seinen Platz hat, dann sparen Sie sich viel Zeit und Ärger, weil Sie nicht unnötig suchen müssen.

Mit der Ordnung ist es so eine Sache. Sie ist vielen Menschen lästig, und gleichzeitig gibt es auch Leute, die krankhaft ordentlich sind, die es nicht aushalten können, wenn etwas nicht an seinem Platz ist, wenn etwas nicht supersauber ist oder wenn andere ein anderes Ordnungssystem haben als sie selbst.

In der Familie sollten Sie ein gesundes Mittelmaß anstreben. Die Tatsache, dass Sie nicht allein in Ihrem Haushalt leben, bedeutet, dass es eine Ordnung für alle geben muss. Zunächst einmal suchen Sie als Eltern einen kleinsten gemeinsamen Nenner bezüglich einer Grundordnung. Je schwerer Ihnen das fällt, umso eher sollten Sie sich eigene Räume oder Ecken in der Wohnung einrichten, in denen Sie Ihr eigenes Ordnungssystem entfalten können, ohne dass Ihnen jemand dazwischenfunkt. Auf Ihrem persönlichen Schreibtisch muss vielleicht niemand außer Ihnen selbst den Überblick über die »Haufen« haben. Aber in den Gemeinschaftsräumen wie Küche, Wohnzimmer, Flur, Treppe und Bad sollten Sie sich darüber verständigen, wer welchen Standard an Ordnung und Sauberkeit braucht und wie das im Einzelnen gewährleistet werden kann.

Im Zweifelsfall kann das auch über verschiedene Zuständigkeiten geregelt werden. Vielleicht einigen Sie sich, dass der eine die Ordnung im Kinderzimmer überwacht und der andere für Küche und Bad verantwortlich ist. Grundsätzlich müssen Sie aber damit leben, dass es verschiedene Maßstäbe von Ordnung gibt und auch unterschiedliche Ordnungssysteme, die Sie weitestgehend kompatibel machen müssen, damit alle Familienmitglieder sich im Haushalt wohl fühlen können.

An manchen Stellen ist es notwendig, eine Übersichtlichkeit für alle herzustellen. Das erleichtert die Arbeitsteilung, denn wenn alle wissen, wo die Dinge hingehören oder zu finden sind, kann jeder sich selbst darum kümmern. Auch Kinder können Kleidung schon selbst in ihren Schrank räumen oder herausnehmen, wenn sie sich darin auskennen. Jedes Familienmitglied kann die Küche aufräumen oder den Tisch decken, wenn sich alle hier gut auskennen.

Außerdem sollten Sie rationelle Ordnungssysteme entwickeln, damit Sie nicht unnötig viel Zeit verbrauchen. Es ist z. B. sinnvoller, die frischen Handtücher im Badezimmer aufzubewahren, dort wo sie gebraucht werden, und nicht im Schlafzimmerschrank, so dass Sie bei Bedarf keine unnötig langen Wege haben. Das Geschirr sollte möglichst nahe dem Esstisch, aber auch in der Nähe der Spüle oder Spülmaschine aufbewahrt werden. Und wo ist es in Ihrem Haushalt sinnvoll, wichtige Papiere, die vielleicht noch bearbeitet werden müssen, zu lagern?

Versuchen Sie, eine Ordnung zu entwickeln, die zu Ihrer Familie und Ihrer Familiensituation passt. Sie brauchen keine vorgegebenen Maßstäbe anzustreben, weil Sie glauben, dass *man* das so machen müsste oder dass irgendjemand von außen das von Ihnen verlangt.

Zu verschiedenen Zeiten ist auch eine andere Ordnung notwendig. Mit kleinen Kindern ist es sicherlich einfacher, wenn Sie nicht allzu viel Kleinkram herumstehen haben, der zwar schön aussieht, aber zugleich auch ständig das Interesse der Kinder auf sich lenkt. Mit kleinen Kindern empfiehlt es sich, die Stereoanlage samt Zubehör sicher zu platzieren. Gefährliche Substanzen wie Putzmittel oder Medikamente dürfen nicht mehr einfach herumstehen, Treppen und (Schrank-)Türen müssen evtl. gesichert werden. Auch die Möbel leiden in dieser Zeit mehr als später, wenn die Kinder sich (normalerweise) schon zivilisierter benehmen.

Halten Sie die Ordnung, die dem jeweiligen Raum und den Bedürfnissen der jeweiligen Benutzer und Bewohner angemessen ist. (Übrigens: Wenn Schulkinder kleine Geschwister haben, lernen sie zwangsläufig, Schulsachen und »Schätze« lieber selbst wegzuräumen, bevor die Kleinen es tun.) Eine Grundregel, die im Familienalltag sehr hilfreich ist, um nicht allzu große Unordnung entstehen zu lassen: Legen Sie nichts an Stellen ab, an die es nicht gehört! Wenn Sie etwas in der Hand haben, bringen Sie es sofort an Ort und Stelle! Sie müssen es dann nicht noch einmal anfassen, um es wegzupacken, und Sie müssen auch nicht danach suchen. Wenn dieser Platz zu weit weg ist und Sie unnötig weite Wege dafür zurücklegen müssten, dann richten Sie (in jedem Raum oder in jeder Etage) eine Kiste oder einen Korb ein, in dem Dinge verwahrt werden, die bei Gelegenheit regelmäßig aufgeräumt werden.

Auch Kindern kann man diese Grundregeln (möglichst früh) beibringen. Aber erwarten Sie nicht zu viel auf einmal: Viele Kinder begreifen erst bei ihrem Auszug aus dem Elternhaus, dass Schuhe, Jacken und Schultaschen nicht unmittelbar hinter die Wohnungstür auf den Fußboden gehören.

Wenn Sie im nächsten Kapitel Ihre persönliche Planung entwickeln, notieren Sie sich auch Zeiten, die Sie gebraucht haben, um etwas zu suchen, Ihren Schlüssel, wichtige Briefe oder Unterlagen, Ihr Portemonnaie o. Ä. Sie werden staunen, wie viel Zeit Sie damit verbringen – von dem Ärger und den Nerven, die Sie dabei strapazieren, ganz zu schweigen. Was könnten Sie alles noch machen, wenn Sie wegen einer verbesserten Ordnung so viel Freiraum bekommen?

Schaffen Sie sich Freiräume für spontane Aktivitäten

Wenn Sie Ihre Tage, Ihre Woche oder noch längere Zeiträume verplanen, denken Sie daran, dass Sie auch freie Zeiten mit einplanen! Legen Sie nicht noch eine neue Aktivität auf den einzigen freien Tag Ihrer Familie. Manche Menschen brauchen viel Action um sich herum, sind nur zufrieden, wenn sie viel vorhaben. Dem dürfen Sie auch Rechnung tragen, wenn Sie so ein Mensch sind. Allerdings sollten Sie genau darauf achten, wo Ihre Grenzen sind, welches wirklich Ihre Prioritäten sind und wann auch Sie einmal Ruhe brauchen und Zeit, in der Sie einfach nichts vorhaben.

Mit Kindern müssen Sie die »Kapazitätsgrenzen« der verschiedenen Familienmitglieder berücksichtigen und beurteilen, wie viel Programm für wen gut ist. Sicherlich ist es für sehr aktive Kinder gut, wenn sie sich einem Ausdauersport widmen, um ihre Kräfte abbauen und ihrem Bewegungsdrang gerecht werden zu können. Aber gerade sehr aktive Kinder brauchen auch Ruhephasen, in denen sie lernen können, sich in Ruhe zu beschäftigen und dass es noch etwas anderes als Action gibt.

Freuen Sie sich über Zeiten, in denen Sie nichts vorhaben, und überlegen Sie spontan vielleicht gemeinsam mit Ihren Kindern, was in diesem Moment für alle gut ist. Aber bedenken Sie von vornherein, wie viel freie Zeit Ihnen zur Verfügung steht, um dann nur Aktivitäten anzufangen, die Sie auch ohne Stress für alle Beteiligten zu Ende bringen können (auch hier gilt die 50-Prozent-Regel!). Sie werden sehen, die ganze Familie wird es genießen und sich insgesamt mehr entspannen können, je mehr und je regelmäßiger es solche freien Zeiten gibt.

Machen Sie Pausen

Das fällt Ihnen vielleicht schwer, weil Sie denken, mit einer Pause vergeuden Sie Zeit. Solange Sie das Gefühl haben, die Kräfte seien noch nicht aufgezehrt, können Sie wahrscheinlich nur schwer eine Pause machen, weil noch so viel Arbeit auf Sie wartet.

Das ist jedoch in den meisten Fällen ein Trugschluss! Wenn Sie regelmäßig Pausen einlegen, bewahren Sie Ihre Kräfte, solange Sie noch welche haben. Sie halten Ihre Reserven auf einem Mindeststand, sind auf lange Sicht energievoller und können den verbleibenden Aufgaben besser gerecht werden, als wenn Sie immer bis zum Zusammenbruch arbeiten.

Überlegen Sie sich, wie Sie Ihre Pausen verbringen möchten:

- Manchmal ist es schon eine Pause, wenn Sie sich einfach eine Abwechslung gönnen, wenn Sie etwa einen Berg Bügelwäsche warten lassen und eine Zwischenmahlzeit einnehmen. Gerade bei unbeliebten oder langwierigen Arbeiten ist Abwechslung manchmal genauso viel wert wie eine Erholungspause.
- Sie können auch zwischen zwei verschiedenen Arbeiten einen Kaffee trinken oder sich ein Telefonat mit der Freundin erlauben. Setzen Sie sich dazu irgendwo gemütlich hin und genießen diese Pause!
- Vielleicht ist es für Sie erholsam, wenn Sie mit den Kindern zusammen eine Pause machen und ihnen z. B. etwas vorlesen. Wenn Sie es sich gemeinsam gemütlich machen und eine bestimmte (ausreichende) Zeit dafür vorsehen, kann das sehr erholsam und ausgleichend sein, schon allein deshalb, weil es auch die Kinder zur Ruhe bringt.
- Vielleicht empfinden Sie Zeitunglesen als erholsame Pause.
- Manchmal ist es allerdings sehr hilfreich, eine echte Ruhepause einzulegen, in der Sie in der Tat gar nichts tun oder ein Schläfchen halten. Diese Art Pause fällt vielen Menschen oft am schwersten.

Alle Pausen, die durch die Abwechslung als Pause fungieren, haben durchaus ihren Sinn. Sie machen dann Pause von einer anderen Tätigkeit, Sie erholen sich gewissermaßen auch dadurch, aber Sie erledigen gleichzeitig noch anstehende Dinge. So schaffen Sie in der Pause sogar noch etwas und Sie müssen kein schlechtes Gewissen haben. Sich aber mitten am Tag hinzulegen und zu schlafen oder gar nichts zu tun, empfinden viele Menschen als Faulheit. Das stimmt jedoch nicht.

Es ist erwiesen, dass Menschen, die einmal am Tag eine Pause machen, in der sie schlafen oder ruhen (und alle Körperfunktionen heruntergefahren werden), danach wieder leistungsfähiger sind als Menschen, die von morgens bis abends durcharbeiten. Diese Pause darf jedoch nicht länger als 15 bis 20 Minuten dauern. Wenn Sie länger schlafen, kommen Sie anschließend nur schwer wieder in Gang. Nach kurzen und dafür umso entspannenderen Pausen sind Sie anschließend innerhalb kurzer Zeit wieder fit. Allerdings ist das eine Übungssache. Erwarten Sie nicht, dass Sie dies von heute auf morgen beherrschen. Die Technik des Autogenen Trainings kann Ihnen enorm dabei helfen. Sie können sich aber einfach auch jeden Tag 20 Minuten hinlegen und nichts tun, auch nicht über die Planung des nächsten Tages nachdenken! Sie können Ihren Atem beobachten oder die »Körperreise« (vgl. S. 227 f.) machen. Nach einiger Zeit werden Sie feststellen, wie sehr eine solche Pause Ihre Leistungsfähigkeit wiederherstellt.

Wenn Sie jetzt sagen, das machen Ihre Kinder nicht mit, die lassen Sie keine halbe Stunde in Ruhe, damit Sie schlafen oder solche Übungen machen können, dann rate ich Ihnen: Geben Sie sich und den Kindern sechs Wochen Zeit. Wenn die Kinder noch sehr klein sind, können Sie sich hinlegen, während die Kinder am Tag schlafen. Wenn die Kinder tagsüber nicht mehr schlafen, so sind sie in der Lage, sich eine halbe Stunde (oder sogar länger) still allein zu beschäftigen. Erklären Sie den Kindern, dass diese Pause für alle notwendig ist, dass Sie nicht so eine »Mecker-Mama« sind, wenn Sie sich zwischendurch einmal ausruhen, und legen

Sie diese Pause möglichst jeden Tag zur gleichen Zeit ein. In den ersten Tagen fehlen den Kindern vielleicht noch das Verständnis und die Routine und sie werden Sie mal stören. Aber eines Tages werden die Kinder die Zeit aushalten, und wenn sie entsprechend dafür gelobt werden, können Sie davon ausgehen, dass (spätestens) nach sechs Wochen die Kinder sich an diese Pause gewöhnt haben und sie so selbstverständlich einhalten, wie sie selbstverständlich an den Mahlzeiten teilnehmen. Regelmäßigkeit ist dabei für alle hilfreich. Die Kinder werden es umso schneller lernen, wenn es diese Pause jeden Tag gibt. Aber auch Sie selbst können die Entspannungspause besser nutzen, je mehr Routine Sie durch regelmäßiges Üben bekommen.

Genehmigen Sie sich die Pausen! Sie brauchen kein schlechtes Gewissen zu haben und zu meinen, faul oder uneffektiv zu sein – im Gegenteil: Menschen, die regelmäßig kleine oder größere Pausen einlegen, können wesentlich effektiver arbeiten als Menschen, die langfristig in einer Daueranspannung verharren. Pausen fördern die körperliche Regeneration, die Aufmerksamkeit und die Konzentration, und Sie tun mit Pausen etwas für die Entspannung Ihrer Nerven. Sie werden die folgenden Aufgaben also umso schneller erledigen können. Für die Kinder brauchen Sie gute Nerven, schon deshalb ist es wichtig, dass Sie sich regelmäßig eine Pause gönnen.

Berücksichtigen Sie Ihre persönliche Leistungskurve

- Sind Sie ein Morgenmensch?
- Oder ein Abendmensch?
- Kommen Sie morgens gut »in die Gänge« oder sind Sie abends besonders arbeitsfreudig?

- Wann am Tag ist Ihre Laune am besten? Und wann sind Sie eigentlich gar nicht zu genießen?
- Wann kommen Sie morgens gut aus dem Bett?
- Wann brauchen Sie Pausen?
- Wann müssen Sie schlafen gehen, damit es Ihnen gut geht?
- Wann verrichten Sie am liebsten Arbeiten wie Bügeln oder Wäschelegen?
- Wann können Sie am besten putzen?
- Wann haben Sie am meisten Ruhe für die Kinder?
- Gibt es Tage, an denen Ihnen bestimmte Arbeiten leichter von der Hand gehen als an anderen?
- Können Sie (als Frau) zyklusbedingte Stimmungs- oder Leistungsschwankungen in Ihrem Monatskalender erkennen?
- Gibt es jahreszeitlich bedingte Einschränkungen (z. B. Allergien) oder Zeiten besonderer Arbeitsfreude?

All diese Fragen sollten Sie bedenken und die Antworten in Ihrer persönlichen Planung berücksichtigen, denn wenn Sie eine Arbeit zum jeweils günstigsten Zeitpunkt machen, wird Ihre allgemeine Organisation sinnvoller und werden die Arbeitsergebnisse besser, und damit wächst auch Ihre Zufriedenheit.

Verschaffen Sie sich Entlastung

Versuchen Sie nicht, alles allein bewältigen zu wollen. Nutzen Sie die Tatsache, dass es Nachbarn gibt, die auch Kinder haben und vielleicht an einem mehr oder weniger regelmäßigen Austausch interessiert sind. Nehmen Sie Angebote von Freunden oder außenstehenden Familienangehörigen an, oder bitten Sie solche Personen auch um Hilfe, wenn Sie sie brauchen. Warten Sie nicht ab, bis vielleicht ein Notfall eintritt (erinnern Sie sich an Sigrid E.,

S. 78), sondern pflegen Sie Ihre Freundschaften und Familienbeziehungen, auch wenn Sie das Gefühl haben, Sie kommen im Moment ganz gut allein zurecht. Es ist nie verkehrt, sich Entlastung zu verschaffen, und es tut gut zu wissen, dass im Notfall sofort jemand da ist, an den die Kinder schon gewöhnt sind, der die Gewohnheiten und Besonderheiten Ihrer Familie kennt und Sie unterstützen kann, egal in welcher Situation.

Wenn Sie sehr viel Unterstützung brauchen (und sie auch bezahlen können), leisten Sie sich Hilfen im Haushalt oder bei der Kinderbetreuung. Sie können in der dadurch frei werdenden Zeit sich um einzelne Kinder kümmern, einer Berufstätigkeit oder Ihren Hobbys nachgehen.

Wenn Sie mehr Entlastung brauchen, als Sie haben, sich aber finanziell keine Hilfen von außen leisten können, so sollten Sie sich Eltern suchen, die in einer ähnlichen Lage sind und mit denen Sie solche Dienstleistungen austauschen. Das kann entweder über einen Tauschring erfolgen oder, wenn es so etwas bei Ihnen vor Ort nicht gibt, über eine Annonce in der Zeitung. »Austauschmöglichkeit für 21 Monate alte Zwillinge gesucht« könnte zum Beispiel der Text lauten. Sicherlich gibt es noch andere (Zwillings-)Eltern, die mal ein paar Stunden Ruhe vor den Kindern gut vertragen können oder die aus beruflichen oder privaten Gründen zeitweise eine Kinderbetreuung suchen. (Mehr über Tauschdienste erfahren Sie auf S. 194)

Überlegen Sie einfach einmal, welche Entlastungsmöglichkeiten im Alltag Ihnen gut tun würden, und versuchen Sie, sie zu realisieren. Vielleicht geht das nicht von heute auf morgen, aber die Idee ist immer der erste Schritt.

Wenn Sie unentschlossen sind, machen Sie Kosten-Nutzen-Rechnungen für bestimmte Aktivitäten

Manchmal fällt es nicht leicht, eine Entscheidung zu treffen für die kleinen oder auch größeren Fragen des Alltags. Sie quälen sich, ob Sie etwas machen sollen oder nicht. Oder Sie müssen sich entscheiden zwischen verschiedenen Alternativen. Eine Möglichkeit ist, dass Sie Ihr Gefühl entscheiden lassen. Manche Menschen können sich in solchen Situationen sehr gut auf ihre Intuition verlassen und fällen zum richtigen Zeitpunkt die passende Entscheidung »aus dem Bauch heraus«.

Wenn Ihnen das schwer fällt oder wenn das nicht in jeder Situation oder mit jeder Frage geht, dann sollten Sie jeweils die Vor- und Nachteile abwägen:

- Was spricht dafür? Und was dagegen?
- Welchen Nutzen hat es, wenn ich mich so entscheide? Und was kostet es mich (nicht nur finanziell!)?
- Welchen Nutzen könnte ich aus einer anderen Entscheidung ziehen und mit welchem Aufwand?
- Was kommt unter dem Strich dabei heraus?

Manchmal stellt sich dabei klar heraus, dass die eine Lösung sehr viel nützlicher und weniger aufwändig ist als eine andere, und die Entscheidung fällt Ihnen quasi automatisch zu. Manchmal wird Ihnen bei dieser Art Auseinandersetzung mit einer Frage erst klar, was Sie bisher zögern ließ und dass es ganz andere scheinbar belanglose Aspekte gibt, die am Ende jedoch die Entscheidung ganz wesentlich beeinflussen.

Hier einige Beispiele: Angelika D. ist Lehrerin und hat drei Kinder im Alter von zwei, vier und sechs Jahren. Ihr Mann Horst arbeitet 40 Stunden pro Woche in einer Bank im Nachbarort. Seit das erste Kind da ist, ist sie im Erziehungsurlaub, den sie als Beamtin auch über die drei Jahre nach der Geburt des letzten Kindes hinaus verlängern könnte. Nebenbei betreut sie zwei Tages-kinder von vier und fünf Jahren. Sie steht vor der Frage, ob sie vielleicht doch wieder in den Schuldienst eintreten sollte, wenn das jüngste Kind drei Jahre wird und in den Kindergarten kommt, weil sie befürchtet, nach einer zu langen Pause den Anschluss an den Beruf zu verlieren. Da sie immer wieder schwankt, mal zur einen, mal zur anderen Lösung tendiert, setzt sie sich mit ihrem Mann zusammen und sie machen eine Kosten-Nutzen-Rechnung: »Will ich eine Berufstätigkeit wieder aufneh-men oder möchte ich mich weiterhin ganz der Familie widmen?« lautet ihre Frage.

Sie notieren auf der linken Hälfte eines Zettels, welche Aspekte *für* die Berufstätigkeit sprechen. Auf der rechten Seite notieren sie, was *gegen* die Wiederaufnahme der Berufstätigkeit und für die volle Aufmerksamkeit für die Familie spricht.

• Sie kommt wieder in den Beruf hinein und entwickelt neue Routine.   • Sie haben das zweite Gehalt und damit insgesamt mehr Geld.   • Sie bekommt Kontakt zu den Kollegen.   • Sie hat ihren Beruf gelernt, weil er ihr Spaß macht, und möchte nicht weiter darauf verzichten.

• Die Kinder müssten neben Schule und Kindergarten zeitweilig auch von einer Tagesmutter betreut werden. Das bedeutet zusätzliche Kosten und die Kinder werden bei einer Tagesmutter anders behandelt als zu Hause.   • Wenn ein Kind krank ist, gibt es Betreuungsprobleme und bei drei Kindern kommen häufiger einmal Krankheiten vor.   • Die Tageskinder könnten nicht weiter betreut werden. Das wäre eine Zumutung für deren Eltern und das Pflegegeld würde wegfallen.   • Als Beamtin hat sie die Möglichkeit, sich länger beurlauben zu lassen, ohne dass ihr daraus Nachteile entstehen. Sie kann auch zu einem späteren Zeitpunkt wieder einsteigen.

So weit die Punkte, die Angelika und Horst zusammentragen. In der Diskussion darüber merkt Angelika, dass es ihr schwer fallen würde, die Kinder für längere Zeit als nötig in fremde Hände zu geben. Sie bekommt ein immer klareres Gefühl dafür, dass sie die Vorteile der Berufstätigkeit noch gar nicht schätzen könnte, weil sie in Gedanken immer bei den Kindern wäre. Sie merkt, dass sie noch nicht in der Lage ist, sich für die lange Zeit von den Kindern zu trennen, die ihr Job von ihr verlangen würde.

Außerdem rechnen sie aus, dass durch das wegfallende Pflegegeld für die Tageskinder und mit den zusätzlichen Kinderbetreuungskosten das Familieneinkommen kaum höher wäre als zurzeit, und für so wenig Geld will sie noch nicht wieder einsteigen.

Durch diese Gegenüberstellung wird Angelika vieles klarer. Sie kann sich eingestehen, weshalb sie ihren Beruf vermisst, aber es fällt ihr plötzlich leicht, sich eindeutig für die Familie zu entscheiden. Sie weiß, dass sich diese Prioritäten auch verschieben können. Also werden sie jedes Jahr wieder neu über diese Frage nachdenken, und eines Tages kann sich durch die veränderten Bedingungen in der Familie auch eine andere Entscheidung ergeben. Im Augenblick ist ihr jedoch klar geworden, dass sie zunächst noch ein weiteres Jahr Beurlaubung beantragen wird.

Bei Ingrid und Klaus ist die Situation ganz ähnlich: Sie haben drei Kinder im Alter von zwei, fünf und sechs Jahren. Klaus ist Informatiker und in einem nahe gelegenen Krankenhaus angestellt. Ingrid ist Arzthelferin und war seit der Geburt des ersten Kindes nicht mehr berufstätig. Der Erziehungsurlaub endet nun endgültig mit dem dritten Geburtstag des jüngsten Kindes. Auch sie überlegt, ob sie zu diesem Zeitpunkt wieder in den Beruf einsteigen will.

Ihr Chef, ein niedergelassener Arzt am anderen Ende ihres Wohnortes, hat ihr einen veränderten Vertrag für 20 Stunden in der Woche angeboten, sie müsste montags bis freitags von 8 bis 12 Uhr arbeiten. Nimmt sie dieses Angebot nicht an, so befürchtet sie, dass die Stelle anderweitig vergeben wird. Auch hat sie durch die lange Pause von fast sieben Jahren viel vergessen und die Veränderungen in der Praxis und in den Behandlungs- und Abrechnungsstandards nicht miterlebt. Manchmal vermisst sie auch die Kolleginnen und den Spaß, den ihre Arbeit ihr bereitet hat. Zu einem noch späteren Zeitpunkt wäre der Wiedereinstieg vielleicht gar nicht mehr möglich.

Gleichzeitig fürchtet sie, durch die zusätzliche Arbeit nicht mehr genug Zeit für die Kinder zu haben, und ist eigentlich noch nicht so recht bereit, ihren Beruf wieder aufzunehmen. Sie weiß nicht, wer die Kinder im Krankheitsfall betreuen könnte, und den Haushalt wird sie auch nicht in der gewohnten Weise weiterführen können.

Manchmal bekommt sie Angst und will ihre Arbeitsstelle definitiv kündigen. Dann wieder gibt es Momente, in denen sie den Mut und den festen Willen hat, wieder einzusteigen, weil sie dadurch auch einen Ausgleich zu dem nicht immer leichten Alltag mit den drei Kindern finden würde. Außerdem gefällt ihr die Vorstellung, einmal wieder eigenes Geld zu verdienen.

Also setzt auch sie sich mit ihrem Mann zusammen, um alle Vor- und Nachteile der einen und der anderen Lösung einmal nebeneinander zu stellen.

Für die Wiederaufnahme des Berufs sprechen folgende Punkte (linke Spalte).

Gegen die Wiederaufnahme des Berufs und für eine endgültige Kündigung bei ihrem alten Arbeitgeber sprechen folgende Punkte (rechte Spalte).

- Sie kommt wieder in die fachlichen Zusammenhänge ihres Berufs hinein und verliert nicht langfristig den Anschluss an das Berufsleben.
- Sie verdient eigenes Geld und ist in einer Sozialversicherung abgesichert.
- Sie hat Kontakt zu den Kolleginnen und PatientInnen und die Möglichkeit, eine ganz andere Arbeit als in der Familie zu tun.
- Sie muss Disziplin üben und jeden Tag pünktlich aus dem Haus. Die Berufstätigkeit wird die Organisation in der Familie straffen.
- Sie wird (lästige) Putzarbeiten einer Putzfrau übertragen.

- Die Kinder werden jeden Tag in Kindergarten und Schule betreut werden müssen. Um in der Schule verlässliche Betreuungszeiten zu haben, müssen die Kinder in der Betreuungsklasse oder bis 13 Uhr in einem nahe gelegenen Hort unterkommen.
- Im Krankheitsfall wird es Betreuungsprobleme geben, die kurzfristig Stress auslösen.
- Sie werden eine Putzfrau suchen müssen.
- Sie wird es nur mit einer straffen Organisation schaffen. (Dabei hat sie bisher die Flexibilität doch so genossen.)
- Das Geld, das sie verdient, wird komplett ausgegeben für die Kinderbetreuung, die Putzfrau und die zusätzlichen Kosten im Zusammenhang mit der Berufstätigkeit (Wege, evtl. Kleidung etc.), wenn sie nicht sogar noch draufzahlen müssen. Unter dem Strich wird die Familie nicht mehr Geld als jetzt haben.

Dies sind die Punkte, die Ingrid und Klaus notieren. Im Gespräch darüber wird es Ingrid immer klarer, dass der Zeitpunkt nicht der optimale ist, dass sie lieber noch ein halbes oder ein Jahr oder sogar noch länger warten würde, bis sie wieder in den Beruf einsteigt. Aber sie weiß, dass ihr Arbeitgeber sich darauf nicht einlässt. Es war ja schon ein großes Zugeständnis, dass er ihr eine halbe Stelle anbot, obwohl sie einen Vollzeitvertrag hatte.

Sie wird sich in der Auseinandersetzung mit dem Für und Wider immer sicherer, dass sie den Wiedereinstieg auch zu diesem Zeitpunkt schafft, und Klaus kann sie auch sehr darin bestätigen. Ingrid weiß, dass sie nicht ewig »nur Mutter« bleiben will, und wenn sie jetzt diese einmalige Chance hat, sollte sie den Sprung wagen.

Klaus sagt ihr zu, dass er weiterhin pünktlich von der Arbeit nach Hause kommt, um sie im Haushalt und beim Ins-Bett-Bringen der Kinder zu unterstützen. Er wird seine Mittagspausen so legen, dass sie sich zu Hause zum Essen treffen können, dass er vorher die Kinder in den Betreuungseinrichtungen abholen und wahrscheinlich auch einspringen kann, wenn Ingrid einmal nicht pünktlich um 12 Uhr aus der Praxis kommt.

Im Gespräch stellen sie weiterhin fest, dass die Kinderbetreuung gar nicht so ein großes Problem ist, denn die beiden großen Kinder sind schon an den Kindergarten und die Schule gewöhnt, sie gehen gerne dorthin, und der Jüngste besucht bereits zweimal pro Woche eine Spielgruppe, so dass größere Anpassungsschwierigkeiten an den Kindergarten nicht zu erwarten sind. Außerdem sind die Kinder gesundheitlich ziemlich robust, sie sind – verglichen mit anderen Kindern – nur wenig krank, so dass die Tage, an denen sie wegen Krankheit zu Hause bleiben müssten (oder Ingrid eine Fremdbetreuung organisieren müsste), voraussichtlich gar nicht so häufig wären.

Das alles macht Ingrid Mut, und sie entschließt sich, endgültig in Verhandlungen über den neuen Vertrag mit ihrem Chef einzutreten und ab dem dritten Geburtstag des Jüngsten vormittags wieder arbeiten zu gehen. Auch wenn sie dadurch zunächst nicht mehr Geld, aber mehr Stress haben, merkt Ingrid, dass ihr der Anschluss an den Beruf wichtiger ist als all die Punkte, die sie davon abhalten könnten. Es war die Angst vor den Veränderungen, vor dem Neuen und vor dem Mehr an Organisation. Aber nach dieser detaillierten Gegenüberstellung und der allgemeinen Abwägung hat sie den Mut, all das auf sich zu nehmen.

Einige Monate später: Ingrid hat wieder angefangen zu arbeiten. Die ersten Tage und Wochen sind aufregend und anstrengend zugleich. Morgens muss alles wie am Schnürchen klappen, weil nun alle pünktlich aus dem Haus gehen. Das Mittagessen muss gut vorbereitet sein, und an den Nachmittagen schaffen sie nur noch das Nötigste. Der Kontakt zu den Freunden ist etwas spärlicher geworden, und Ingrid fällt meistens gegen neun Uhr abends müde ins Bett, wenn nicht noch Wäsche wartet oder das Essen für morgen vorbereitet werden muss. Die Arbeit macht ihr Spaß, manche Dinge muss sie ganz neu lernen, aber sie findet sich schnell wieder hinein. Die Zusammenarbeit mit Klaus klappt weitgehend, und den Kindern geht es gut. Sie hat eine Haushaltshilfe gefunden, die einmal in der Woche die Fußböden und Badezimmer putzt und liegen gebliebene Arbeiten erledigt. Das alles wiegt die anfänglichen Schwierigkeiten auf, und sie ist froh, die Entscheidung so getroffen zu haben.

Hier sehen Sie, dass es hilfreich sein kann, sich ausführlich mit einer Frage zu beschäftigen, solange Sie unsicher sind. Und Sie sehen, dass die Auseinandersetzung mit der Frage selbst mindestens so wichtig ist, wie die Kosten und Nutzen einmal gegenüberzustellen. Das Ergebnis ist nämlich nicht einzig von Kosten und Nutzen abhängig, sondern es ist die gesamte Situation, die berücksichtigt werden muss.

Dieses Verfahren können Sie auf alle möglichen Fragen anwenden, die Ihre Familie betreffen. Das können Fragen sein, die den Familienalltag entscheidend beeinflussen, oder grundsätzliche Fragen, wie z. B.:

- Wollen wir ein weiteres Kind?
- Brauchen wir einen Fernseher oder leben wir besser ohne?
- Soll es Vollwertkost geben oder darf es auch mal Fertigkost sein?
- Müssen die Kinder nach jeder Mahlzeit Zähne putzen oder reicht auch morgens und abends?
- Soll ich das Kind gegen Kinderkrankheiten impfen lassen?

Das können aber auch Fragen sein, die Ihre alltäglichen Handlungen oder Entscheidungen betreffen, wie z. B.:

- Gehe ich einkaufen oder mache ich einen Spielenachmittag mit den Kindern?
- Sehe ich heute abend den Film an, oder gehe ich mit der Freundin ins Fitnessstudio?
- Mache ich erst den Hausputz oder erst den Einkauf?
- Lohnt es sich, das Kind zu wickeln, bevor ich einkaufen gehe?
- Nehme ich das Auto oder fahre ich mit dem Fahrrad?
- Gehe ich heute oder morgen einkaufen?
- Feiern wir den Kindergeburtstag zu Hause oder mit einem Kinobesuch?

Sie müssen nicht jede dieser Fragen so ausführlich behandeln wie die Grundsatzentscheidungen, und es ist auch nicht immer notwendig, die Vor- und Nachteile schriftlich festzustellen, aber auch bei so alltäglichen Fragen ist es manchmal hilfreich, Vorteile und Nachteile, Kosten und Nutzen einmal gegenüberzustellen und auf diese Weise die passende Lösung zu finden.

Kultivieren Sie eigene Aktivitäten. Besonders, wenn Sie nicht berufstätig sind!

Wenn Sie sich entscheiden, ganz für die Familie da zu sein und keiner Berufstätigkeit außer Haus nachzugehen, dann sind Sie in der Zeit, in der die Kinder klein sind, voll und ganz ausgelastet mit den Aufgaben des Alltags und der Kinderbetreuung. Trotzdem sollten Sie nicht alle Ihre eigenen Aktivitäten und Interessen aufgeben, sondern sich auch Zeit nehmen für Dinge, die Sie selbst ganz gern tun. Das können Hobbys wie Sport, Spiel, Lesen oder Handarbeiten sein oder gelegentliche Ausflüge, Theater-, Opern- oder Kinobesuche oder was Ihnen sonst einfach Spaß macht. Sie brauchen einen Ausgleich und können nicht auf lange Sicht *nur* für andere da sein und alle eigenen Interessen vergessen. Denn das führt langfristig zu Unzufriedenheit und Frustration.

Wenn die Kinder größer werden, haben Sie immer mehr Freiräume, auch die Hausarbeit verursacht weniger Stress, weil Ihnen dafür immer mehr Zeit zur Verfügung steht. Wenn Sie neben der Familie (wieder) einer Berufstätigkeit nachgehen, kultivieren Sie bereits einen eigenen Bereich. Wenn Sie weiterhin voll und ganz für die Familie da sind, können Sie natürlich die zusätzliche Zeit nutzen, um noch mehr im Haushalt zu arbeiten, noch aufwändiger zu kochen, alles noch sauberer zu halten, die Wohnung noch mehr zu dekorieren o. Ä. All solche Aktivitäten sind in erster Linie Dienste für die Familie, die Ihnen sicher Spaß machen und die Sie gern tun. Aber vergessen Sie dabei nicht, dass die Kinder eines Tages das Haus verlassen, dass sie mit zunehmendem Alter vielleicht auch gar nicht mehr den Sinn für das »schöner Wohnen« haben. Deshalb sollten Sie solche Aktivitäten in einem Rahmen halten, in dem es Ihnen Spaß macht.

Darüber hinaus sollten Sie Aktivitäten entwickeln, die Ihnen – und nur Ihnen – Freude bereiten, über die Sie Kontakt zu anderen Menschen bekommen und die Sie allein für Ihre ganz persönliche Zufriedenheit pflegen: Sport oder Musik, Sprachen, das Engagement in Vereinen oder in der Kirche. Vielleicht haben Sie Lust zu politischer Arbeit oder Sie beschäftigen sich mit Literatur und suchen sich Menschen, mit denen Sie sich darüber austauschen können. Ihrer Fantasie und Ihren Interessen sind keine Grenzen gesetzt – außer die Ihrer zeitlichen und finanziellen Möglichkeiten. Wichtig ist nur, dass Sie sich *rechtzeitig* nach Aktivitäten umsehen und auch nach solchen, die Sie noch weiterentwickeln können, wenn die Kinder eines Tages aus dem Haus gehen. Wenn Sie dann bereits interessante Lebensinhalte haben, fallen Sie nicht so tief in ein »Loch«, sondern können sich sogar darüber freuen, wenn Sie sich nun den eigenen Aktivitäten ganz und gar widmen können.

Bewahren Sie Humor! Lachen Sie hin und wieder über sich selbst

Auch bei Ihnen gibt es vermutlich Situationen, in denen Sie irre wütend werden, in denen Sie den letzten Nerv verlieren und wie ein Luftballon mit großem Knall zerplatzen könnten.

Es gibt verschiedene Möglichkeiten, mit einer solchen Situation umzugehen, und manchmal ist ein Wutausbruch (mit all seinen negativen Begleiterscheinungen) nicht zu verhindern. Vielleicht schaffen Sie es auch, unmittelbar in Gelächter auszubrechen. Vielleicht lachen Sie aber erst darüber, wenn Sie die Geschichte später Ihrem Mann oder Ihrer Freundin erzählen.

So ging es auch Carola R. an einem grauen, verregneten Novembertag. Wegen des schlechten Wetters hatte sie morgens mit dem Auto die zehnjährige Tochter in die Schule und den Vierjährigen in den Kindergarten gebracht (normalerweise fährt die Zehnjährige mit dem Fahrrad, und zum Kindergarten geht Carola zu Fuß). Die eineinhalbjährige Tochter sorgte am Vormittag für unnormal viele unvorhersehbare Zwischenfälle, und der Schmutz in der Wohnung (wegen des schlechten Wetters) verursachte zusätzliche Arbeit. Carolas Laune war entsprechend getrübt und der vorgesehene Zeitplan vollkommen durcheinander geraten. Am Nachmittag sollte ihr Vater zu Besuch kommen, deshalb wollte sie es eigentlich besonders ordentlich und sauber haben.

Bevor sie den Sohn aus dem Kindergarten holte, kaufte sie noch schnell Kuchen, den sie vorsichtig auf dem Beifahrersitz platzierte. Zwischen Kindergarten- und Schulschluss hatte sie noch ein paar Minuten Zeit, die sie dazu nutzte, tanken zu fahren, wenn sie schon einmal mit dem Auto unterwegs war. Als sie vom Bezahlen zurückkam, lief ihr der Vierjährige entgegen. Sie wunderte sich, wie er das Auto hatte verlassen können, es waren doch alle Kindersicherungen eingestellt. Als sie dem Auto näher kamen, sah sie die offene Beifahrertür, ihr schwante Böses – und da sah sie auch schon die Gummistiefelspuren auf dem Kuchen-tablett ...

Zumindest als sie am Abend im Familien-Management-Kurs davon erzählte, konnte sie herzhaft darüber lachen, und alle ande-ren hatten zwar Mitleid, lachten aber ebenso herzlich mit, denn als Eltern kannten sie solche Art Pannen.

Natürlich hätte Carola den Rest des Tages mit schlechter Laune verbringen können, aber die Summe der Stressfaktoren an die-sem Tag hatte das Fass derart zum Überlaufen gebracht, dass ihr nun alles egal war. Das Kaffeetrinken mit dem Vater wurde sehr gemütlich, obwohl sie nicht mehr alles sauber gemacht hatte. Sie hatte entschieden, dass es nun nur noch darauf ankam, einen net-ten Nachmittag miteinander zu verbringen, und alles andere zweitrangig wäre. Der Vierjährige bekam den Kuchen, der am meisten zermatscht war, und sie hatten sich viel zu erzählen, da-runter auch diese lustige Geschichte.

»Lachen ist gesund«, sagt der Volksmund, und da ist auch eine Menge dran. Mit Humor ertragen Sie schwierige Situationen im Leben besser, als wenn Sie sich um alles und jedes den Kopf zer-brechen. Natürlich lachen Sie meistens erst hinterher, aber besser, Sie können immerhin anschließend über sich selbst lachen als überhaupt nicht.

Je mehr Probleme Sie mit einer Sache haben, desto weniger kön-nen Sie darüber lachen, desto ernster und verbissener gehen Sie damit um. Überlegen Sie einmal, wann es Ihnen zuletzt so gegan-gen ist. Und da gibt es bestimmt eine Menge Dinge, über die Sie *doch* lachen könnten, wenn Sie es sich einmal ganz genau überle-gen. Ist das Kind mit der Nase in Hundekacke gefallen? Oder mit der neuen Hose in den Matsch? Was nützt es denn, die Dinge so ernst und verbissen zu sehen? Dadurch ändert sich das Problem nicht, und wenn doch, dann bestimmt nicht zum Besseren!

Carola neigt zum Perfektionismus, hat meistens alles sauber, ordentlich und gut arrangiert, aber die Gummistiefelspuren auf dem Kuchentablett haben ihr gezeigt, dass Lachen in solchen Situationen das beste Rezept ist.

Lachen Sie, so oft Sie Gelegenheit dazu haben. Und wenn Sie im Alltag zu wenig lustige Gelegenheiten haben, dann lachen Sie hin und wieder über sich selbst!

Erschließen Sie sich Kraftquellen

Der Alltag in der Familie braucht Kraft. Und die muss ständig erneuert werden. Um physisch bei Kräften zu bleiben, brauchen Sie zunächst Essen und Trinken, (frische) Luft und körperliche Bewegung. Diese Grundbedürfnisse werden im Familienalltag meistens (automatisch) befriedigt. Zuweilen trinken manche Menschen zu wenig. Sie sollten sich angewöhnen, immer Wasser oder Tee in greifbarer Nähe zu haben und regelmäßig etwas zu trinken. Viele Eltern gehen regelmäßig mit ihren Kindern nach draußen und »tanken« auf diese Weise auch selbst Sauerstoff.

An Bewegung mangelt es Ihnen in der Regel nicht, oft müssen Sie sich mehr bewegen, als Ihnen lieb ist. Allerdings sind dies meist nicht sehr ausgeglichene Bewegungen und auch nicht immer leichte. Sie sind mit Heben, Bücken, Laufen usw. beschäftigt, sind einseitig belastet und können sich Ihren Bewegungsablauf nicht immer aussuchen, da Sie oft nur auf die äußeren Erfordernisse reagieren. Deshalb sind besonders Mütter häufig von Rückenschmerzen oder Kopfschmerzen geplagt, die von Verspannungen herrühren, die im Alltag keinen Ausgleich finden. Die Schmerzen verbrauchen aber wiederum Kraft, weil sie ertragen oder bekämpft werden müssen.

Um Ihre Kräfte immer wieder zu erneuern, brauchen Sie neben der Befriedigung der biologischen Grundbedürfnisse auch bestimmte Erfahrungen im Alltag, die Ihre Reserven regelmäßig wieder auffüllen. Sie können zum Beispiel Kraft ziehen aus zwischenmenschlichen Kontakten, sportlicher Betätigung, Entspannungsverfahren, kreativen Aktivitäten, Bildung oder Erfolgserlebnissen. Dinge, die Sie gerne tun, die Ihnen Spaß machen, werden Ihnen mehr Kraft geben, als Sie dafür aufbringen müssen. Nur so ist es zu erklären, dass manche Menschen scheinbar extreme Situationen erfolgreich und gelassen meistern. Viele Eltern von einem, zwei oder drei Kindern können sich beim besten Willen nicht vorstellen, wie man den Alltag mit fünf oder sechs Kindern bewältigen sollte. Die Familien, die sich bewusst für eine große Kinderschar entschieden haben und bei denen es gut läuft, haben an dieser Arbeit so viel Freude, dass sie daraus gleichzeitig die Kraft ziehen, die sie brauchen, um die erforderliche Arbeit auch zu schaffen.

Wenn es jedoch zuweilen nicht die Familie selbst ist, aus der Sie Kraft schöpfen können, wenn die Familie Ihnen zuweilen mehr Kraft raubt, als sie Ihnen gibt, dann sollten Sie sich überlegen, womit Sie – eventuell außer Haus – einen Ausgleich schaffen können:

- Ist es vielleicht eine Sportart (die Sie evtl. früher schon einmal ausgeübt haben), bei der Sie sich körperlich betätigen und nebenbei auch neue oder alte Kontakte pflegen können?
- Hilft es Ihnen, Ihren Körper durch Jogging oder Fitnesstraining in Schwung zu halten?
- Oder brauchen Sie eher Entspannungsverfahren? Autogenes Training? Yoga? Meditation? Feldenkrais oder Entspannung nach Jacobson?

(Mehr zur Körperarbeit als Ausgleich im Kapitel »Die Kraft des Körpers«.)

Es könnte auch sein, dass Sie sich gerne kreativen Aktivitäten zuwenden und dadurch Entspannung finden:

- Seidenmalerei
- Töpfern
- Malen oder Zeichnen mit welcher Technik auch immer

- Textilarbeiten wie Sticken, Stricken, Häkeln, Klöppeln, Nähen, Patchwork o. Ä.
- Kochen oder Backen
- Basteln
- Fotografie
- Gartenarbeit
- Heimwerkerarbeiten
- Holzarbeiten
- usw.

Vielleicht ist es auch Bildung, die für Sie einen Ausgleich schafft:

- Sprachen
- Literatur
- die Beschäftigung mit geschichtlichen, geografischen oder naturwissenschaftlichen Themen
- mathematische Knobeleien

Vielleicht tut es Ihnen aber auch einfach gut, mal ohne die Kinder oder die Familie unter Leute zu gehen,

- zum Einkaufsbummel
- in die Disco zum Tanzen
- ins Kino, ins Theater, in die Oper
- mit Freunden in die Kneipe
- zu einem Verwöhnwochenende o. Ä.

Vielleicht genießen Sie es auch, mit Freunden zu essen oder zu spielen, und sorgen für mehr oder weniger regelmäßige Verabredungen.

Wenn eine dieser Aktivitäten Ihnen wirklich Spaß macht oder Ihnen einfach gut tut, dann kostet sie das höchstens zusätzliche Organisation, nicht aber zusätzliche Kraft. Im Gegenteil: Sie bringt Ihnen durch die Freude, die Sie daran haben, neue Kraft ein, die Sie dann wieder für die Familie zur Verfügung haben.

Außerdem: Wenn Sie etwas gut können, so bringt Ihnen das Erfolgserlebnisse ein. Wenn Sie also z. B. handwerklich geschickt sind, so haben Sie nicht nur an den fertigen Produkten Freude, sondern auch an der Anerkennung von außen. Auf diese Erfolgserlebnisse sollten Sie nicht verzichten, denn Erfolg schafft Zufriedenheit, und Zufriedenheit ist eine der besten Kraftquellen, die es gibt.

Leisten Sie politische Arbeit! Engagieren Sie sich in den Institutionen Ihrer Kinder

Die Bedingungen, unter denen Familien leben, und die Wertschätzung Ihrer Arbeit ist auch entscheidend abhängig von den politischen Bedingungen. Informieren Sie sich und engagieren Sie sich, wo Sie Ihre Möglichkeiten dazu sehen. Das muss nicht eine regelmäßig zeitaufwändige Arbeit sein, es kann auch in gelegentlichen Solidaritätsbekundungen zu familienpolitischen Themen bestehen. Halten Sie sich auf dem Laufenden und beteiligen Sie sich an den Diskussionen über familienpolitische Themen. Je mehr Familien sich für ihre Belange einsetzen, desto eher werden Familien in den gesellschaftspolitischen Veränderungsprozessen berücksichtigt.

Die Mitbestimmung der Eltern in Kindergärten und Schulen ist gesetzlich vorgeschrieben. Die Zusammenarbeit von Erzieherinnen, LehrerInnen und Eltern kann die Entwicklung der Kinder nur fördern. Sie selbst haben die Möglichkeit, Einfluss zu nehmen auf das, was Ihre Kinder tagtäglich in diesen Institutionen erleben. Und Sie können Ihre Kinder besser begleiten, wenn Sie Bescheid wissen, mit wem und womit sich Ihre Kinder beschäftigen. Vielen Eltern ist diese Arbeit lästig, sie meinen, dass sich dort »doch immer wieder dieselben profilieren«, und halten sich deshalb von vornherein zurück. Haben Sie den Mut, sich in dem Maße zu engagieren, wie es für Sie möglich ist! Beteiligen Sie sich an der Beantwortung der Fragen, die sich in den Institutionen stellen! Nutzen Sie Ihre Mitbestimmungsrechte! Das ist meist gar nicht so zeitaufwändig, wie viele Eltern fürchten.

So kommen Sie zu Ihrer persönlichen optimalen Planung

Planung – was heißt das in der Familie?

Planung im Allgemeinen meint die »Festsetzung von Zielen sowie das Auffinden und Abwägen von alternativen Handlungsmöglichkeiten« (Bertelsmann Universal-Lexikon, Bd. 14). »Familienplanung« – ein in unserem Zusammenhang eher irreführender Begriff – meint zunächst nur die Zeugung von Kindern oder gerade deren Verhütung. Hier liegt bereits die Wurzel aller Planungsschwierigkeiten in der Familienarbeit: Denn jeder, der eine Familie gründen möchte oder bereits gegründet hat, weiß, dass die wenigsten Kinder »nach Plan« kommen. Auch können sich die wenigsten Eltern zum Zeitpunkt der Familienplanung vorstellen, dass alles Weitere (fast) genauso wenig planbar ist. Individualität und Flexibilität sind also wesentliche Stichworte für die Planung und Organisation in der Familie.

Es gibt keine optimale oder sogar verbindliche Planung oder Familien-Organisation. So, wie es für Sie persönlich und Ihre Familie passend ist, so ist es auch gut und richtig für Sie. Solange Sie zufrieden sind damit, wie es bei Ihnen läuft, brauchen Sie auch nichts zu verändern. Aber an den Stellen, an denen Sie unzufrieden sind, unsicher sind oder sich überfordert fühlen, lohnt es sich vielleicht, einmal über Veränderungen nachzudenken. Versuchen Sie nicht, ab morgen *alles* anders machen zu wollen! Versuchen Sie erst einmal, zu beobachten und herauszufinden,

* *wie* es denn läuft,
* welches *Ihre persönlichen Stärken* sind,
* und *wo* es bei Ihnen *gut läuft.*

Wenn Sie das herausgefunden haben, können Sie Ihre Stärken gezielt nutzen und darauf aufbauen.

Bevor Sie etwas ändern, überlegen Sie, wie das realistischerweise (!) vor sich gehen kann. Und geben Sie sich genügend Zeit! Veränderungen brauchen sehr viel mehr Zeit, als Sie sich vorstellen. Wenn Sie Veränderungen »übers Knie brechen« wollen, sind Sie schnell frustriert, wenn es nicht so klappt, wie Sie es geplant haben. Und Misserfolgserlebnisse fördern nicht gerade Ihren Optimismus.

Und noch eins zur Erinnerung: *Es wird niemals perfekt laufen!* Perfekte Lösungen gibt es nur in sehr einfachen und überschaubaren abgeschlossenen Systemen (2 + 2 = 4 z. B.). Die Familie ist jedoch weder ein einfaches System, noch ist sie überschaubar oder abgeschlossen. Sie ist ständig sich wandelnden Prozessen ausgesetzt, die Sie an vielen Stellen nicht steuern können. Sie können nur reagieren, und manchmal müssen Sie so viel reagieren, dass Ihnen alles über den Kopf wächst. Daher ist es sinnvoll zu überlegen, wo Sie in der Familie gezielt agieren können und damit die Prozesse in die Richtung lenken, in die Sie gern gehen möchten, statt sich vom Sog der Ereignisse mitreißen zu lassen. Dabei will dieses Buch Ihnen helfen.

Für das folgende Management-Programm legen Sie sich am besten Ihr persönliches Management-Tagebuch an. Das kann ein einfaches Schulheft oder ein leeres Buch sein, in das Sie alle Ihre Beobachtungen und Planungen in der nächsten Zeit eintragen. So können Sie nichts vergessen, bekommen einen besseren Überblick über die »Knackpunkte« des Alltags, und am Ende lässt sich auch zurückverfolgen, wie Sie Ihre persönliche Planung verbessert haben. Es erleichtert Ihnen außerdem Ihre eigene Arbeitsplatzbeschreibung.

Nehmen Sie sich vor, einmal täglich eine Art Tagesprotokoll zu erstellen. Das muss nicht lange dauern und kann aus Stichworten über Ihre wesentlichen Beobachtungen bestehen. Ein paar Minuten täglich werden genügen. Regelmäßigkeit wird Ihnen helfen.

Lernen Sie Ihr persönliches Management besser kennen

Beobachten Sie sich zunächst (mindestens) eine Woche lang in Ihrer täglichen Arbeit:

- Machen Sie sich bewusst, was Sie zu tun haben.
- Ziehen Sie während des Tages immer mal wieder Bilanz, was Sie heute schon getan haben und was Sie heute noch vorhaben.
- Versuchen Sie zunächst einfach nur zu beobachten, *dass* Sie arbeiten und *wie* Sie arbeiten, *ohne* dies *zu bewerten*. Eine neutrale Beobachtung gibt Ihnen die Möglichkeit, *Ihre persönlichen Stärken* herauszuarbeiten.
- Schauen Sie auf die Uhr: Wie lange brauchen Sie für welche Arbeit?

Wie lange dauert es,

- bis Sie am Morgen fertig sind, um z. B. das Haus zu verlassen?
- bis die Kinder fertig sind, um zur Schule/zum Kindergarten zu gehen?
- ein bestimmtes Mittagessen zu kochen?

- eine Maschine Wäsche aufzuhängen?
- wenn Sie einmal die Wohnung durchsaugen?
- den Rasen zu mähen?
- die Fenster zu putzen?
- die Spülmaschine auszuräumen?
- wenn Sie für ein Mittagessen einkaufen?
- wenn Sie für mehrere Tage einkaufen?
- usw.

Und beobachten Sie auch, welche Zwischenfälle Sie von der Arbeit abhalten:

- Telefon?
- Po abwischen?
- Trösten?
- Postbote?
- Milchglas umgefallen?
- Kinder wollen Schokolade?
- Termin vergessen?
- Krankes Kind?
- Schlüssel verlegt?
- Streit unter den Kindern?
- Fahrrad ist platt?
- Nachbarin will Eier leihen?
- Frisch gewickeltes Kind hat gekackt?
- Kind sitzt in der Butter?
- Sie haben noch mehr erlebt?

Wie lange brauchen Sie wegen dieser Zwischenfälle für die jeweilige Arbeit dann *wirklich*?

Wenn Sie dies in Ihrem Tagebuch notieren, können Sie anschließend regelmäßig vergleichen:

- Wie lange brauchten Sie heute? Wie lange brauchten Sie für diese Arbeit gestern? Vorgestern?

• Wie lange dauert diese Arbeit ohne Störungen? Und welche Störungen kommen dabei gehäuft vor?

In Ihrem Management-Tagebuch sollten Sie das in folgender Weise auf der linken Seite festhalten:
Außerdem beobachten Sie, an welchen Tagen oder zu welchen Gelegenheiten Sie in Stress geraten, die Geduld verlieren, hektisch werden oder einfach unzufrieden sind.

TAGESPROTOKOLLE			
TAG	ARBEIT	STÖRUNGEN	ZEIT
21.4.	Aufstehen, Kinder fertig machen, Frühstück	Telefon, Wäsche fehlt, Milch leer	2 Std.
	Einkaufen	lange Schlangen	2 Std.
	Mittagessen kochen und essen	Telefon, Essen angebrannt	$1^1/_2$ Std.
	Staubsaugen	keine	$^1/_4$ Std.
	Kinderturnen	volle Windel vor der Abfahrt	3 Std.
	Abendbrot	müde Kinder	1 Std.
	Kinder ins Bett bringen	Vater kommt, Kinder drehen wieder auf	$1^1/_2$ Std.

Versuchen Sie festzustellen, *dass* es so ist, *ohne* es *zu bewerten*. Vielleicht hat es einen Sinn? Veränderungen sind meist nur möglich, wenn man den Sinn (oder Unsinn) einer Störung verstanden hat. Dann erst kann man entscheiden, was man in Zukunft anders machen will und wie man das am besten anpackt.

Notieren Sie auch diese Störungen in Ihrem Management-Tagebuch. Nach einiger Zeit werden Sie zurückverfolgen können, ob es hier Regelmäßigkeiten gibt. Dann können Sie entscheiden, welche Veränderungen möglich sind oder Sinn machen. Zunächst sollten Sie auch hier versuchen, sich einfach neutral zu beobachten. Die Auswertung kommt später!

Die rechten Seiten in Ihrem Tagebuch könnten so aussehen:

	STRESS / HEKTIK / UNGEDULD		
TAG	ANLASS	WAS WAR?	GRUND
21.4.	Ein-kaufen	Ungeduld	lange Schlangen, unruhiges Kind
	Mittag-essen	Hektik, Stress	Telefon, ange-branntes Essen
	Kinder-turnen	Hektik, Stress	volle Win-del vor der Abfahrt
	Kinder ins Bett bringen	Ungeduld, Missmut	Vater kam in ungüns-tigem Moment

Sie werden sehen, dass allein die Tatsache, dass Sie angefangen haben, Ihre Arbeit (kritisch) zu beobachten, bereits die Arbeit selbst oder den Alltag verändert. Vermutlich finden Sie heraus, dass manch eine Arbeit viel länger dauert, als Sie bisher dachten. An anderer Stelle sind Sie vielleicht erstaunt, wie schnell eine Arbeit eigentlich geht, die bisher für Sie immer ein großer Aufwand zu sein schien.

Vielleicht fällt Ihnen bei der Selbstbeobachtung hier oder da bereits auf, welchen Sinn eine bestimmte Arbeit hat, oder auch, wie überflüssig die eine oder andere Arbeit eigentlich ist. Das allein führt manchmal schon zu Veränderungen.

Wenn Sie nun mindestens eine Woche Notizen in Ihrem Tagebuch festgehalten haben und in Zukunft mit einer gezielten Planung beginnen möchten, kommen Sie zum zweiten Schritt.

Planen Sie jeweils den nächsten Tag

Dazu nehmen Sie sich weiterhin jeden Abend (oder am Tag) ein paar Minuten Zeit (daran haben Sie sich nun ja schon gewöhnt) und notieren sich, was Sie am nächsten Tag vorhaben. Notieren Sie einfach das, was bereits geplant ist. Sie können Routineabläufe wie Körperpflege und Frühstück am Morgen zusammenfassen und dafür eine bestimmte Zeit einplanen. Versuchen Sie auch für alle anderen Vorhaben möglichst genaue und ausreichende Zeiten vorzusehen.

Hier einige Beispiele:

Irene R. hat drei Töchter: Sina (10), Lena (8) und Sophie (2). Sie lebt mit ihrer Familie in einem Einfamilienhaus und ist neben der Familienarbeit nicht berufstätig. Ihr Mann ist täglich von 7 bis 19.30 Uhr beruflich außer Haus.

Irene plant den folgenden Tag so:

6.30 Uhr	Aufstehen, Frühstück machen, Schulbrote für die Kinder etc.
8.00 Uhr	Kinder zur Schule schicken, duschen, Sophie fertig machen
9.00 Uhr	Bügeln (dabei überlegen, was es zum Mittagessen geben soll)
10.30 Uhr	Einkaufen für das Mittagessen
11.30 Uhr	Kochen
12.00 Uhr	Mittagessen
12.30 Uhr	Schularbeiten mit den Kindern, Sophie schläft
14.00 Uhr	Musikschule
16.00 Uhr	wieder zu Hause, evtl. noch Schularbeiten
18.00 Uhr	Abendbrot, danach Kinder ins Bett bringen
20.30 Uhr	gemütlicher Abend mit Ehemann

Am Abend nimmt sie sich noch fünf Minuten für die Planung des nächsten Tages. Sie stellt fest, dass es ihr zu viel ist, jeden Tag einzukaufen. Außerdem überlegt sie jetzt schon, was es morgen zum Mittagessen geben soll, dann hat sie diese Entscheidung bereits getroffen und eine Last weniger. Der Plan für den nächsten Tag sieht folgendermaßen aus:

6.30 Uhr Aufstehen, Frühstück machen, Schulbrote für die Kinder etc.

8.00 Uhr Kinder zur Schule schicken, duschen, Sophie fertig machen

9.00 Uhr Termin beim Frauenarzt

10.30 Uhr Einkaufen für drei Tage

11.30 Uhr Kochen

12.00 Uhr Mittagessen

12.30 Uhr Schularbeiten mit den Kindern, Sophie schläft

15.00 Uhr Sina zum Turnen bringen

15.30 Uhr Lenas Freundin kommt

17.00 Uhr Sina wieder zu Hause, evtl. noch Schularbeiten, Flöte üben

18.00 Uhr Abendbrot, danach Kinder ins Bett bringen

20.00 Uhr Kurs bei der Volkshochschule

Außerdem macht sie gleich noch den Einkaufszettel für den morgigen Einkauf. Das sollte sich als besonders günstig erweisen, denn am Abend des nächsten Tages stellt sie fest, dass der gut vorbereitete Einkauf für drei Tage nicht länger dauerte als der für einen Tag.

Der Plan für den folgenden Tag sieht dann so aus:

6.30 Uhr	Aufstehen, Frühstück machen, Schulbrote für die Kinder etc.
8.00 Uhr	Kinder zur Schule schicken, duschen, Sophie fertigmachen
9.00 Uhr	Hausputz
11.30 Uhr	Kochen für 2 Tage
12.30 Uhr	Mittagessen
13.00 Uhr	Schularbeiten mit den Kindern, Sophie schläft
15.00 Uhr	Sina und Lena zu Freundinnen bringen
16.00 Uhr	mit Sophie zum Kinderturnen
17.30 Uhr	Sina und Lena einsammeln
18.00 Uhr	Abendbrot, danach Kinder ins Bett bringen
20.00 Uhr	Elternabend in der Schule

Ein anderes Beispiel:

Luise F. ist allein erziehend, hat eine zweijährige Tochter und arbeitet 30 Stunden in einer Bank, an vier Tagen je 7,5 Stunden. An ihren Arbeitstagen ist sie insgesamt neun Stunden unterwegs. Während dieser Zeit wird Lisa von den Großeltern betreut. Luise muss sie morgens dort hinbringen und anschließend wieder abholen.

Luises Tagesplan sieht folgendermaßen aus:

6.15 Uhr	Aufstehen, duschen, anziehen, Frühstück machen
7.00 Uhr	Lisa wecken, wickeln, waschen, anziehen
7.45 Uhr	Lisa zu den Großeltern bringen, zur Arbeit fahren
9.00 Uhr	Arbeitsbeginn
17.00 Uhr	Arbeitsschluss
17.30 Uhr	Lisa abholen
18.00 Uhr	Abendbrot, danach Lisa ins Bett bringen
19.30 Uhr	Lisa schläft, Babysitter kommt
20.00 Uhr	zum Sport
22.00 Uhr	aufräumen, Vorbereitungen für morgen

Ein Großteil ihrer verplanten Zeit ist von außen vorgegeben. Wiederkehrende Routinearbeiten kann sie nur abends oder an ihrem freien Tag machen. Und weil sie den Tag in dieser Weise plant, führt sie sich regelmäßig vor Augen, dass über diese geplanten Aktivitäten hinaus nichts mehr geht. Sie kommt wegen ihrer Planung gar nicht in Versuchung, noch etwas anderes anzufangen, weil sie sieht, wieviel sie bereits zu schaffen hat an diesem Tag. Sie erspart sich so den Frust, eine Arbeit nicht beenden zu können.

Am folgenden Tag sieht Luises Plan so aus:

6.15 Uhr Aufstehen, duschen, anziehen, Frühstück machen
7.00 Uhr Lisa wecken, wickeln, waschen, anziehen
7.45 Uhr Lisa zu den Großeltern bringen, zur Arbeit fahren
9.00 Uhr Arbeitsbeginn
17.00 Uhr Arbeitsschluss
17.30 Uhr Lisa abholen
18.00 Uhr Abendbrot, danach Lisa ins Bett bringen
19.30 Uhr Lisa schläft
20.00 Uhr Wäsche, Küche, Vorbereitungen für morgen etc.

Am folgenden Tag ist Luises freier Tag. Den plant sie so:

7.00 Uhr Aufstehen, duschen, anziehen, Frühstück machen,
Lisa wecken, wickeln, waschen, anziehen
8.00 Uhr Frühstück mit Lisa
9.00 Uhr Hausputz, Wäsche waschen
11.00 Uhr Wocheneinkauf
12.30 Uhr Mittagessen, Lisa schläft, Zeitung lesen, ausruhen
14.30 Uhr mit Lisa zum Kinderturnen, Stadtbummel
18.00 Uhr Abendbrot, danach Lisa ins Bett bringen
19.30 Uhr Lisa schläft
20.00 Uhr Freundin kommt zu Besuch
22.00 Uhr Vorbereitungen für morgen

Luises Planung rankt sich also um ihre Berufstätigkeit und die Versorgung ihrer Tochter. Da bleibt nicht viel Spielraum für anderes. Ihr Organisationsbedarf ist weitestgehend von außen vorgegeben.

Ein drittes Beispiel:

Renate H. ist verheiratet, hat einen Sohn (Max, 10) und eine Tochter (Nele, 8). Ihr Mann Rudi ist voll berufstätig. Er ist montags bis freitags von 8 bis 18 Uhr außer Haus. Renate arbeitet als Lehrerin. Sie unterrichtet 21 Wochenstunden, hinzu kommen Konferenzen, Elternabende, Vor- und Nachbereitungen sowie Gespräche mit Eltern und Schülern außerhalb der Schulzeit.

Die Kinder gehen in eine andere Schule, die sie vormittags zwischen 8 und 12.30 Uhr besuchen.

Renate macht den Plan für den nächsten Tag immer zusammen mit der Familie. Dabei besprechen sie jeweils schon, wer welche Arbeiten übernimmt. Ihr Plan sieht folgendermaßen aus:

6.15 Uhr	Aufstehen, duschen, anziehen, Frühstück machen
7.00 Uhr	Frühstück mit der Familie, Betten machen, Zähne putzen etc.
7.30 Uhr	Renate und die Kinder verlassen das Haus, Rudi räumt die Küche auf und fährt zur Arbeit
12.15 Uhr	Renate kommt, Mittagessen kochen
13.00 Uhr	Mittagessen
13.30 Uhr	Mittagspause, Schularbeiten
15.00 Uhr	Nele Flötenunterricht, danach verabreden? Oder Schlüssel mitnehmen?!
15.30 Uhr	Max mit Christoph verabredet, anschließend Handball bis 18 Uhr
16.00 Uhr	Renate Konferenz
18.30 Uhr	Abendbrot mit der Familie
19.30 Uhr	Kinder ins Bett, noch lesen
20.00 Uhr	Renate Elternabend
22.00 Uhr	Renate Schularbeiten, Vorbereitungen für morgen

Nach dem Abendbrot bespricht die Familie noch kurz den Plan für den nächsten Tag. Dank der übersichtlichen Planung am Vorabend stellen sie fest, dass der heutige Tag weniger hektisch verlaufen ist als befürchtet, weil jeder von vornherein wusste, wie der Tag verlaufen würde.

Der nächste Tag wird folgendermaßen geplant:

6.15 Uhr Aufstehen, duschen, anziehen, Frühstück machen

7.00 Uhr Frühstück mit der Familie, Betten machen, Zähne putzen etc.

7.30 Uhr Putzfrau kommt und bekommt Instruktionen, die Kinder verlassen das Haus

8.15 Uhr Renate zur Schule

12.15 Uhr Renate kommt, Mittagessen kochen

13.00 Uhr Mittagessen

13.30 Uhr Mittagspause, Schularbeiten

15.00 Uhr Nele Ballett, danach mit zu ihrer Freundin

15.30 Uhr Renate und Max Wocheneinkauf und Klamotten kaufen

18.30 Uhr Abendbrot mit der Familie

19.30 Uhr Kinder ins Bett, noch lesen

20.00 Uhr Rudi zum Sport, Renate noch Schularbeiten

22.30 Uhr voraussichtlich Feierabend

Auch an diesem Tag hat sich die Vorausplanung wieder bewährt. Für alle Aktivitäten war genügend Zeit eingeplant. Selbst ein längeres Telefonat hat Renate nicht aus dem Zeitplan geworfen.

Der folgende Tag wird dann so geplant:

6.15 Uhr	Aufstehen, duschen, anziehen, Frühstück machen
7.00 Uhr	Frühstück mit der Familie, Betten machen, Zähne putzen etc.
7.30 Uhr	Renate und die Kinder verlassen das Haus, Rudi räumt die Küche auf und fährt zur Arbeit
12.15 Uhr	Renate kommt, Mittagessen kochen
13.00 Uhr	Mittagessen
13.30 Uhr	Mittagspause, Schularbeiten
15.00 Uhr	Nele bekommt Besuch
15.30 Uhr	Max Rasen mähen, Renate Gartenarbeit
17.00 Uhr	Max Handball
19.00 Uhr	Abendbrot mit der Familie
19.30 Uhr	Kinder ins Bett, noch lesen
20.00 Uhr	Freunde kommen zu Besuch

In der folgenden Zeit gibt es auch Tage mit weniger vorgegebenen Terminen. Wird dies in der Planung für den nächsten Tag bereits deutlich, kann Vorfreude auf echte Freizeit aufkommen. Es wird aber weiterhin auch Tage geben, an denen die Termine eng liegen oder sich sogar überschneiden. Dank der vorabendlichen Tagesplanung kann sich die Familie dann auf mögliche Hektik vorbereiten und sie so gering wie möglich halten.

Nun sind Sie dran! Sie können weiter Ihr Management-Tagebuch benutzen. Setzen Sie sich abends kurz hin (evtl. zusammen mit denjenigen, die an der Planung beteiligt werden sollen) und notieren Sie:

- Termine, die für den folgenden Tag bereits feststehen.
- Legen Sie fest, wann Sie aufstehen wollen, wie lange Sie für Ihre Morgentoilette brauchen, wann Sie aus dem Haus gehen müssen usw.
- Führen Sie sich den ganzen Tagesablauf einmal vor Augen.

Wenn Sie fertig sind, untersuchen Sie Ihren Plan noch einmal auf *mögliche Stresssituationen*:

• Wo wird es eng?
• Wo müssen Sie sich beeilen?
• Was können Sie vorbereiten, umso wenig wie möglich in Stress zu geraten?
• Ist es möglich, Termine ggf. ein wenig zu verschieben?

Wenn die Termine sehr eng liegen und es nicht möglich ist, sie abzusagen oder zu entzerren, ist es immerhin hilfreich, schon vorher zu wissen, dass es stressig wird. Meist ist es günstig, die Kinder (je nach Alter und je nach Anlass) rechtzeitig auf solche Situationen vorzubereiten (z. B. beim Frühstück). So können Sie sich manche Auseinandersetzung sparen!

Wenn bei der Planung *Freiräume* sichtbar werden, überlegen Sie, womit Sie diese Freiräume am liebsten füllen wollen. Womöglich gibt es Dinge, die Sie dann »noch mal eben« machen können. Aber Vorsicht! Dies ist eine Falle. Sie gehen das Risiko ein, diese Lücken mit zu viel zu füllen oder eine Arbeit anzufangen, die Sie nicht mehr beenden können. Gibt es also noch (kleinere) Arbeiten oder Erledigungen für die folgenden Tage, die Sie evtl. schon in dieser Zeit erledigen können? Oder freuen Sie sich auf diese Freizeit, in der Sie spontan tun können, wozu Sie Lust haben, oder in der Sie sich einfach etwas Gutes tun! Nehmen Sie sich vielleicht auch vor, einfach mal nichts zu tun – und halten Sie das durch!

Vergleichen Sie dann abends Ihre Planung vom Vortag mit dem tatsächlichen Verlauf des Tages:

• Was war anders als geplant?
• In welcher Situation gab es unerwarteten Stress?
• Gab es (die erwartete) Hektik?
• Was möchten Sie in Zukunft anders machen?
• Was ist gut gelaufen?

Und so bereiten Sie sich immer wieder auf den nächsten Tag vor. Mit der Zeit werden Sie immer schneller und sicherer und Ihr Alltag wird ganz automatisch stressärmer. Sie werden sehen.

Es ist hilfreich, wenn Sie häufig mit Freunden und Bekannten über deren Tagesplanung sprechen. Fragen Sie immer wieder: Wie machst du das eigentlich?

Auf diese Weise bekommen Sie immer neue Beispiele und Ideen, die vielleicht auch auf Ihre Planung übertragbar sind. Aber übernehmen Sie nur Ideen, die Ihnen persönlich auch liegen, oder versuchen Sie sie auf Ihre Familie und Ihre Situation »umzustricken«. Es ist wenig hilfreich, etwas einfach von anderen zu kopieren, nur weil es dort gut zu laufen scheint. Eine Lösung ist nur gut, wenn sie auch zu Ihnen und Ihrer Familie passt!

Obwohl Sie nun von Tag zu Tag besser planen, werden Sie feststellen, dass es trotzdem immer wieder Arbeiten gibt, die ewig liegen bleiben, zu denen Sie auch mit dieser Art Planung nicht kommen. Sie stellen vielleicht fest, dass Sie immer noch die unliebsamen Arbeiten vor sich herschieben und dass Ihnen immer noch alles viel zu viel ist.

Um auch dieses Problem in den Griff zu bekommen, legen Sie am besten eine größere, übergeordnete Planung an.

Ermitteln Sie das Arbeitsaufkommen in Ihrer Familie

Zunächst ermitteln Sie, welche Arbeiten in Ihrem Haushalt anfallen. Das kann sich durchaus über Tage oder Wochen hinausziehen, weil Ihnen mit der Zeit immer wieder neue Arbeiten einfallen, die Sie bisher nicht berücksichtigt haben.

Die verschiedenen Jahreszeiten stellen unterschiedliche Anforderungen an Ihre tägliche Arbeit. Gartenarbeit fällt z. B. im Winter weniger an als im Frühjahr oder im Herbst. Gardinen waschen Sie wahrscheinlich nicht jede Woche. Und Aufräumen im Keller oder auf dem Dachboden gehört vermutlich auch eher zu unregelmäßig wiederkehrenden Arbeiten.

Deshalb sollten Sie zunächst eine grobe übergeordnete Planung anlegen, die auf die augenblickliche Saison ausgerichtet ist. Wenn Sie diese Planung vierteljährlich oder nach Bedarf überprüfen und der jeweiligen Saison anpassen, wird dies Ihre Alltagsplanung erheblich erleichtern.

In Ihrem Management-Tagebuch legen Sie *drei Listen* an:

Die *erste* umfasst alle *Arbeiten, die regelmäßig jede Woche anfallen*. Notieren Sie alle Arbeiten mit den entsprechenden Zeitangaben. Dazu könnten die folgenden gehören:

- Putzen (Fußböden, Küche, Bad, verschiedene Räume, Sonstiges)
- Wäsche (waschen, trocknen, bügeln etc.)
- Essen kochen, Mahlzeiten vorbereiten
- Abwaschen
- Aufräumen
- Staubsaugen, Fegen
- Bettenpflege
- Schuhe putzen
- Pflege der Kinder
- Spielen, Vorlesen etc.

- Kinder ins Bett bringen
- Telefonate
- Einkaufen/Einkaufsplanung
- Erziehungsarbeit, Gespräche
- Beziehungsarbeit, Gespräche
- Hausaufgabenhilfe
- Arzttermine
- regelmäßige Therapietermine
- Alltagsplanung
- Bereitschaftsdienste
- Post/Bank/Versicherungen/Ämter
- Gartenarbeit
- Haustiere
- Spielplatz/Sportplatz
- Chauffeurdienste, Wege
- Pflege anderer Familienangehöriger
- Müllentsorgung
- Dekoration
- Reparaturen
- Berufstätigkeit
- Ehrenämter
- Elternarbeit in Kindergarten oder Schule
- Organisation, Begleitung und Kontrolle von Putzfrau/ Babysitter o. Ä.
- Geschenke
- Fahrrad-/Autopflege
- Sonstiges

Vielleicht fallen Ihnen noch mehr Arbeiten ein, die Sie regelmäßig zu verrichten haben. Dann tragen Sie sie einfach in Ihre Liste mit ein.

Die *zweite Liste* umfasst all Ihre *Privatangelegenheiten*, die regelmäßig wöchentlich wiederkehren. Das könnte z. B. Folgendes sein:

- Schlafen
- eigene Körperpflege
- Zeitung lesen
- Lesen
- Sport
- Hobbys
- Kurse in der Volkshochschule o. Ä.
- Kino, Theater, andere kulturelle Veranstaltungen
- Telefonate
- Freundschaften
- Familientreffen
- Essen (gehen)
- Fernsehen
- Faulenzen
- spontane Aktivitäten
- Ausflüge
- Bummeln gehen
- Sonstiges

Wahrscheinlich gibt es auch im Bereich Ihrer Privatangelegenheiten noch weitere Aktivitäten, die in dieser Liste nicht berücksichtigt sind. Tragen Sie sie in Ihre Liste mit ein.

Und in der *dritten Liste* führen Sie alle *Arbeiten* auf, die *nur sporadisch* anfallen.

Das könnten folgende sein:

- Fenster putzen
- Keller aufräumen
- Dachboden aufräumen
- Kinderzimmer »ausmisten«
- Vorsorgeuntersuchungen
- Feste vorbereiten und feiern
- Kindergeburtstage
- Urlaubsplanung, -vorbereitungen
- größere Anschaffungen

- Gardinen waschen etc.
- Grundreinigung einzelner Räume
- Renovierungsarbeiten
- Sonstiges

Diese Arbeiten bzw. Ereignisse sollten Sie rechtzeitig vorher planen und genügend Zeit dafür veranschlagen. Sie geraten sonst zu leicht in zusätzlichen Stress. Fenster putzen ist z. B. eine Arbeit, die viele spontan bei bestimmten Wetterlagen in Angriff nehmen, ohne darüber nachzudenken, ob diese Arbeit überhaupt fertig werden kann. Die halb geputzten Fenster sind nämlich am Ende meist nur »halb befriedigend«. Und weil die eigentlich geplanten Aktivitäten in diesem Moment auf die lange Bank geschoben werden müssen oder dafür nicht mehr genügend Zeit übrig bleibt, winkt schon wieder (unnötiger) Stress.

Wenn Sie im Laufe der Zeit den einen oder anderen Punkt nicht in der richtigen Liste untergebracht finden, dann ändern Sie es entsprechend.

Es ist nicht wichtig, unter welcher Rubrik Sie etwas einplanen. Es ist nur wichtig, *dass* Sie es überhaupt einplanen. Hier können sich gemäß Ihrer Familiensituation unter Umständen Veränderungen ergeben.

Damit Ihnen dies nicht so theoretisch vorkommt, erinnern Sie sich noch einmal an Irene R., Luise F. und Renate H., von denen Sie schon einige Tagespläne im vorhergehenden Kapitel kennen gelernt haben.

Bei Irene R. sahen die Listen der Arbeiten zunächst folgendermaßen aus:

wöchentliche Arbeiten:

Wäsche – sortieren, waschen, trocknen, ggf. legen	5 Std.
Bügeln	3 Std.
Fußböden – saugen/wischen	3 Std.
Badezimmer	3 Std.
Aufräumen, Betten machen etc.	5 Std.
Küche sauber machen/Abwasch	7 Std.
Essensvorbereitungen/Kochen	14 Std.
Essen mit der Familie	12 Std.
Einkaufen	6 Std.
Hausaufgabenhilfe/-kontrolle	7 Std.
Sophie wickeln	7 Std.
Gartenarbeit	2 Std.
Wege, Kinder chauffieren	3 Std.
Spielen, Lesen mit den Kindern	4 Std.
Kinder ins Bett bringen	7 Std.
Post, Bank, Ämter u. Ä.	1 Std.
Körperpflege der Kinder	5 Std.
Arbeitszeit gesamt	94 Std.

regelmäßige Privatangelegenheiten:

eigene Körperpflege	5 Std.
Zeitung lesen	3 Std.
Telefonate	2 Std.
Elternarbeit Schule/Kindergarten	2 Std.
Abende mit Ehemann	8 Std.
Treffen mit Freunden	3 Std.
Kurse VHS	3 Std.
privat verplante Zeit gesamt	26 Std.
verplante Zeit gesamt	120 Std.

Kein Wunder, dass Irene regelmäßig zu wenig Schlaf bekommt, denn nach dieser Rechnung bleiben ihr dafür nur noch 46 Stunden. Das ist auf die Dauer sicher zu wenig. Sie sollte pro Woche mindestens 56 Stunden einplanen, auch wenn manche Menschen mit weniger Schlaf auskommen. Trotzdem braucht man die Ruhephasen und ab und zu Zeit zum Luftholen. Kein Wunder also, dass Irene ständig das Gefühl hat, keine Zeit für sich selbst zu haben.

Die Auflistung ihrer Aufgaben zeigt, dass sie tatsächlich regelmäßig viel zu viel zu tun hat.

Als unregelmäßig zu erledigende Aufgaben notierte sie zusätzlich:

Fenster putzen
Kindergeburtstage
Großputz
Keller, Dachboden
zusätzliche Gartenarbeiten
Arzttermine
Feste
Familie
Sonstiges – nach Bedarf

Bei der Überlastung, der sie sich regelmäßig aussetzt, ist es nur allzu gut vorstellbar, dass sie vor jeder dieser zusätzlichen Aufgaben Horror hat.

Folglich hat sie ihre Listen genau analysiert und konnte an verschiedenen Stellen Entlastung schaffen:

- Die Kinder baden ein- bis zweimal weniger in der Woche.
- Bei der Wäsche achtet sie darauf, besonders den Kindern mehr bügelfreie Kleidung anzuziehen.
- Sie stellt eine Putzhilfe für 3 Stunden pro Woche ein, die sie bei der Reinigung der Fußböden erheblich entlastet.

- Die Chauffeurdienste werden mit anderen Müttern im Wechsel geleistet.
- Der Einkauf wird besser vorbereitet und geht nun schneller. Außerdem geht sie nur noch höchstens zweimal pro Woche einkaufen und einmal auf den Markt, weil es ihr Spaß macht.

Durch diese Veränderungen spart Irene pro Woche bereits 12 Stunden ihrer ursprünglichen Arbeitszeit. Darüber hinaus ist ihr über diese Arbeitsanalyse folgendes klar geworden:

- Sie fühlt sich ständig überlastet und wird nie fertig, weil sie viel zu viel vorhat.
- Das schlechte Gewissen, das sie seit Jahren plagt, erscheint ihr plötzlich grundlos, denn sie stellt fest, dass die Ziele, denen sie nachjagt, unerreichbar sind.
- Sie schafft viel mehr, als sie immer glaubte, weil sie bisher eher auf das geachtet hatte, was sie nicht geschafft hatte.

Da Irene ihre Arbeit effektiver gestalten und mehr Zeit und Ruhe für die Kinder und für spontane Aktivitäten haben wollte, legt sie einen Wochenplan (s. folgendes Kapitel) an, in dem weitestgehend alle regelmäßig wiederkehrenden Arbeiten festgelegt werden.

Bei Luise sehen die Listen folgendermaßen aus:
wöchentliche Arbeiten:

Beruf, Wege zur/von der Arbeit	40 Std.
Einkaufen	3 Std.
Wäsche – sortieren, waschen, trocknen, ggf. legen	2 Std.
Bügeln	1 Std.
Fußböden – saugen/wischen	1 Std.
Badezimmer	1 Std.
Aufräumen, Betten machen etc.	2 Std.
Küche sauber machen/Abwasch	4 Std.
Essensvorbereitungen/Kochen	6 Std.
Essen	8 Std.
Spielen, Lesen mit Lisa	2 Std.
Kinderturnen	2 Std.
Lisa ins Bett bringen	3 Std.
Post, Bank, Ämter u. Ä.	1 Std.
Körperpflege Lisa	2 Std.
Arbeitszeit gesamt	78 Std.

regelmäßige Privatangelegenheiten:

eigene Körperpflege	5 Std.
Lesen	7 Std.
Fernsehen	8 Std.
Telefonate	5 Std.
Treffen mit Freunden	6 Std.
Sport	3 Std.
privat verplante Zeit gesamt	34 Std.
verplante Zeit gesamt	112 Std.

Bei Luise bleiben nach dieser Rechnung noch 56 Stunden an unverplanter Zeit übrig. Sie hat gerade genug Zeit zum Schlafen.

Als unregelmäßig zu erledigende Aufgaben notierte sie:

Fenster putzen	ca. 3-mal im Jahr
Großputz	ca. 3- bis 4-mal im Jahr
Arzttermine	ca. 1-mal im Monat
Feste	ca. 2- bis 5-mal im Monat
Ausflüge	am Wochenende
Sonstiges	nach Bedarf

Putzarbeiten erledigt sie in ihrem Urlaub, ansonsten richtet sie die Termine nach Bedarf ein und trägt sie zusammen mit allen anderen in ihren Taschenkalender ein.

Bei Renate und ihrer Familie sieht die Arbeitsermittlung folgendermaßen aus:

wöchentliche Arbeiten:

Unterricht in der Schule/Wege	25 Std.
Konferenzen/Vor-/Nachbereitungen/ Elterngespräche	15 Std.
Essensvorbereitungen/Kochen	9 Std.
Essen mit der Familie	9 Std.
Küche sauber machen/Abwasch	7 Std.
Aufräumen, Betten machen etc.	3 Std.
Fußböden – saugen/wischen	2 Std.
Badezimmer	1 Std.
Einkaufen	2 Std.
Wäsche – sortieren, waschen, trocknen, ggf. legen	3 Std.
Bügeln	2 Std.
Hausaufgabenhilfe/-kontrolle	2 Std.
Gartenarbeit	3 Std.
Wege, Kinder chauffieren	1 Std.
Spielen, Lesen mit den Kindern	4 Std.
Kinder ins Bett bringen	4 Std.
Post, Bank, Ämter u. Ä.	1 Std.
Arbeitszeit gesamt	93 Std.

Die Freizeitaktivitäten der Kinder fallen nicht mehr so sehr ins Gewicht, weil die Kinder ihre Termine weitestgehend selbst organisieren. Nur gelegentlich müssen sie noch irgendwohin gefahren werden, ansonsten bewegen sie sich schon relativ unabhängig zu ihren Terminen und Verabredungen, oder sie empfangen ihre Freunde zum gemeinsamen Spiel zu Hause. Für die Eltern bedeutet das aber keinen zusätzlichen Zeitaufwand mehr.

Weiterhin notiert Renate folgende regelmäßige Privatangelegenheiten:

eigene Körperpflege	5 Std.
Zeitung lesen	3 Std.
private Telefonate	1 Std.
Abende mit Mann oder Familie	3 Std.
Treffen mit Freunden	3 Std.
Lesen oder Fernsehen	5 Std.
Sport	3 Std.
privat verplante Zeit gesamt	23 Std.
verplante Zeit gesamt	116 Std.

Renate rechnet etwas anders als in den vorangegangenen Beispielen, da sie die Arbeiten nicht alle allein erledigen muss. Sie hat eine Putzfrau, die einmal die Woche für 4 Stunden kommt und alle wichtigen anfallenden oder liegen gebliebenen Arbeiten erledigt. Das kann Putzen, Wäsche, Bügeln oder auch die Küchenreinigung sein, bei Bedarf auch Fenster putzen. Außerdem helfen Rudi und die Kinder bei einigen Arbeiten im Haushalt mit: Die Kinder räumen zumindest ihre Zimmer weitgehend selbst auf und helfen auch schon einmal in der Küche. Rudi betätigt sich am Abend häufig auch noch im Haushalt, manchmal bügelt er, räumt die Küche auf oder hängt noch eine Maschine Wäsche auf.

Für diese Hilfe kann Renate insgesamt bis zu 10 Stunden pro Woche von der verplanten Zeit abziehen, so dass ihr Minimum an Schlaf gesichert ist.

Unregelmäßig zu erledigende Aufgaben oder Beschäftigungen sind in Renates Familie:

Fenster putzen
Großputz
Keller, Dachboden
zusätzliche Gartenarbeiten
Arzttermine
Feste
Ausflüge
Sonstiges – nach Bedarf

Diese Arbeiten und Termine werden nach Bedarf und Möglichkeit gemacht. Der Familienplaner (s. S. 161) hilft ihnen, freie Zeiten für diese Aufgaben und Beschäftigungen zu finden, und sie planen dann bereits langfristig die einzelnen Aktivitäten zu passenden Gelegenheiten ein. Neben der Ermittlung ihres Arbeitsaufkommens haben sich die drei Familien einen Stundenplan erarbeitet, der die wiederkehrenden Aufgaben regelt.

Der Stundenplan

Wenn Sie Ihren Arbeitsbedarf ermittelt haben, sollten Sie sich einen groben Stundenplan anlegen, in dem Sie alle Arbeiten festhalten, die Sie regelmäßig erledigen wollen. Wenn Sie bestimmte Arbeiten lieber weiterhin spontan machen, dann tragen Sie sie einfach nicht in den Stundenplan ein. Je weniger Arbeiten Sie aber festlegen, desto mehr freie Zeiten sollte der Stundenplan enthalten.

Auch hier können Sie sich die Beispiele von Irene, Luise und Renate ansehen.

Irenes Stundenplan für die »normale« Woche sieht folgendermaßen aus:

Montag	Dienstag	Mittwoch	Donnerstag	Freitag	Samstag	Sonntag
6.30 Uhr Aufstehen Frühstück Kinder Schule	6.30 Uhr Aufstehen Frühstück Kinder Schule	6.30 Uhr Aufstehen Frühstück Kinder Schule	6.30 Uhr Aufstehen Frühstück Kinder Schule	6.30 Uhr Aufstehen Frühstück Kinder Schule		
Einkaufen Aufräumen	Wäsche	Bügeln	Wochenplanung Großeinkauf	Wäsche (Reste) Hausputz (mit Putzfrau)	Einkaufen auf dem Markt	Kirche
Mittag Küche Abwasch	Mittag Küche Abwasch	Mittag Küche Abwasch	Mittag Küche Abwasch	Mittag Küche Abwasch	Mittag Küche Abwasch	Mittag Küche Abwasch
Pause	14.00 Uhr Musikschule	Pause	Pause	Pause		
Hausaufgaben	Hausaufgaben	Hausaufgaben	Hausaufgaben	(Reste) Aufräumen mit der Familie		
Bäder grob reinigen	Staubsaugen	15.00 Uhr Sina Turnen	16.00 Uhr Sophie Turnen			
Abendbrot Kinder ins Bett	Abendbrot Kinder ins Bett	Abendbrot Kinder ins Bett	Abendbrot Kinder ins Bett	Abendbrot Kinder ins Bett	Abendbrot Kinder ins Bett	Abendbrot Kinder ins Bett
		20 Uhr Kurs VHS				

Sie notiert alle Arbeiten, die regelmäßig anfallen und die sozusagen als Themen in ihrem Stundenplan festgehalten werden können. Sie legt nicht genau fest, wann sie montags nachmittags die Badezimmer einmal durchwischt, sondern sie plant diese Arbeit ein und erledigt sie, wenn es am besten passt, etwa wenn alle Kinder gerade beschäftigt sind. Sie weiß, dass sie dafür etwa eine halbe bis Dreiviertelstunde braucht, für den Rest des Nachmittags hat sie unverplante Zeit für die Bedürfnisse der Kinder. Genauso ist es mit dem Staubsaugen am Dienstagnachmittag oder mit den Arbeiten, die vormittags erledigt werden müssen. Sie weiß in etwa, wie lange sie für diese Arbeiten braucht, und plant die doppelte Zeit dafür ein, damit sie nicht in Stress gerät, falls etwas dazwischenkommt. Gerade am Vormittag muss sie damit rechnen, dass sie von Sophie gestört wird, das hat sie mit einkalkuliert.

Seit Irene im Voraus weiß, wann welche Arbeiten erledigt werden, braucht sie sich z. B. nicht mehr über einen schmutzigen Fußboden zu ärgern, denn sie weiß, dass freitags die Putzfrau kommt und alles sauber macht. Sie weiß, dass montags und freitags die Bäder dran sind und dienstags und freitags die Fußböden, da ist es ihr Donnerstagnachmittag egal, wie es bei ihnen aussieht – sie kann getrost alles liegen lassen.

Sie ist insgesamt ruhiger geworden, hat mehr Zeit für die Kinder und regt sich nicht mehr so leicht über unerledigte Arbeiten auf. Sie weiß inzwischen, dass es wichtiger ist, auf das zu schauen, was sie geschafft hat, als sich über das zu ärgern, was liegen geblieben ist. Sie ist sich ihres großen Arbeitspensums bewusst und versucht so effektiv wie möglich zu arbeiten.

Nicht festgelegt hat Irene Arbeiten wie Sophie wickeln, Post, Bank, Ämter, Spielen, Lesen mit den Kindern, Gartenarbeit, auch die Elternarbeit in der Schule, Telefonate und Zeitung lesen. Diese Tätigkeiten werden nach Bedarf und in freien Zeiten erledigt. Die Zeitung liest sie häufig in der Pause nach dem Mittagessen oder am Abend. Telefonate, Treffen mit Freunden oder Zeit mit dem Ehemann verlegt sie eher auf die Abende, die zu diesen Zwecken nicht regelmäßig verplant sind.

Nicht fest eingeplant sind natürlich auch Arbeiten, die nur unregelmäßig oder in größeren Abständen anfallen, wie z. B.

Fenster putzen, Arzttermine, Dachboden oder Keller aufräumen usw. Für alle diese Arbeiten müssen spezielle Termine eingerichtet werden, die sie dann in ihren Kalender einträgt, der die einzelnen Tage plant. (s. S. 160)

Luises Stundenplan für die »normale« Woche sieht folgendermaßen aus:

Montag	Dienstag	Mittwoch	Donnerstag	Freitag	Samstag	Sonntag
6.15 Uhr Aufstehen Frühstück Lisa wegbringen zur Arbeit	6.15 Uhr Aufstehen Frühstück Lisa wegbringen zur Arbeit	6.15 Uhr Aufstehen Frühstück Lisa wegbringen zur Arbeit	Frühstück Hausputz	6.15 Uhr Aufstehen Frühstück Lisa wegbringen zur Arbeit		
			Wäsche Wochenplanung Einkaufen		Einkaufen Stadtbummel	
			Mittag Küche Abwasch		Mittag Küche Abwasch	Mittag Küche Abwasch
Lisa abholen	Lisa abholen	Lisa abholen	15.00 Uhr Lisa Turnen	Lisa abholen		
Abendbrot, Lisa ins Bett bringen	Abendbrot, Lisa ins Bett bringen	Abendbrot, Lisa ins Bett bringen	Abendbrot, Lisa ins Bett bringen	Abendbrot, Lisa ins Bett bringen	Abendbrot, Lisa ins Bett bringen	Abendbrot, Lisa ins Bett bringen
Wäsche Bügeln	20.00 Uhr Sport	Arbeiten nach Bedarf	Arbeiten nach Bedarf	Arbeiten nach Bedarf	Arbeiten nach Bedarf	Arbeiten nach Bedarf
Aufräumen Vorbereitungen für morgen	Aufräumen Vorbereitungen für morgen	Aufräumen Vorbereitungen für morgen	Aufräumen Vorbereitungen für morgen	Aufräumen Vorbereitungen für morgen	Aufräumen Vorbereitungen für morgen	Aufräumen Vorbereitungen für morgen

Durch ihre Berufstätigkeit bleibt Luise nur wenig Zeit zur freien Verfügung. Den Donnerstag hat sie zu ihrem Haushaltstag erklärt, an dem sie alle wichtigen regelmäßigen Arbeiten erledigt. Alles andere muss nach Bedarf am Abend erledigt werden. Auch ihre privaten Interessen kann sie nur abends oder am Wochenende verfolgen. Die wesentlichen Arbeiten sind jedoch klar geregelt: Der Haushalt wird am Donnerstag gemacht, und nach der Arbeit hat sie, bis Lisa schläft, Zeit für das Kind. Der Sport tut ihr so gut, dass sie für diesen Abend einen Babysitter engagiert. Ansonsten hat sie die Abende nicht fest verplant. Sie bleiben offen für Restarbeiten oder ihre eigenen Bedürfnisse.

Renates Stundenplan für die »normale« Woche sieht folgendermaßen aus:

Montag	Dienstag	Mittwoch	Donnerstag	Freitag	Samstag	Sonntag
6.15 Uhr Aufstehen Frühstück Renate und Kinder Schule	6.15 Uhr Aufstehen Frühstück Renate und Kinder Schule	6.15 Uhr Aufstehen Frühstück Renate und Kinder Schule	6.15 Uhr Aufstehen Frühstück Renate und Kinder Schule	6.15 Uhr Aufstehen Frühstück Renate und Kinder Schule	Einkaufen, was noch fehlt	
		Putzfrau kommt				
Mittag Küche	Mittag Küche	Mittag Küche	Mittag Küche	Mittag Küche	Mittag Küche	
Pause	Pause	Pause	Pause	Pause		
Hausaufgaben der Kinder?	Hausaufgaben der Kinder?	Hausaufgaben der Kinder?	Hausaufgaben der Kinder?	(Reste) Putzen und Aufräumen mit der Familie		

Fortsetzung

Montag	Dienstag	Mittwoch	Donnerstag	Freitag	Samstag	Sonntag
(Bei Bedarf) Bäder und Fußböden grob reinigen	15.00 Uhr Nele Flöten	15.00 Uhr Nele Ballett	Wochen- planung Großein- kauf		Renate Schul- arbeiten	Renate Schul- arbeiten
	16.00 Uhr Max Handball Bügeln Auf- räumen	Wäsche	17.00 Uhr Max Handball	Renate Schul- arbeiten		
Renate Schul- arbeiten						
Abend- brot	Abend- brot	Abend- brot	Abend- brot	Abend- brot	Abend- brot	Abend- brot
Kinder ins Bett	Kinder ins Bett	Kinder ins Bett	Kinder ins Bett	Kinder ins Bett	Kinder ins Bett	Kinder ins Bett
20.00 Uhr Renate Sport	Renate Schul- arbeiten	20.00 Uhr Rudi Sport Renate Schul- arbeiten	Renate Schul- arbeiten			

Renates Plan ist so angelegt, dass sie in der Regel nachmittags zu Hause ist und Zeit hat, sich bei Bedarf um die Kinder zu kümmern. Da diese aber schon viel allein unternehmen, kann sie auch selbst Schularbeiten oder Haushaltsarbeiten erledigen.

Deshalb hat sie die wesentlichen Arbeiten für bestimmte Tage vorgesehen: Montags wird grob geputzt, wenn nötig. Dienstags wird aufgeräumt, damit am Mittwoch die Putzfrau freie Bahn hat. Außerdem wird am Dienstag gebügelt. Mittwochnachmittag ist dann die Wäsche dran: Die drei bis sechs Maschinen, die bei ihnen pro Woche anfallen, werden an diesem Tag gewaschen und aufgehängt, außerdem wird die trockene Wäsche der letzten Woche zusammengelegt und in die Schränke geräumt. Donnerstag ist der Planungs- und Einkaufstag und Freitagnachmittag werden Restarbeiten (aufräumen, putzen oder Ecken ausmisten) mit der ganzen Familie erledigt. Wenn alle mithelfen und schnell arbeiten, schaffen sie viel und sind schnell fertig.

An jedem Tag muss Renate eine gewisse Zeit für Schularbeiten einplanen: für Vor- und Nachbereitungen, Korrekturen oder für Elterngespräche. Das kann am Nachmittag oder am Abend sein, auch am Wochenende nach Bedarf. Manchmal schafft sie am Nachmittag so viel, dass sie dadurch einen freien Abend hat, und an anderen Tagen sitzt sie bis in die Nacht am Schreibtisch. Wenn am Nachmittag Konferenzen oder schulische Veranstaltungen oder am Abend Elternversammlungen dazwischenkommen, plant sie jeweils kurzfristig. Das bedeutet, dass sie dafür sorgt, dass die Kinder sich an solchen Tagen möglichst bei Freunden aufhalten und dass die geplanten anstehenden Haushaltsarbeiten zu anderen Zeitpunkten gemacht werden. Wenn also zum Beispiel donnerstags eine Konferenz ist, macht sie den Großeinkauf schon am Mittwoch, die Wäsche wird in dieser Woche dann am Mittwoch und Donnerstag zwischendurch gemacht. Oder sie nimmt am Donnerstag einen sehr engen Zeitplan in Kauf und geht nach der Konferenz einkaufen. Den Einkaufsplan (s. S. 153) macht sie dann schon am Mittwochabend. Eng wird es immer, wenn mehrere Konferenzen in einer Woche sind oder viele andere Termine zu dem normalen Pensum kommen. Da sie durch ihren Wochenplan aber einen guten Überblick hat, kann sie bei Bedarf leicht umdisponieren. Und wenn es einmal Stress gibt wegen zu vieler Termine, dann stellt sie sich immerhin darauf ein und versucht sich zwischendurch umso besser zu entspannen. In solchen Wochen macht sie von vornherein nur das Allernotwendigste.

Neben dem groben Stundenplan ist also der Familienplaner in Renates Familie besonders wichtig (s. S. 161).

Alle drei, Irene, Luise und Renate, machen neben dem Stundenplan trotzdem noch einen Plan für den nächsten Tag. Seit sie den Stundenplan und den Kalender haben, geht das ganz schnell. Meistens brauchen sie sich den Tagesplan gar nicht mehr aufzuschreiben, sondern haben bereits einen Überblick über den nächsten Tag, wenn sie den Stundenplan und den Kalender nur angeschaut haben. Dank dieser Hilfsmittel haben sie mit der Zeit Routine darin entwickelt, Stress- und Hektikmomente zu identifizieren und dafür (möglichst rechtzeitig) Entlastung zu schaffen.

Der Essens- und Einkaufsplan

Wenn Sie sich Ihren Einkauf erleichtern wollen, sollten Sie ihn gut vorbereiten. Das spart Zeit, weil Sie die Geschäfte dann gezielt anfahren und genau wissen, was Sie wo kaufen wollen. Und es spart Geld, weil Sie nur das kaufen, was Sie wirklich brauchen. Wenn Sie ungeplant einkaufen gehen und gerade hungrig sind, kaufen Sie in der Regel viel zu viel. Wenn Sie ungeplant einkaufen gehen und gerade gegessen haben, kaufen Sie dagegen nur das Nötigste, und das reicht wahrscheinlich nur für kurze Zeit, so dass Sie bald wieder einkaufen gehen müssen. Wenn Sie gern einkaufen gehen, wenn Sie sich vom Angebot inspirieren lassen wollen, wenn Sie den täglichen Spaziergang mit den Kindern mit dem Einkauf verbinden, so ist auch das völlig in Ordnung. Wenn Sie jedoch *nicht* gern einkaufen gehen und es eher als notwendiges Übel betrachten oder wenn Sie beim Einkaufen Zeit und Geld sparen wollen oder müssen, dann empfiehlt es sich, maximal zwei Mal pro Woche einkaufen zu gehen und dies jeweils gut vorzubereiten.

Als Erstes planen Sie die Mahlzeiten und besonderen Ereignisse für die kommende Woche im Voraus und machen davon abhängig den Einkaufszettel. So ein Plan hat mindestens drei Vorteile:

1. Sie brauchen sich nicht jeden Tag neu zu überlegen, was es zu essen geben soll.
2. Sie kaufen gezielt für die geplanten Mahlzeiten ein, also nur das, was Sie wirklich brauchen. Das verhindert das Verderben von Lebensmitteln und spart Geld.
3. Sie sparen Zeit, weil der Einkauf gut vorbereitet schneller zu erledigen ist.

Der folgende Übersichtsplan kann Ihnen dabei helfen. Wenn Montagvormittag der Einkaufstag ist, beginnt dieser Plan mit »Montag«, wenn z. B. Donnerstagnachmittag der Einkaufstag ist, beginnt dieser Plan mit »Freitag«. So haben Sie jeweils die aktuelle Woche in der richtigen Reihenfolge vor sich.

146

Einkaufsplanung

Tag/Besonderes	was wird gegessen?	heute einkaufen	auf Vorrat einkaufen
Montag			
Dienstag			
Mittwoch			
Donnerstag			
Freitag			
Samstag			
Sonntag			

Erläuterung:

In der 1. Spalte kann man unter dem Tag Besonderes eintragen, wie z. B. Geburtstage, besondere Einladungen o. Ä.

In der 2. Spalte steht der Speiseplan für Frühstück, Mittagessen, Kaffeetrinken und Abendbrot sowie evtl. benötigte Haushaltsartikel, Büro- oder Schulartikel, Geschenke/Blumen o. Ä.

In der 3. Spalte werden Dinge eingetragen, die unmittelbar vorher eingekauft werden müssen (Blumen, Milch, Brot etc.).

In der 4. Spalte werden alle Dinge eingetragen, die bei dem Wochen-Großeinkauf auf Vorrat eingekauft werden können.

Natürlich ist es gerade in der Familie schwierig, den Bedarf an Essen immer genau zu ermitteln, weil Sie nie wissen, wann wer wie viel Hunger hat. Da kann es vorkommen, dass die Kinder mal viel weniger essen, als Sie eigentlich geplant haben, oder es kommt mal wieder ein plötzlicher Wachstumsschub, und Sie haben das Gefühl, die Kinder »fressen« Ihnen »die Haare vom Kopf«. Außerdem werden Sie vielleicht sagen, dass es schwierig ist, den Plan auf eine Woche festzulegen, weil Sie oder die Kinder noch gar nicht wissen, worauf Sie in ein paar Tagen Appetit haben.

Sie können auch (weiterhin) von heute auf morgen Ihre Mahlzeiten festlegen. Dieser Plan ist ein Vorschlag für den Fall, dass Sie Ihre Arbeit im Bereich Essensplanung und Einkaufen rationalisieren wollen. Wenn Sie das wollen und so eine Planung einführen, werden Sie mit der Zeit merken, wie erleichternd es ist, wenn Sie sich nur einmal pro Woche Gedanken darüber machen müssen, was Sie »heute kochen«. Dafür nehmen Sie wahrscheinlich in Kauf, dass Sie schon im Voraus festlegen, was es wann zu essen gibt.

Bei größeren Familien bietet es sich an, dass an jedem Tag ein anderes Familienmitglied sich ein Essen wünschen darf. Um der Gefahr vorzubeugen, dass es dann nur noch Nudeln, Pizza und Pfannkuchen gibt (oder welche Lieblingsgerichte auch immer in Ihrer Familie »in« sind), können Sie bestimmte Regeln einführen, z. B. dass es jedes Essen nur einmal in der Woche geben darf und dass immer etwas Gesundes dabei sein muss.

Es ist günstig, diese Planung gemeinsam mit der ganzen Familie zu machen, um alle möglichen Probleme vorweg mit allen zu besprechen. Wenn nun jemand ein Gericht überhaupt nicht mag, können auch Ausnahmen oder Alternativgerichte von vornherein mit allen abgestimmt werden, und alle Familienmitglieder können sich auf den Wochenspeiseplan einstellen. Meckereien über das Essen kommen dann sehr viel seltener vor, denn jeder weiß, dass auch sein Wunschgericht an einem Tag auf dem Plan steht.

Wenn Sie die Liste fertig gestellt haben, überlegen Sie, welche Dinge aus der dritten Spalte (»heute besorgen«) evtl. nicht nötig sind. (Wenn Sie zum Beispiel in drei Tagen eingeladen sind, müssen Sie ja nicht unbedingt frische Blumen mitbringen. Könnte es vielleicht auch eine Flasche Wein oder eine Schachtel Pralinen sein, die Sie heute auf Ihrer Einkaufstour schon besorgen können?)

Überlegen Sie gleich, ob Sie an dem jeweiligen Tag die Möglichkeit haben, Blumen, frisches Fleisch o. Ä. zu besorgen, oder ob Sie dafür von vornherein eine andere Lösung finden.

Wenn Sie den Wochenplan fertig haben, können Sie die rechte Spalte abschneiden und als Einkaufszettel benutzen. Noch leichter und übersichtlicher wird der Einkauf jedoch, wenn Sie mithilfe dieses Plans einen Einkaufszettel erstellen, auf dem Sie so viele Listen anlegen, wie Sie Geschäfte anfahren, und jeweils notieren, was Sie in welchem Geschäft kaufen wollen. Am besten gehen Sie beim Aufschreiben in Gedanken durch das Geschäft und notieren die Dinge in der Reihenfolge, in der Sie daran im Laden vorbeikommen. So können Sie beim Einkaufen Ihre Liste von oben nach unten »abarbeiten« und ersparen sich unnötige Wege.

Noch ein Tipp zum Einpacken: Wenn Sie Ihre Einkäufe in Kisten im Auto oder in Taschen verstauen, sortieren Sie gleich die Dinge zusammen, die zu Hause auch an den gleichen Ort geräumt werden, also z. B. alles, was in den Kühlschrank gehört, in eine Tasche oder Kiste, alles für die Kühltruhe zusammen, alles für die Vorratskammer zusammen, alles Obst zusammen usw. Dadurch sparen Sie noch einmal erheblich Zeit beim Auspacken zu Hause!

Je länger Sie regelmäßig einen Wochenplan machen, desto mehr Routine werden Sie entwickeln, desto schneller bekommen Sie einen Überblick darüber, welche Planung sich bewährt, welche Gerichte Sie gut in Folge anbieten können (um auch Reste mit zu verwerten), wie Sie sinnvoll für zwei Tage kochen können usw.

Neben der genauen Einkaufsplanung für die aktuellen

Gerichte der folgenden Woche empfiehlt es sich immer, gewisse Vorräte im Haus zu haben für den Fall, dass es doch unerwartet mehr Hunger in der Familie gibt, dass Besuch kommt o. Ä. Eine Dose Tomaten und eine Packung Spaghetti oder bestimmte Tiefkühlprodukte sind auch über eine Woche hinaus haltbar und können ggf. in einer der folgenden Wochen im Speiseplan berücksichtigt werden. So brauchen Sie, wenn unerwartet zusätzlicher Hunger auftaucht, nicht extra einkaufen zu gehen. Oder wenn Sie in der folgenden Woche unerwartet Ihren Einkauf um einen Tag verschieben müssen, kommen Sie nicht in Schwierigkeiten, weil Sie nichts mehr im Haus haben. Sie sollten also neben den aktuell benötigten Lebensmitteln einige Vorräte für den Notfall einlagern. Das macht Sie insgesamt flexibler.

Auf den nächsten Seiten können Sie sich einmal Wochenpläne von Irene, Luise und Renate ansehen:

Ein typischer Plan von Irene sieht folgendermaßen aus. Sie geht Donnerstag Vormittag einkaufen, deshalb beginnt der Plan mit »Donnerstag«:

Tag/Besonderes	was wird gegessen?	heute einkaufen	auf Vorrat einkaufen
Donnerstag	Kartoffeln, Spinat, Spiegelei Brot, Salat, Aufschnitt, Käse	s. rechte Spalte	Spinat, Käse aller Art, Sekt, Wurst, Schinken
Freitag Müllers zum Kaffeetrinken bei uns	Müsli, Brot Pizza Brot, Salat, Aufschnitt, Käse		Müsli Cornflakes, Smacks, Mehl, Hefe, Tomaten in Dosen
Samstag Abends Geburtstag bei Hans-Joachim	Müsli, Brot Pfannkuchen Brot, Salat, Aufschnitt, Käse (für die Kinder)	Paprika, Tomaten, Salat, Gurken, Obst aller Art, Rosen-kohl, Eier, Hack-fleisch, Blumen, Kartoffeln, Karot-ten, Zwiebeln, Porree	Milch, Sahne, Zucker, Chips, Salzstangen, Geschenk Hans-Joachim
Sonntag	Müsli, Brot falscher Hase, Kartoffeln, Rosen-kohl, Pudding Brot, Salat, Aufschnitt, Käse		Kekse, Klopapier, Pudding
Tag/Besonderes	was wird gegessen?	heute einkaufen	auf Vorrat einkaufen
Montag	Müsli, Brot Bauernfrühstück Brot, Salat, Aufschnitt, Käse	Brot, Milch, Auf-schnitt, Salat, Gurken, Tomaten, Paprika	Gewürzgurken, Schinkenwürfel
Dienstag Sina zum Geburtstag zu Annette	Müsli, Brot Spaghetti, Tomatensoße Brot, Salat, Aufschnitt, Käse		Spaghetti, Wasch-pulver, Geschenk Annette
Mittwoch Geburtstag Waltraud	Müsli, Brot Kartoffelsuppe (für 2 Tage) Brot, Salat, Aufschnitt, Käse	Blumen für Waltraud (werden auf dem Weg dorthin besorgt)	Getränke: Mineralwasser, Apfelsaft, Orangen-saft, Bier

Neben den benötigten Lebensmitteln für die geplanten Mahlzei-ten ergänzt sie die Liste um fehlende Vorräte wie Getränke, Waschpulver etc. Irene nimmt immer den ganzen Wochenplan als Einkaufsliste mit.

Auch Luise geht Donnerstagvormittag einkaufen. Bei ihr sieht es in der Regel folgendermaßen aus:

Tag/Besonderes	was wird gegessen?	heute einkaufen	auf Vorrat einkaufen
Donnerstag	Kartoffeln, gemischtes Gemüse, Frikadellen Brot, Aufschnitt, Käse, Lisa Brei	s. rechte Spalte	Hackfleisch, Wurst, Schinken, Käse, Kartoffeln, Gemüse-Mix (Tiefkühl)
Freitag	Brot, Kaffee, Lisa Flasche und Müsli Brot, Aufschnitt, Käse, Lisa Brei		Breie für Lisa, Milchpulver, Vollkornbrot, Toastbrot, Kaffee, Marmelade
Samstag	Brot, Kaffee, Lisa Flasche und Müsli Pizza, Salat	Hosen/Schlafanzug für Lisa, Blumen/Geschenk	Milch, Sahne, Quark, Butter, Pizza, Salat, Salatsoße
Abends Fete bei Karin	Lisa Abendbrot bei Oma	für Karin, Postkarte für Oma	
Sonntag	Brot, Ei, Kaffee, Lisa Frühstück bei Oma, Mittagessen bei Oma Brot, Aufschnitt, Käse, Lisa Brei		Kekse, Schokolade, Lakritz, Chips
Montag	Brot, Kaffee, Lisa Flasche und Müsli Brot, Aufschnitt, Käse, Lisa Brei	Brot, Milch (auf dem Weg besorgen)	Mineralwasser, Rotwein
Dienstag Geburtstag Oma	Brot, Kaffee, Lisa Flasche und Müsli Brot, Aufschnitt, Käse, Lisa Brei		
Mittwoch	Brot, Kaffee, Lisa Flasche und Müsli Brot, Aufschnitt, Käse, Lisa Brei		

Auch Luise ergänzt auf dem Wochenplan die fehlenden Vorräte. Sie macht sich dann eine Liste in der Reihenfolge, in der sie die Einkäufe erledigen will.

Renate geht Donnerstag Nachmittag einkaufen. Bei ihr sieht es in der Regel so oder so ähnlich aus:

Tag/Besonderes	was wird gegessen?	heute einkaufen	auf Vorrat einkaufen
Freitag Abends Silber- hochzeit bei der Kollegin	Brot, Müsli, Milch, Kaffee Gemüse-Lasagne Kinder-Pizza	Blumen für die Kollegin	Müsli-Cornflakes- Palette, Vollkorn- brot, Toastbrot, Mischbrot, Kaffee, Lasagne, Pizza, Tomaten (Dose), Tiefkühlgemüse, Knabberkram
Samstag	Brötchen, Milch, Kaffee Gemüsesuppe und Reis überbackenes Baguette, Salat		Milch, Sahne, Quark, Butter, Mar- melade, Reis, Sup- pengemüse, Baguet- tes, Käse (Gouda, Frischkäse, Brie etc.), Sekt, Weißwein
Sonntag	Brötchen, Ei, Kaffee Steak, Bohnen, Kroketten, Brot, Aufschnitt, Käse		Brötchen z. Aufba- cken, Eier, Steaks, Bohnen, Kroketten, Orangensaft
Montag abends zum Geburtstag zu Dieter	Brot, Müsli, Milch, Kaffee Fischstäbchen, Kartoffeln, Gemüse (noch in TK-Truhe) Abendbrot nur Kinder	Brot, Milch, Hack- fleisch (morgen), Blumen für Dieter (auf dem Weg besorgen)	Fischstäbchen, Kar- toffeln, Müsliriegel, Croissants, Joghurt, Buch für Dieter
Dienstag Max Wandertag	Brot, Müsli, Milch, Kaffee Spaghetti bolognese Brot, Aufschnitt, Käse, Gemüse		Rucksack für Max, Trinktütchen, Spaghetti, Kekse, Schokolade, Lakritz
Mittwoch	Brot, Müsli, Milch, Kaffee Pizza-Pfannkuchen Brot, Aufschnitt, Käse, Gemüse		Bananen, Äpfel, Kiwis, Zitronen, Obst (der Saison), Tomaten, Paprika, Salat, Tomatenmark, geriebener Käse
Donnerstag Nele zu Saskia zum Geburtstag	Brot, Müsli, Milch, Kaffee Putenschnitzel, Kartoffeln, Erbsen und Möhren Brot, Aufschnitt	Blümchen für Saskias Mutter	Buch für Saskia, Haarshampoo, Seife, Küchentücher, Pflaster, 3 Hefte Nr. 7, Mülltüten

153

Der Kalender

Neben den Stundenplänen, den Speiseplänen und den Einkaufslisten empfiehlt es sich, einen Kalender zu führen, in den alle aktuellen Termine eingetragen werden. Bei mehreren Familienmitgliedern kann sich dann jeder über die Termine der Familie informieren. Wenn Sie kleine Kinder haben oder weniger Personen in der Familie sind, so ist der Kalender immerhin der Plan, auf dem Sie berufliche und private sowie Arzttermine, Geburtstage und wichtige Veranstaltungen notieren können und so einen besseren Gesamtüberblick bekommen.

Es gibt verschiedene Formen der Kalenderführung, und sie haben alle ihre Vor- und Nachteile. Zunächst einmal sollten Sie überlegen, welches Format oder welche Art von Kalender für Sie und Ihre Familie geeignet ist: Brauchen Sie Übersichtsblätter jeweils für einen Tag, für eine Woche, für einen Monat oder vielleicht nur eine Jahresübersicht? Sollte das Kalendarium von links nach rechts oder von oben nach unten angeordnet sein? Es ist nämlich abhängig von Ihrer Wahrnehmung, in welchem System Sie sich besser orientieren können. Manche Menschen denken nämlich eher von links nach rechts, andere eher von oben nach unten. Weiterhin sollten Sie überlegen, ob es für Ihre Zwecke Sinn macht, für jedes Familienmitglied eine eigene Spalte oder Zeile einzurichten, oder ob lieber die Termine aller Familienmitglieder in eine Kalendereinteilung eingetragen werden sollen. Ein weiterer Punkt ist, ob Sie lieber einen illustrierten Kalender haben oder ob die Illustrationen Sie eher von der sachlichen Planung ablenken? Sollte es ein Wandkalender sein oder eher ein Buch, das ggf. auch zu »Außenterminen« mitgenommen werden kann?

Sie sollten die verschiedenen Kalenderblätter auf den folgenden Seiten einfach einmal auf sich wirken lassen. So bekommen Sie am besten heraus, welche Einteilung Ihnen am sympathischsten ist. Wichtig ist, dass Sie eine Form finden, in der Sie sich gut orientieren können.

Zeit	Mutter	Vater	Kind 1	Kind 2	Kind 3
Freitag, 1. Januar Allgemeines / Besonderes:					
7.00 Uhr					
8.00 Uhr					
9.00 Uhr					
10.00 Uhr					
11.00 Uhr					
12.00 Uhr					
13.00 Uhr					
14.00 Uhr					
15.00 Uhr					
16.00 Uhr					
17.00 Uhr					
18.00 Uhr					
19.00 Uhr					
20.00 Uhr					
21.00 Uhr					
22.00 Uhr					

Jeder Tag in Ihrem Kalender hat eine solche Seite.

Freitag, 1. Januar
Allgemeines / Besonderes:

Zeit	Mutter	Vater	Kind 1	Kind 2	Kind 3
7.00 Uhr					
8.00 Uhr					
9.00 Uhr					
10.00 Uhr					
11.00 Uhr					
12.00 Uhr					
13.00 Uhr					
14.00 Uhr					
15.00 Uhr					
16.00 Uhr					
17.00 Uhr					
18.00 Uhr					
19.00 Uhr					
20.00 Uhr					
21.00 Uhr					
22.00 Uhr					

Hier werden die Wochentage quer gezeigt: Jeder Tag hätte eine solche Seite in Ihrem Kalender.

Woche vom 4. bis 10. Januar					
Besonderes:					
Datum	Mutter	Vater	Kind 1	Kind 2	Kind 3
Montag 4. Januar					
Dienstag 5. Januar					
Mittwoch 6. Januar					
Donnerstag 7. Januar					
Freitag 8. Januar					
Samstag 9. Januar					
Sonntag 10. Januar					

Jede Seite Ihres Kalenders hätte solch eine Wochenübersicht.

Woche vom 4. bis 10. Januar

Zeit	Montag 04.01.	Dienstag 05.01.	Mittwoch 06.01.	Donnerstag 07.01.	Freitag 08.01.	Samstag 09.01.	Sonntag 10.01.
Besonderes							
7.00 Uhr							
8.00 Uhr							
9.00 Uhr							
10.00 Uhr							
11.00 Uhr							
12.00 Uhr							
13.00 Uhr							
14.00 Uhr							
15.00 Uhr							
16.00 Uhr							
17.00 Uhr							
18.00 Uhr							
19.00 Uhr							
20.00 Uhr							
21.00 Uhr							
22.00 Uhr							

Die Wochenplanung kann auch im Querformat sehr übersichtlich sein.

Woche vom 4. bis 10. Januar

Datum	Mutter	Vater	Kind 1	Kind 2	Kind 3	
Montag 4. Januar						
Dienstag 5. Januar						
Mittwoch 6. Januar						
Donnerstag 7. Januar						
Freitag 8. Januar						
Samstag 9. Januar						
Sonntag 10. Januar						

Auch so kann die Woche im Querformat verplant werden.

Januar

Montag	7	14	21	28
Dienstag 1	8	15	22	29
Mittwoch 2	9	16	23	30
Donnerstag 3	10	17	24	
Freitag 4	11	18	25	
Samstag 5	12	19	26	
Sonntag 6	13	20	27	

Eine Monatsübersicht sollte mindestens die Größe von DIN A3 haben.

Januar

Datum	Mutter	Vater	Kind 1	Kind 2	Kind 3
01 Freitag					
02 Samstag					
03 Sonntag					
04 Montag					
05 Dienstag					
06 Mittwoch					
07 Donnerstag					
08 Freitag					
09 Samstag					
10 Sonntag					
11 Montag					
12 Dienstag					
13 Mittwoch					
14 Donnerstag					
15 Freitag					
16 Samstag					
17 Sonntag					
18 Montag					
19 Dienstag					
20 Mittwoch					
21 Donnerstag					
22 Freitag					
23 Samstag					
24 Sonntag					
25 Montag					
26 Dienstag					
27 Mittwoch					
28 Donnerstag					
29 Freitag					
30 Samstag					
31 Sonntag					

So würde ein Monatsblatt in einem Familienplaner aussehen. Auch hier benötigen Sie eine Mindestgröße von DIN A3, um genügend Platz für alle Termine zu haben.

Dies sind die grundsätzlich sinnvollen Möglichkeiten der Kalenderübersicht. Wenn Sie für sich allein einen Kalender führen, so mögen Sie vielleicht weniger Platz brauchen als für eine Familie mit mehreren Personen, für die ich Ihnen eines der gezeigten Kalenderblattformulare empfehlen würde.

Je nachdem, für wie viele Personen der Kalender sein soll, müssen Sie sich mit allen Beteiligten darüber einigen, welches das am besten geeignete Kalendarium ist. Wenn Sie sich darüber nicht einig werden können, müssen Sie einen Kompromiss suchen. Die Erfahrung zeigt jedoch, dass die Kinder sich sehr schnell an die von Ihnen vorgegebene Form gewöhnen. Sie sollten sich also hauptsächlich mit Ihrem Partner auf eine Form einigen. Ist das schwierig, so können Sie auch von Jahr zu Jahr wechseln, so dass jeder einmal seinen »Lieblingskalender« erhält. Das schult immerhin die Flexibilität im Denken. Manche Familien einigen sich auch auf die Form, die derjenigen Person am liebsten ist, die den größten Überblick über die Aktivitäten der Familie hat. Die anderen gewöhnen sich mit der Zeit an diese Form, so dass sie langfristig von allen gerne beibehalten wird.

Wenn Sie alle diese Aspekte berücksichtigt und sich für eine Kalenderform entschieden haben, können Sie gucken, ob es genau so einen Kalender zu kaufen gibt oder ob Sie sich lieber selbst ein Kalendarium nach Ihren Wünschen gestalten. In den Familien von Irene, Luise und Renate haben sich folgende Formen der Kalenderführung bewährt:

Irene hat für ihre Familie einen Kalender mit Wochenblättern, in dem alle Termine notiert werden, sowohl die festen Termine wie auch die, die einmalig verabredet werden. Den Kalender benutzt jeder in der Familie, der sich über die Aktivitäten aller einen Überblick verschaffen will. Ihr Mann und die Kinder tragen ebenfalls zusätzliche oder einmalige Termine oder wichtige Ereignisse (Geburtstage, Verabredungen, Einladungen u. Ä.) ein. Der Kalender ist ein Buch, das normalerweise neben dem Telefon liegt, das Irene bei Bedarf aber auch mitnehmen kann, zum Beispiel zu Elternversammlungen o. Ä.

Luise hat einen kleinen Taschenkalender, weil nur sie allein ihn braucht. Die Termine für sie und ihre Tochter passen in einen Kalender, in dem für jeden Tag fünf kleine Zeilen vorgesehen sind.

Renates Familie hat einen Familienplaner, auf dem jedes Familienmitglied eine Spalte hat (wie auf S. 161), in die die jeweiligen Termine eingetragen werden. So bekommen sie einen Überblick über alle Termine in der Familie und notieren auch Geburtstage, Einladungen und besondere Veranstaltungen auf diesem Kalender, der für alle einsichtig neben den Stundenplänen in der Küche hängt. Neben diesem Familienplaner und den Stundenplänen hat Renate einen Lehrerkalender, in dem sie ihre dienstlichen und wichtige familiäre und private Termine notiert. Diesen Kalender nimmt sie überallhin mit und kann so bei Bedarf auch unterwegs Termine machen. Ihr Mann Rudi hat für seine dienstlichen Termine ebenfalls einen eigenen Kalender, in den er nur bei Überschneidungen im dienstlichen und familiären Bereich auch private Termine einträgt.

Ausnahmen vom Alltag: Feste, Ausflüge, Urlaub

Bisher ging es um die Organisation des gewöhnlichen Tages- und Wochenablaufs. Hin und wieder gibt es in Ihrer Familie aber auch Ausnahmen vom Alltag, wie z. B. Geburtstage oder sonstige (Familien-)Feiern, Ausflüge oder Urlaub. Auch hier lohnt sich eine gute Planung, denn dies sind die Gelegenheiten, an die Sie und Ihre Familie hohe Erwartungen haben. Um diese nicht zu enttäuschen, beachten Sie folgende Grundregeln für die Planung solcher Ausnahmesituationen:

1. Fangen Sie so rechtzeitig wie möglich mit der Planung an!
2. Binden Sie so früh wie möglich mithelfende Personen mit ein, das heißt, sprechen Sie vor allem die Termine rechtzeitig mit allen Beteiligten ab!
3. Setzen Sie Prioritäten. Entscheiden Sie, was Ihnen *wirklich* wichtig ist, und machen Sie das gut. Meistens gilt: Weniger ist mehr!
4. Stecken Sie den groben Rahmen für das Fest, den Ausflug oder den Urlaub nach den folgenden Checklisten ab und halten Sie Ihre Planung schriftlich fest. Das erleichtert die Übersicht und die weitere Planung.

Checkliste für Feste:

- Was wird gefeiert?
- Wann? Wie ist der zeitliche Rahmen?
- Wer wird eingeladen? Wie sieht die Einladung aus?
- Was wird gegessen?
- Was wird getrunken?
- Welche Dekoration wird gebraucht?
- Welche Spiele werden gespielt?
- Gibt es Darbietungen oder Reden?
- Was muss organisiert werden?
- Was muss eingekauft werden?
- Wer bereitet was wann vor?

Als Beispiel hier eine Vorbereitung für einen Kindergeburtstag – auf einen Blick:

Geburtstag Laura
Donnerstag, 21. 4., 15.30 bis 18.30 Uhr

Wer wird eingeladen?	Text für die Einladung
1 Simone	Liebe/r …,
2 Josephine	am Donnerstag, dem 21. 4., möchte ich
3 Carolin	gerne meinen 7. Geburtstag feiern. Es
4 Jannick	wäre schön, wenn du kommen kannst.
5 Patrick	Wir feiern von 15.30 bis 18.30 Uhr. Bitte
6 Jennifer	gib mir Bescheid, ob du kommst.
7 Larissa	Ich freue mich schon, bis dann,
8 Katja	viele Grüße,
9 Laura	Deine Laura
10 Johanna	

»Kaffeetrinken«

Essen	Getränke
Schokotorte (am	Cola
Abend vorher backen)	Fanta
Eistorte	Sprite
Schokoküsse	Mineralwasser
Süßigkeiten auf	Orangensaft
dem Tisch	Apfelsaft
Salzstangen	

Abendessen

Essen	Getränke
Mini-Pizza	wie zum
verschiedene Salate	Kaffeetrinken
Salatsoße extra	

Spiele
- Topfschlagen
- Sackhüpfen
- Schokolade auspacken
- Masken basteln
- Maskenspiele

Tütchen für die Gäste
(in der Woche vorher fertig machen)
Bleistifte
Radiergummis
Süßigkeiten

Dekoration
Luftballons
Girlanden
Luftschlangen
Blumen
Schokolinsen auf dem Tisch
Getränkebecher mit Namen
Strohhalme
Material organisieren
Scheren, Stifte und Kleber für alle

Einkaufsliste
(Wocheneinkauf)
Getränke-Kisten
Butter, Schlagsahne
Eier, Kakao
Mehl, Zucker
Schokostreusel
Schokoküsse, Schokolinsen
Salzstangen, Chips
Süßigkeiten (Gewinne und Deko)
Schokolade (zum »Auspacken«)
Mini-Pizzen (tiefgefroren)
Eistorte
Salat, Paprika, Tomaten, Gurke
Karotten, Mais
Salatsoße
spätestens eine Woche vorher besorgen:
Bastelmaterial für Masken, Gummiband,
Bleistifte, Radiergummis und Süßigkeiten für die Tütchen,
Glasfaserbeutel,
Becher für den Esstisch

Für andere Feierlichkeiten gibt es vielleicht noch weiteren oder anderen Organisationsbedarf. Verschaffen Sie sich rechtzeitig einen Überblick, indem Sie sich an der Checkliste orientieren, und erledigen Sie alles, was vorbereitet werden kann, so früh wie möglich. Berücksichtigen Sie die anfallenden Arbeiten rechtzeitig in Ihren Wochenplänen, dann haben Sie unmittelbar vor der Feier das meiste schon erledigt und können selbst mitfeiern.

Checkliste für (geplante) Ausflüge und Urlaub:

- Wohin soll es gehen?
- Wann?
- Wer kommt mit?
- Wie fahren Sie?
- Wer bucht das Haus oder Hotel, den Flug oder die Pauschalreise?
- Wer besorgt ggf. die Fahrkarten?
- Wer macht ggf. das Auto oder die Fahrräder flott?
- Wer besorgt ggf. Devisen?
- Was brauchen Sie an Speisen und Getränken für unterwegs?
- Was müssen Sie mitnehmen an Kleidung, Ausstattung, Lebensmitteln, Medikamenten?
- Welche Vorbereitungen sind sonst noch notwendig?
  (z. B. Fotoapparat reparieren lassen o. Ä.)
- Was muss noch eingekauft werden?

Bei einem spontanen Ausflug werden Sie kaum Zeit für so eine relativ aufwändige Planung haben. Wenn Sie jedoch einen kurzen Ausflug machen und mehrere Personen daran teilnehmen sollen, so kann rechtzeitige Planung sehr hilfreich sein. Beschäftigen Sie sich frühzeitig mit den – auch für einen Ausflug relevanten – Fragen der Checkliste, dann bekommen Sie einen Überblick, welche Vorbereitungen Sie bereits treffen können und welche Vorbereitungen delegiert werden müssen. Und beziehen Sie andere rechtzeitig in die Planung und Vorbereitung mit ein.

Wenn Sie in den Urlaub fahren, fangen Sie so rechtzeitig wie möglich mit der Planung an. Das erhöht nicht nur die Vorfreude, sondern entlastet Sie auch unmittelbar vor Beginn der Reise, denn dann ist das meiste bereits erledigt.

Erstellen Sie sich anhand der Checkliste Listen und legen Sie frühzeitig fest, wer wofür zuständig ist. Wenn Sie schon lange vor dem Urlaub eine Liste anlegen, was Sie alles mitnehmen müssen, was besorgt oder vorbereitet werden muss, dann können Sie sie immer ergänzen, wenn Ihnen im Laufe der Zeit noch etwas einfällt. Wenn dann endlich der Zeitpunkt zum Packen gekommen ist, brauchen Sie sich nur noch die Liste vorzunehmen und abzuhaken, was bereits erledigt ist. Und denken Sie dran: Badehosen, Bademäntel oder Ähnliches müssen nicht in den drei Tagen unmittelbar vor dem Urlaub gekauft werden. So etwas wird schon im Frühjahr angeboten, dann ist die Auswahl auch noch größer.

Zum Schluss – statt einer Zusammenfassung

Nach der Lektüre dieses Kapitels haben Sie vielleicht das Gefühl, Sie müssten in Zukunft die Hälfte Ihrer Zeit mit Planung, Notizen und Termineintragungen verbringen. Sie können beruhigt sein, das scheint nur so. Je mehr Sie sich mit Ihrer Familienorganisation beschäftigen, desto mehr Überblick bekommen Sie und desto mehr Routine werden Sie entwickeln. Mit der Zeit brauchen Sie manche Abläufe auch nicht mehr schriftlich zu planen. Je besser Ihr Überblick über Ihre Alltagsorganisation wird, desto schneller werden Sie die Aktivitäten in Zukunft planen und organisieren und desto sicherer werden Sie in Ihren vielen »kleinen« Entscheidungen des Familienalltags. Um dahin zu gelangen, können Ihnen die vorgestellten Vorschläge, Pläne und Kalendarien helfen.

Vielleicht brauchen Sie nicht das ganze Programm, vielleicht ist es gerade die Planung für den nächsten Tag, die Ihnen weiterhilft, oder der Wochen-Stundenplan, oder es ist der Einkaufsplan, der Ihnen Entlastung verschafft. Probieren Sie es aus und wenden Sie nur das an, was Ihnen zusagt, was zu Ihnen passt und was Ihnen tatsächlich weiterhilft.

Vielleicht sind Sie aber auch von spontaner Natur und fühlen sich von allzu strenger Planung so eingeengt, dass alle Fröhlichkeit im Alltag verloren geht. Das soll nicht geschehen! Gerade in der Familienarbeit sind Ihr Charakter und Ihre Persönlichkeit wesentliche Voraussetzungen für die alltägliche Arbeit. Manche Menschen sind Lebenskünstler, die in der Hauptsache spontan entscheiden und handeln und die durch allzu eng vorgegebene Planung an Lebensfreude verlieren. Für die Entwicklung der Kinder sind jedoch bestimmte Strukturen, Regeln, Regelmäßigkeit und Verbindlichkeit hilfreich, so dass alle Menschen, die Eltern werden, einen Teil ihrer Spontaneität zugunsten eines mehr oder weniger regelmäßigen Tagesablaufs aufgeben müssen. Ihre Aufgabe als Eltern ist es, das rechte Maß sowohl an Spontaneität wie auch an Regelmäßigkeit zu finden, das Ihrer Familie gut tut.

Möglichkeiten der Entlastung

Wenn Sie sich Entlastung im Alltag wünschen, so gibt es verschiedene Möglichkeiten, dies zu erreichen. Bevor Sie etwas verändern, sollten Sie sich zunächst einmal mit folgenden Fragen beschäftigen:

1. Will ich tatsächlich entlastet werden?
Oder tut es Ihnen eigentlich ganz gut, so viel um die Ohren zu haben? Welchen Sinn hat es für Sie und Ihre Familie, dass es so anstrengend ist, wie es ist? – Manchmal ist die Arbeit im Familienalltag eindeutig zu viel. Man ist ständig gestresst und sieht keine Chance für Verbesserungen. Man lehnt alle Vorschläge und Angebote von außen ab und findet immer einen Haken an möglichen Veränderungen. Solange Sie Ihre Situation für aussichtslos halten, wird es schwer sein, etwas daran zu verbessern. Vielleicht ist auch im Moment einfach nicht der richtige Zeitpunkt für Veränderungen. Oder Sie wissen (noch) gar nicht, wo Sie anfangen sollen. Es könnte auch einen bestimmten Sinn haben (den Sie vielleicht noch nicht durchschaut haben), dass Sie regelmäßig so eine große Arbeitsbelastung bewältigen. Versuchen Sie, sich da-

rüber klar zu werden, ob Sie zurzeit überhaupt eine Veränderung wünschen.

2. Wofür oder in welchen Bereichen brauche ich Entlastung?
Wenn Sie meinen, Sie brauchen (doch) Entlastung, dann überlegen Sie zunächst, in welchen Bereichen Sie sie *am dringendsten* brauchen. Das könnten folgende Bereiche sein:

- der Haushalt, das lästige (Fenster-)Putzen, das Bügeln o. Ä.
- die Gartenarbeit
- die Pflege der Haustiere
- der Einkauf
- die Kinderbetreuung usw.

Es könnte auch sein, dass Sie eher Entlastung im emotionalen Bereich brauchen, weil Sie vielleicht immer das Gefühl haben, Ihre Sache nicht gut genug zu machen, und weil Sie immer das schlechte Gewissen haben, dass Sie einem Kind oder einem Bereich Ihrer Arbeit nicht genügend gerecht werden. In so einem Fall würde wahrscheinlich am ehesten eine Beratung die geeignete Entlastung bringen.

Es könnte auch sein, dass Sie Entlastung im körperlichen Bereich brauchen, dass Sie aufgrund der ständigen ungünstigen körperlichen Belastungen an Rückenbeschwerden, Verspannungen oder chronischen Krankheiten leiden. In solchen Fällen bräuchten Sie zu Ihrer Entlastung vielleicht Krankengymnastik, Entspannungsübungen o. Ä. (s. a. das Kapitel »Die Kraft des Körpers«).

3. Von welchen Aufgaben könnte ich mich trennen?
Gibt es Aufgaben in Ihrer Familie oder in Ihrem Haushalt, die überflüssig sind, die Ihnen unnötig Energie abverlangen? Ist es wirklich nötig, Unterhosen, Handtücher oder Bettwäsche zu bügeln? Muss der Garten wirklich immer picobello sein? Wie oft müssen die Fenster wirklich geputzt oder muss die Bettwäsche

gewechselt werden, und wie oft müssen Sie wirklich Staub wischen? Müssen die Kinder an jedem Nachmittag einer (anderen) Freizeitbeschäftigung nachgehen? Sie sollten einmal alle Ihre Arbeiten und Tätigkeiten (besonders die Ihnen lästigen) genau daraufhin überprüfen, ob es wirklich notwendig ist, sie in dieser Häufigkeit zu erledigen. Erinnern Sie sich an Irene, die nach ihrer ersten Arbeitsbestandsaufnahme merkte, dass sie regelmäßig zu viel vorhatte (s. S. 134 f.). Als sie sich das gesamte Arbeitsaufkommen einmal vor Augen geführt hatte, fiel es ihr plötzlich leicht, zu erkennen, wo sie Abstriche machen konnte.

4. Wer könnte mich (oder uns) entlasten?

Welche Personen kommen dafür infrage? Gibt es Familienangehörige – z. B. Geschwister oder Eltern – oder Freunde, die Ihnen hier und da helfen können? Oder gibt es Personen, die an Tauschdiensten interessiert wären – Austausch an Haushaltsdiensten oder vielleicht gegenseitige Kinderbetreuung? Oder gibt es die Möglichkeit, die Arbeit innerhalb der Familie neu zu verteilen und dadurch Entlastung für Einzelne zu schaffen? Wenn alle diese Möglichkeiten ausgeschöpft sind oder nicht infrage kommen: Gibt es die Möglichkeit, dass Sie sich Hilfe von außen holen, vielleicht durch einen Putzdienst, einen Pflegedienst, eine Haushaltshilfe, einen Fensterputzer oder einen Gärtner?

5. Welche Maßnahmen würden für mich oder für die Familie Entlastung schaffen?

Gibt es bestimmte Aktivitäten, die Ihr Familienleben in einer Weise beeinflussen oder verändern würden, dass Sie diese Veränderung als Bereicherung und damit als allgemein unterstützend oder entlastend empfinden könnten? Wenn Sie z. B. (wieder) Sport treiben wollten, würde es Ihnen dann körperlich insgesamt besser gehen? Oder wenn Sie an einem Entspannungskurs teilnähmen, würden Sie dann vielleicht im Alltag ruhiger werden? Wenn Sie ab und zu mit Freunden ins Kino gingen, hätten Sie dann einen Ausgleich zu den alltäglichen Kleinigkeiten? Oder wenn Ihre Sorgen daher rühren, dass Sie regelmäßig knapp bei Kasse sind, gäbe es Möglichkeiten einer bezahlten Arbeit neben der Familie? Wäre es eine Hilfe, wenn die Kinder mehr (oder gerade weniger) unternähmen und dann ausgeglichener wären? Überlegen Sie, ob es für Ihre Familie Sinn hat, sozusagen »neue Projekte« in Angriff zu nehmen, aus denen Sie dann (wieder) neue Kraft für den Alltag ziehen.

Wenn Sie sich mit den Möglichkeiten der Entlastung beschäftigen, vergessen Sie nicht, in (kleinen) Schritten voranzugehen und den ersten vor dem zweiten zu machen, einen nach dem anderen und nur einen Schritt zur Zeit. Sonst fallen Sie schnell auf die Nase und erreichen Ihr Ziel nicht. Sie sollen nicht alles auf einmal verändern! Bleiben Sie realistisch in Ihren Plänen!

Arbeitsteilung und Delegieren

»Arbeitsteilung« und »Delegieren« wird in der Familienarbeit häufig synonym verwendet. Dabei bedeutet *Arbeitsteilung*, dass es eine Arbeit gibt, die *geteilt* wird. *Delegieren* bedeutet, dass es eine Arbeit gibt, die *an jemand anderen vergeben* wird. Bei der Arbeitsteilung teilen Sie die Arbeit, beim Delegieren *ver*teilen Sie die Arbeit. Oder, anders ausgedrückt: Ein Chef delegiert Arbeit, im Team wird die Arbeit geteilt. Dies ist ein Unterschied, der in der Familienarbeit oft zu undifferenziert betrachtet wird, so dass es manchmal zu Problemen kommt. Das passiert bevorzugt, wenn es in der Familie eine Person gibt, die alle Fäden in der Hand hat, die sozusagen »der Chef« der jeweiligen Familie ist. Der Chef »delegiert« eine Arbeit, z. B. das Staubsaugen, wenn eine andere Person in seinem Auftrag staubsaugt. Wenn aber Haus- und Familienarbeit im Allgemeinen als Arbeit aller Familienmitglieder angesehen wird und sozusagen im Team geteilt wird, dann wäre das gleiche Phänomen »Arbeitsteilung«. Es ist also eine Frage der Perspektive, ob es eine verantwortliche Person in der Familie gibt, die die Arbeit verteilt, oder mehrere Verantwortliche, die sich die Arbeit teilen. Das heißt nicht, dass das eine Modell besser oder schlechter wäre als das andere. Doch Sie sollten sich über die Strukturen in Ihrer Familie im Klaren sein: Wird die Arbeit unter mehreren Mitgliedern der Familie aufgeteilt? Oder gibt es in der Familie eine Person, die überwiegend für die Familienorganisation verantwortlich ist (und ggf. Arbeit abgeben will)? Oder soll etwas »nach außen« abgegeben werden, weil keiner aus der Familie diese Arbeit mehr schaffen kann?

Probleme gibt es meistens bei Uneinigkeiten über die Verantwortung bzw. das Verantwortungs*gefühl.* Sie sollten sich deshalb darüber einigen, wer die Verantwortung für welche Aufgaben übernimmt. Das kann morgens anders sein als abends oder montags anders als dienstags, je nach dem, wann wer wofür zuständig ist. Wenn Sie diese Fragen klar beantworten, können Sie bei Problemen zielstrebig eine Lösung erarbeiten.

Ein Beispiel:

Beate ist Mutter einer fünfjährigen Tochter und zweijähriger Drillinge (zwei Jungen und ein Mädchen). Ihr Mann Hartmut ist beruflich von morgens um 7 Uhr bis abends um 20 Uhr aus dem Haus. Er verdient so viel, dass sie sich über finanzielle Nöte zurzeit nicht beklagen können. Wie Sie sich wahrscheinlich vorstellen können, hat Beate viel zu tun und braucht gute Nerven. Das ändert sich auch nur unwesentlich durch die Tatsache, dass sie dreimal in der Woche Hilfe von einer Putzfrau hat, alle sechs Wochen der Fensterputzer kommt und eine freundliche, selbstständige Schülerin ihr hin und wieder als Babysitterin zur Seite steht. Da ihr Mann die meiste Zeit, in der die Kinder wach sind, abwesend ist, bestimmt Beate den Tagesablauf und hat die Fäden der Familie in der Hand. Es ist klar, dass sie im Falle ihrer Überlastung nur Arbeit nach außen delegieren kann, da Hartmut wegen seiner langen täglichen Arbeitszeit fast gar nicht für die Familienarbeit zur Verfügung steht.

Am Wochenende kümmert auch er sich um die Kinder. Da teilen sie sich alle anfallenden Arbeiten, ob es um das Wickeln, das gemeinsame Essen oder die Gutenachtgeschichte geht. Da Beate in der Woche die Familie gut im Griff hat, fällt es ihr manchmal schwer, sich auf Hartmuts (andere) Art, mit den Kindern umzugehen, einzulassen. Wenn sie der Putzfrau oder der Babysitterin eine Arbeit überlässt, so kann sie in einem gewissen Rahmen bestimmen, was genau und wie diese andere Person die Arbeit erledigen soll. Im äußersten Fall hätte sie immer die Möglichkeit, sich von diesen Mitarbeiterinnen zu trennen. Wenn sie jedoch die Arbeit mit Hartmut teilt, so macht er seinen Teil immer in der Beziehung zu ihr und zu den Kindern, und es ist sein gutes Recht, es auf seine Weise zu tun. Er hat nicht die Routine wie Beate, so dass er manchmal nicht so vorausschauend mit einer Situation umgeht wie sie.

Beide haben mittlerweile erkannt, dass (besonders) Beate sich am Wochenende umstellen muss. Solange Beate sich diesen entscheidenden Unterschied zwischen Arbeitsteilung (am Wochenende) und Delegieren (während der Woche) nicht klargemacht hatte – dass sie nämlich in der Woche die Chefin und am Wochenende die Partnerin ist –, war sie häufig unzufrieden und hatte das Gefühl, dass Hartmut ihr in der Woche zu wenig half und am Wochenende alles »falsch« machte. Seit sie verstanden hat, dass es allein daran liegt, dass er in der Woche nun mal nicht da ist und sie »den Laden« allein »schmeißen« muss und er am Wochenende natürlich auf seine Weise arbeitet, ist der Alltag in der Familie zwar nicht leichter geworden, aber Beates Perspektive hat sich verändert.

Sie kann es nicht ändern, dass sie in der Woche allein klarkommen muss und dass er am Wochenende die Arbeit anders macht. Sie kann aber ihren Blickwinkel ändern und darauf schauen, *wie gut sie* den Familienalltag in der Woche geregelt kriegt. Und sie kann die Arbeitsteilung am Wochenende nutzen und die Vorteile genießen, statt sich über die Nachteile (die sie ja nicht ändern kann) zu ärgern. So kann sie es inzwischen genießen, am

Wochenende nicht die alleinige Bezugsperson für die Kinder zu sein, besonders abends, wenn sie dann nicht alle vier Kinder allein ins Bett bringen muss. Hier wünschte sie sich sehr viel öfter die Arbeitsteilung, denn mit dieser Aufgabe fühlt sie sich in der Woche häufig überfordert.

Andrea und Karsten H. haben drei Kinder im Alter von drei, acht und dreizehn Jahren. Andrea arbeitet 30 Stunden pro Woche als Krankenschwester im Schichtdienst, Karsten ist als Software-Entwickler selbstständig und hat sein Büro im eigenen Haus. Andrea und Karsten teilen sich quasi alle Arbeiten in Haushalt und Familie, machen wöchentlich einen Plan, wer wann für die Kinder zuständig ist, abhängig von Andreas Schichtplan. Da Karsten im eigenen Haus arbeitet, ist er in seiner Zeiteinteilung recht frei und kann sich auf die Bedürfnisse der Familie einstellen.

Wenn die Kinder in Schule und Kindergarten sind, haben beide »freie Bahn« zum Arbeiten. Wenn Andrea Dienst hat, kümmert Karsten sich um die Kinder und arbeitet an solchen Tagen auch mal abends. Wenn Andrea freihat, kann er sich bereits nachmittags wieder in sein Büro zurückziehen. Die Arbeiten im Haushalt sind an festen Tagen vorgesehen, und je nach dem, wer gerade Familiendienst hat, muss auch dafür sorgen, dass sie erledigt werden. Am Freitagnachmittag ist großes Aufräumen und Hausputz, da arbeiten alle Familienmitglieder so lange, bis das Haus in Ordnung ist. So werden auch die Kinder in die Hausarbeit mit einbezogen. Die Großen können ihre Zimmer schon allein aufräumen und sauber machen, danach bekommen sie Aufgaben in der Küche, im Badezimmer, saugen Staub oder legen Wäsche zusammen. Jeder weiß, dass sie umso schneller fertig werden, je schneller jeder Einzelne arbeitet und dass es sich nicht lohnt, sich zu drücken. Wenn Andrea am Freitagnachmittag Spätdienst hat, erledigt Karsten diese Arbeiten mit den Kindern allein. Wenn sie freihat, arbeiten sie zu fünft (auch wenn man den Beitrag der Dreijährigen vielleicht nicht als Arbeit bezeichnen kann, aber sie wird von vornherein an diese gemeinsame Arbeit gewöhnt).

In dieser Familie gibt es nur Arbeitsteilung, die allerdings immer von neuem festgelegt werden muss. Natürlich ist das nicht immer leicht, denn die Familienmitglieder haben verschiedene Vorstellungen von Ordnung und von Sauberkeit, sie haben unterschiedliche Lieblingsarbeiten und Abneigungen, so dass bei Andrea gerne einmal der Abwasch stehen bleibt, während Karsten eher die Wäsche liegen lässt. Außerdem erfordert es sehr viele und genaue Absprachen über das aktuelle Tagesgeschehen, damit die Eltern (auch den Kindern gegenüber) »an einem Strang ziehen« können.

Manchmal ärgern sie sich über einander, wenn unterschiedliche Vorstellungen und Arbeitsweisen aufeinander treffen. Das ist wie in Wirtschafts- oder Dienstleistungsbetrieben auch: Da, wo die gleiche Arbeit von mehreren verschiedenen Leuten gemacht werden muss, gibt es Reibungen, und es sind Absprachen und Übergaben notwendig. Eine Arbeitsteilung gelingt nur, wenn es auch immer wieder Möglichkeiten gibt, über Schwierigkeiten zu sprechen und Lösungen für Probleme zu finden, denn die treten immer auf, wenn Menschen zusammenarbeiten. Wenn in einem Wirtschaftsbetrieb die verschiedenen Interessen der Mitarbeiter nicht berücksichtigt und zwischenmenschliche Probleme nicht geklärt werden können, dann keimen in dem schlechten Arbeitsklima Phänomene wie Misswirtschaft, Missgunst und Mobbing, und die Arbeit wird immer uneffektiver.

In der Familie gibt es neben der Familienarbeit im Team auch noch emotionale Beziehungen und Abhängigkeiten, die tiefer gehen als die in einem gewöhnlichen Arbeitsverhältnis. Wenn die Arbeitsteilung in einer Familie also auf Dauer gut laufen soll, so sind regelmäßige Absprachen und eine konstruktive Konfliktbewältigung unerlässlich (s. a. das Kapitel »Kommunikation«). Es erfordert viel Flexibilität und vor allem Respekt voreinander. Das haben auch Andrea und Karsten erkannt. Sie wissen, dass Probleme dazu da sind, Lösungen zu suchen und zu finden. Sie haben erlebt, dass sie das gut können, und es geht ihnen immer um die gemeinsame Sache, für die sich alle gleichermaßen stark machen.

Wenn Sie Alleinerziehende/r sind, fällt Arbeitsteilung meist gänzlich weg, zumindest solange die Kinder klein sind. Wenn die Kinder größer werden, können sie schon einige Aufgaben im Haushalt übernehmen. Die Erziehungsarbeit wird jedoch nur von einem Elternteil (zur Zeit) geleistet. Die meisten Alleinerziehenden haben schwer damit zu kämpfen, dass sie keinen Partner haben, mit dem sie ihre Familienangelegenheiten teilen können, die Betreuung und Erziehung der Kinder nicht, die Erwartungen nicht, die Freuden nicht, aber auch die Sorgen und Ängste nicht. Es fallen zwar die Reibungen im Alltag mit dem (anders denkenden und fühlenden) Partner weg, aber sie müssen alle Entscheidungen allein treffen und haben niemanden, der einspringen kann, wenn mal Not am Mann oder an der Frau ist. Als Alleinerziehende/r können Sie zu Ihrer Entlastung also nur Arbeiten delegieren, Hausarbeiten an die Kinder, Erziehungsarbeit an professionelle ErzieherInnen, Babysitter oder Familienangehörige.

Grundsätzlich ist es sinnvoll zu klären, was wessen Job in der Familie ist. Sie sollten sich klarmachen, wer zurzeit in welcher Position ist, wie die Lasten in Ihrer Familie verteilt sind, welche Arbeiten geteilt, welche delegiert werden und wer jeweils die Verantwortung für die Alltagsorganisation hat. Das schafft Klarheit und beugt Missverständnissen vor.

Um die Arbeitsverteilung in der Familie genauer zu analysieren, können Sie einmal einen *Arbeitskuchen* »backen«. Wer hat welches (Torten-)Stück der Arbeit in der Familie? Dazu malen Sie einen Kreis auf ein Blatt Papier und zeichnen Tortenstücke ein, für jedes mithelfende Familienmitglied eines, jeweils in der Größe des Anteils der Arbeit, die das jeweilige Familienmitglied für die Familie übernimmt. Interessant wird es, wenn alle Familienmitglieder einmal unabhängig voneinander so einen Kuchen aufmalen und im Anschluss daran die Kuchen vergleichen. Wahrscheinlich fallen sie nicht alle gleich aus, weil es unterschiedliche Wahrnehmungen gibt. Die verschiedenen Kuchen könnten eine interessante Gesprächsgrundlage für die Arbeitsverteilung in Ihrer Familie bilden. (Welche Grundregeln Sie bei Ihren Familiengesprächen beachten sollten, erfahren Sie im Kapitel »Kommunikation«.)

Nachdem Beate und Hartmut sich über ihre verschiedenen Auffassungen ausgetauscht haben, sieht der Kuchen folgendermaßen aus:

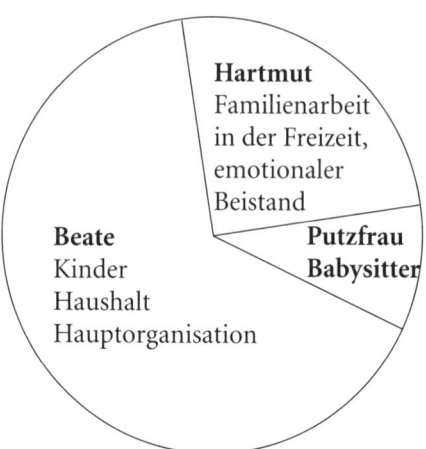

Und bei Andrea und Karsten sah er schließlich so aus:

Haben Sie den Mut, Aufgaben abzugeben

Wenn Sie eine Aufgabe selbst erledigen, dann wissen Sie, wie lange es dauert, dann gehen Sie sicher, dass die Aufgabe Ihren Ansprüchen entsprechend erledigt wird, und Sie behalten selbst die Kontrolle. Wenn Sie eine Aufgabe abgeben, fürchten Sie vielleicht einen Kompetenzverlust, weil Sie die Routine verlieren. Sie könnten auch Bedenken haben, Macht abzugeben, wenn andere die Arbeit tun. Und Sie müssen Vertrauen entwickeln, dass der andere die Aufgabe den Ansprüchen entsprechend ordentlich und ggf. fachgerecht erfüllt. Auf jeden Fall wird etwas anders, wenn Sie die Aufgabenverteilung verändern. Manchen Menschen fällt es aus diesen Gründen schwer, Aufgaben zu delegieren. Sie befürchten vielleicht, dass die Veränderung nicht unbedingt eine Verbesserung sein könnte, dass ihnen alles aus den Händen gleitet, und belassen deshalb lieber alles beim Alten.

In der Familie bleibt jedoch nicht immer alles beim Alten. Der Spruch »Man wächst mit seinen Aufgaben« kommt in der Familie besonders zum Tragen, denn Kinder wachsen schnell, und Sie als Eltern wachsen in die stets sich wandelnden Aufgaben hinein. Viele können sich nach der Geburt des ersten Kindes gar nicht vorstellen, jemals zwei, drei oder gar noch mehr Kinder zu versorgen. Viele Mütter können es sich auch nicht vorstellen, acht Wochen nach der Geburt wieder in ihren Beruf einzusteigen. Das alles ist auch nur möglich, wenn Sie die Arbeit in der Familie teilen oder (teilweise) abgeben. Wenn Sie etwas abgeben, dann bekommen Sie neue Freiheiten und Spielräume, sei es für weitere Kinder, für eine Berufstätigkeit oder Ihre (privaten) Interessen. Dazu müssen Sie es zulassen, dass immer wieder auch andere Menschen in die Arbeiten Ihrer Familie eingearbeitet werden, seien es die Kinder, der Partner oder Hilfskräfte von außen.

Manche Menschen können Arbeit sehr gut abgeben. Nicht umsonst gibt es die Ausformulierung für TEAM = »*Toll, Ein Anderer Macht's*«. Und wenn auch diese Definition einen ironischen Unterton haben mag, so ist Teamarbeit aus der Sicht einer

Führungsperson das Ziel jeden Arbeitens: Als Führungskraft sollen Sie ein Team aufbauen, das zuverlässig alle Arbeiten erledigt, die Sie nicht selbst tun können. Nur so können Sie sich auf das Wesentliche konzentrieren und das Wachstum und die Entwicklung eines Betriebes fördern. Als Eltern sind Sie die Führungskräfte in der Familie, Sie sollen als solche den Überblick behalten und die Weiterentwicklung in der Familie ermöglichen. Deshalb ist es wichtig, dass Sie das Team in der Familie optimal arbeitsfähig halten. Für manche Menschen erfordert es Mut, Verantwortung abzugeben. Wenn Sie sich jedoch vergewissern, dass der andere die Verantwortung zuverlässig trägt, dann sind Sie die Last los und haben am Erfolg teil. Vertrauen und Kontrolle sind allerdings unerlässlich. Wenn Sie die Arbeit in der Familie mit anderen Familienmitgliedern teilen wollen, wenn Sie wirklich Entlastung anstreben, so sollten Sie

- regelmäßige Absprachen mit allen Beteiligten über die zu erledigenden Arbeiten halten,
- sich über die Ziele bestimmter Arbeiten einig werden,
- es zulassen, dass andere eine Arbeit anders machen als Sie selbst,
- die Arbeiten nach Neigungen und Fähigkeiten aufteilen,
- unbeliebte Arbeiten mal von allen machen lassen,
- flexibel bleiben, was die Verteilung und Erledigung der Arbeit betrifft, und
- erledigte Arbeiten würdigen und anerkennen (und das dürfen Sie auch von den anderen über Ihre Arbeit erwarten).

Fangen Sie mit kleinen Aufgaben an. Lassen Sie vielleicht die Kinder den Müll wegbringen, den Tisch decken oder ihre Zimmer aufräumen. Erwarten Sie nicht, dass das auf Anhieb klappt, sondern arbeiten Sie »Ihre Mitarbeiter« liebevoll und konsequent ein. *Betrachten Sie Ihre Kinder als Ihre Auszubildenden, die viel lernen können und wollen.* Mit der Zeit zeigen sich Erfolge, und damit wird Ihr Mut wachsen, mehr Aufgaben abzugeben.

Nur wer lernt, sich von unliebsamen Aufgaben zu trennen, schafft Freiraum für den Genuss des Lebens

Es lohnt sich, Aufgaben abzugeben, um Freiräume für das Wesentliche zu bekommen. Da Ihre Familie ja nicht nur ein Arbeitsbereich ist, sondern auch Ihr privater Bereich, sollten Sie sich die Arbeiten, die Ihnen am wenigsten liegen oder die Sie am schlechtesten können, möglichst vom Hals halten. Was haben Sie davon, wenn Sie sich immer wieder beweisen, dass Sie (auch) unliebsame Tätigkeiten regelmäßig bewältigen? Natürlich müssen Sie manchmal Ihren »inneren Schweinehund« überwinden, und je schneller Sie an die Arbeit gehen, desto schneller ist sie erledigt. Wenn Sie allerdings immer wieder Arbeiten vor sich haben, die Sie eigentlich nicht lieben, die Ihnen lästig sind und die Sie nur tun, weil Sie nun mal gemacht werden müssen, und wenn es für diese Arbeiten nicht genügend Ausgleichsbeschäftigungen gibt, so machen sich schlechte Laune, Unausgeglichenheit und Unzufriedenheit breit. Wenn Sie merken, dass Sie nur wenig Freude an Ihrer alltäglichen Arbeit finden, dann überlegen Sie,

- welche Aktivitäten Ihnen liegen, wofür Sie sich mehr Freiräume wünschen, • welche die Ihnen lästigste Arbeit ist und • wer Ihnen diese Arbeit abnehmen könnte.

Wenn Sie zum Beispiel nicht gerne bügeln, abwaschen oder Bad putzen, beraten Sie innerhalb der Familie, ob jemand anders diese Tätigkeit vielleicht gar nicht so schlimm findet oder sogar gerne tut. Verteilen Sie die Aufgaben nach den Neigungen und Fähigkeiten in der Familie. Bleiben (zu viele) allseits unbeliebte Arbeiten übrig, suchen Sie nach einer gerechten Verteilung oder nach einer Haushaltshilfe oder Tauschdiensten. Trauen Sie sich zuzugeben, wozu Sie keine Lust haben, und versuchen Sie diese Arbeiten als Erstes abzugeben. Es ist kein Ausnutzen, wenn Sie solche

Aufgaben anderen übertragen. Anderen Menschen sind die Arbeiten, die Ihnen lästig sind, vielleicht sogar ganz lieb, und so sollten Sie Neigungen berücksichtigen und sich gegenseitig entlasten. Sie sollten darauf achten, dass Sie einen Großteil Ihrer Arbeit mit Freude machen, denn dann geht sie Ihnen schneller und besser von der Hand, so dass Ihnen mehr Freiraum für all die Genüsse des Lebens bleibt, für all das, was Ihnen wirklich Spaß macht.

Andere machen das Gleiche anders

Helene F. ist froh, endlich eine Putzfrau gefunden zu haben, die ihr einen Großteil der ihr lästigen Putzarbeit abnimmt. Sie kommt jeden Donnerstagvormittag, wenn die vier Kinder in der Schule und im Kindergarten sind. Seit Jahren hat Helene diese Arbeit selbst gemacht und dabei eine bestimmte Reihenfolge und Routine entwickelt. Die Putzfrau geht nun ganz anders ans Werk, macht erst das Klo und dann Dusche und Wanne. Außerdem ist sie in ihren Bewegungen viel langsamer, als es Helene von sich selbst kennt – kurzum: Helene kann es kaum ertragen, der Frau bei der Arbeit zuzuschauen, und will ihr ständig dazwischenfunken. Wenn die Putzfrau nach drei Stunden wieder geht, hat sie (trotzdem) enorm viel geschafft – Helene ist mit dem Ergebnis zufrieden.

Almut Z. hat zwei kleine Kinder, ist halbtags berufstätig und in der Woche mit den Kindern weitestgehend allein. Wenn am Wochenende ihr Mann zu Hause ist, kümmert er sich gern auch einmal um die Kinder. Almut zieht sich dann manchmal zurück und liest ein Buch; das hilft ihr zur Entspannung. Wenn sie dann durch die Tür hört, dass er mit den Kindern ganz anders umgeht als sie, ist sie immer versucht, dazwischenzugehen und ihm zu erklären, wie er es anders zu machen hat. Es fällt ihr schwer, darauf zu vertrauen, dass seine andere Art, mit den Kindern umzugehen, auch genau das Richtige ist. Ihre Befürchtungen bewahrheiten sich häufig gar nicht.

Antje B. hat drei Töchter im Alter zwischen acht und dreizehn Jahren. Sie bemüht sich, die Kinder in die Hausarbeit mit einzubeziehen, erwischt sich jedoch häufig dabei, dass, wenn die Mädchen eine Aufgabe in Angriff nehmen, das Resultat für Antje irgendwie nie gut genug ist. Entweder geht es ihr zu langsam oder es ist ihr nicht ordentlich genug oder die Kinder machen es ganz anders, als sie es ihnen gezeigt hat, weil sie eigene Ideen mit einbringen. Antje kämpft manchmal mit ihrem eigenen Ehrgeiz und ihrer mangelnden Toleranz, so dass die Kinder alles genau so machen müssen, wie sie es ihnen beibringt. Dabei ist es doch eigentlich egal, wie die Unterhosen zusammengelegt werden (Hauptsache, die Kinder finden sie im Schrank wieder) oder wie der Tisch abgewischt wird (Hauptsache, er ist anschließend sauber), oder?

Sicher kennen auch Sie die Problematik, dass der Partner, die Kinder oder die Putzfrau die Arbeit anders machen, als Sie es selbst tun würden. Und auch wenn es Ihnen schwer fällt, dies zu ertragen, es ist eine unabänderliche Tatsache. Andere machen das Gleiche anders als Sie selbst – und Sie sollten mit dieser Tatsache leben lernen. Je schwerer Ihnen das fällt, desto mehr sollten Sie Ihr Augenmerk auf die Ergebnisse richten statt auf die Art und Weise, *wie* »Ihre Mitarbeiter« zu dem Ergebnis gelangen. Schauen Sie den anderen nicht bei der Arbeit zu, sondern würdigen Sie das Ergebnis. Wenn dies Mängel aufweist, können Sie immer noch Korrekturen fordern (oder selbst nacharbeiten).

Motivieren Sie »Ihre Mitarbeiter« zu guten Ergebnissen und freuen Sie sich darüber, wenn diese erzielt werden. Dann wird es Ihnen immer unwichtiger, wie sie zustande gekommen sind.

Sie entscheiden, wie die Arbeitsteilung in der Familie sein soll

Es gibt keine verbindliche Form der Arbeitsteilung in der Familie, keine Strukturen, die grundsätzlich gut oder schlecht für eine Familie sind. Wichtig ist, dass Ihre Strukturen zu Ihnen passen, dass Sie sich darin wohl fühlen und dass in Ihrer Familie möglichst jeder »auf seine Kosten« kommt.

Natürlich gibt es immer Zeiten, in denen die Arbeit einseitig zulasten bestimmter Personen geht, dass z. B. meistens die Mütter sich überwiegend um die kleinen Kinder kümmern, während es eher die Väter sind, die mit den größeren Kindern Fußball spielen. Es kann aber genauso gut umgekehrt sein. Wichtig ist, dass alle Beteiligten mit der Verteilung einverstanden sind. Grundsätzlich gilt: Sie entscheiden selbst, wer in Ihrer Familie welchen Job hat und welchen Job zu welcher Zeit. (Und erinnern Sie sich: Sie *können* entscheiden, und Sie *müssen* entscheiden.)

Wenn Sie mit der Arbeitsverteilung in Ihrer Familie unzufrieden sind, können auch nur *Sie selbst* etwas daran ändern: Sprechen Sie mit allen Beteiligten und versuchen Sie jeweils passende Lösungen zu erarbeiten.

Wenn Sie möchten, dass die Kinder auch Aufgaben im Haushalt übernehmen, binden Sie sie so früh wie möglich in diese Arbeiten mit ein. Bedenken Sie, dass Kinder unterschiedlich begabt sind und unterschiedliche Neigungen haben. Das können Sie berücksichtigen und die Kinder für die eine oder andere Arbeit entsprechend motivieren. Übertragen Sie ihnen so früh wie möglich Aufgaben, die sie (altersgemäß) schon selbstständig erledigen können, und loben Sie gut gemachte Arbeit. Das erhöht das Selbstwertgefühl der Kinder, und die Mithilfe wird von Anfang an selbstverständlich.

Wenn Ihre Kinder schon größer sind und Sie nun feststellen, dass Sie ihnen zu viel abgenommen und zu wenig zugetraut bzw. zugemutet haben, fangen Sie an, sie in die Aufgaben des Alltags einzubinden. Verlangen Sie nicht alles auf einmal, fangen Sie auch hier schrittweise an, die Kinder zu bestimmten Arbeiten zu verpflichten. Es ist nie zu spät, aber Sie müssen immer bedenken, dass die Kinder für alle Aufgaben eine bestimmte »Lehrzeit« brauchen. Je besser die »Lehrlinge« motiviert werden und je mehr sie anerkannt werden, desto mehr Spaß wird ihnen die Arbeit bereiten und desto effektiver werden sie arbeiten. Ein Anreiz könnte sein, dass Sie als Eltern dann mehr Freizeit für die Kinder haben, wenn alle mithelfen und die Arbeit schneller erledigt ist.

Je mehr auch die Kinder in die Familienarbeit mit einbezogen werden, desto eher ist gewährleistet, dass jeder »auf seine Kosten« kommt und dass niemand sich ausgenutzt fühlt, weil jeder weiß, dass alle zur Arbeitsbewältigung beitragen.

Schwierig wird es meistens, wenn die Ansprüche innerhalb der Familie sehr unterschiedlich sind, wenn Sie z. B. großen Wert auf Sauberkeit und Ordnung legen, während Ihr Partner sich noch lange nicht am Schmutz oder herumliegenden Dingen stört. Ihr Partner sieht wahrscheinlich gar nicht, dass etwas aufzuräumen ist, und Sie ärgern sich häufig darüber, dass er so »offensichtliche« Arbeiten nicht erledigt. Manchmal wirkt es so, als könne Ihr Partner besser für sich sorgen, weil er sehr gut darauf aufpasst, sich selbst nicht zu überlasten, während Sie selbst immer darauf bedacht sind, dass die Arbeit erledigt wird, koste es, was es wolle. Wenn Sie solch ein Ungleichgewicht empfinden, ist es nur zu verständlich, wenn Sie deshalb unzufrieden sind.

Manchmal mag es nichtig sein, wenn die Familienarbeit ungleich verteilt ist, und zwar so lange, wie alle Beteiligten damit einverstanden sind und niemand sich ausgenutzt fühlt. Wenn Ihre Ansprüche an Sauberkeit und Ordnung sehr unterschiedlich sind, kann es ja durchaus in Ordnung sein, wenn derjenige, der die höheren Ansprüche hat, auch die Mehrarbeit erledigt und damit die eigenen Bedürfnisse befriedigt.

In jedem Fall sind regelmäßige Absprachen und gegenseitige Informationen notwendig. Tauschen Sie sich regelmäßig darüber

aus, ob alle Familienmitglieder mit der aktuellen Arbeitsverteilung einverstanden sind, und wenn es Unzufriedenheiten oder
neue Erfordernisse gibt, erarbeiten Sie gemeinsam eine Lösung,
ggf. auch Kompromisse, für die Sie immer auch eine »Probezeit«
einkalkulieren müssen. Freuen Sie sich über die Erfolge und die
positiven Auswirkungen Ihrer jeweiligen Arbeitsteilung und versuchen Sie diese immer weiter auszubauen.

Entlastung innerhalb der Familie

Innerhalb der Familie können sich alle an den anfallenden Arbeiten beteiligen! Natürlich ist das bei den Kindern eine Frage des
Alters, aber Sie sollten früh damit anfangen, jedes Familienmitglied entsprechend seinen Fähigkeiten und Neigungen in die
Arbeit einzubeziehen. Wenn Ihr Partner aus beruflichen Gründen bereits sehr eingespannt ist, so muss er nicht unbedingt die
Aufgaben übernehmen, die ihm am wenigsten liegen, aber er
kann zu Ihrer Entlastung beitragen, indem er sich, wenn er zu
Hause ist, z. B. um die Kinder kümmert, mit ihnen spielt, etwas
vorliest oder sie ins Bett bringt. Die Beziehungsarbeit für ihn als
Vater können Sie ihm ohnehin nicht abnehmen. (Umgekehrt
können Sie als Vater natürlich auch nicht die Mutter-Kind-Bezie-
hung gestalten.) In der Zeit, in der sich Ihr Partner um die Kinder kümmert, haben Sie einmal Pause. Oder es ist für Sie eine
große Entlastung, die Hausarbeit einmal schneller und ungestört
zu erledigen.

Die Kinder werden mit zunehmendem Alter selbstständiger
und kompetenter, so dass sie dann auch Aufgaben im Haushalt
übernehmen können. Folgende Aufgaben sind auch schon für
kleinere Kinder geeignet:

- das Kinderzimmer aufräumen (wenn auch anfangs mit Ihnen zusammen)
- Schmutz, der durch Unachtsamkeit entsteht, selbst wieder entfernen (vielleicht sollten Sie sich als Eltern da etwas fern halten, dann klappt das umso besser!)
- den Tisch (teilweise) decken
- das Waschbecken nach dem Zähneputzen ausspülen
- Papierkörbe ausleeren
- Mülltrennung von Anfang an lernen (im Zweifelsfall fragen)
- ihre Jacken und Schuhe immer ordentlich an Ort und Stelle räumen
- sich selbst an- und ausziehen

Vielleicht fallen Ihnen noch weitere Tätigkeiten ein, die auch schon die Kleinen selbst übernehmen können.

Wenn die Kinder dann in die Schule kommen, machen sie in der Regel einen großen Sprung hin zu mehr Selbstständigkeit und können schon größere Aufgaben übernehmen, z. B.:

- eine kurze Zeit allein zu Hause bleiben
- Wege zur Schule oder zum Sport allein gehen
- Hausaufgaben allein machen
- kleine Einkäufe erledigen
- eine kleine Mahlzeit für die Familie vorbereiten (wenn das abgesprochen ist)
- den Tisch selbstständig decken
- eine bestimmte Fläche staubsaugen
- Bad sauber halten
- Hilfe beim Abwasch
- aufräumen
- Wäsche aufhängen oder legen
- Hilfe bei der Gartenarbeit oder eigenes Gartenstück bewirtschaften

Nach und nach werden Sie die Kinder in neue Aufgaben einarbeiten und wissen selbst am besten, welchem Kind Sie welche Aufgabe schon selbstverantwortlich übertragen können und welches Kind noch Anleitung oder Kontrolle braucht. Es gibt verschiedene Modelle, nach denen Sie die verschiedenen Arbeiten in der Familie verteilen können:

1. Sie können die anfallenden Arbeiten auf einer Liste notieren und gleich verteilen. Tragen Sie wochenweise darin ein, wer was zu erledigen hat, und wenn es erledigt ist, kann es ausgestrichen werden. Sie sollten gleichzeitig klären, wer kontrolliert, ob alles ordentlich gemacht ist, und was passiert, wenn sich jemand drückt. Es ist ratsam, dass derjenige, der für eine Aufgabe verantwortlich ist, auch selbst für eine »Vertretung« sorgt, wenn er nicht dazu kommt.

2. Sie können in Ihrem Wochenplan festlegen, wann eine Arbeit (spätestens) fertig sein soll. Noch einfacher ist es meist (besonders für die Kinder), wenn Sie den Zeitpunkt für eine Arbeit von vornherein festlegen, dann schiebt niemand etwas vor sich her.

3. Sie können ein Punktesystem einführen. Dabei werden alle anfallenden Arbeiten aufgelistet, und für jede Aufgabe gibt es eine bestimmte Anzahl an Punkten (oder Sternchen). Bei einer bestimmten Anzahl von Punkten oder Sternchen gibt es eine Belohnung.

4. Erfahrungsgemäß klappt es am besten, wenn zu einer bestimmten Zeit die ganze Familie im Haushalt arbeitet. Wenn die Kinder das Haus immer blitzsauber vorfinden, woher sollen sie wissen, wie viel Arbeit drinsteckt? Wenn alle Familienangehörigen zur gleichen Zeit arbeiten, lernen sie den Wert der Arbeit schätzen und sind eher selbst darauf bedacht, das Haus sauber und ordentlich zu halten. Das verringert nämlich unmittelbar die Arbeitszeit für *alle* Beteiligten. Außerdem: So wie es für Sie frustrierend ist, wenn Sie arbeiten und alle anderen sich »vergnügen«, so ist es auch für die Kinder. Wenn Sie

alle zusammenarbeiten, bis das Tagespensum erledigt ist, hat niemand allein für die anderen gearbeitet, und alle lernen, dass Sie gemeinsam viel schneller ans Ziel gelangen und jeder mehr Zeit für sich oder die Familie hat.

Manchmal ist es schwer, alle zu motivieren, und besonders Kinder finden die tollsten Ausreden, warum sie diese oder jene Arbeit nicht tun können, bis dahin, dass sie Ihnen ab einem bestimmten Alter erklären, dass »Kinderarbeit« verboten ist. (Dann erwidern Sie, niemand würde von ihnen verlangen, dass sie für einen Hungerlohn Teppiche knüpfen sollen.) Motivieren Sie sich immer wieder selbst, zeigen Sie Verständnis für lustlose Phasen und seien Sie ein gutes Vorbild! Sie können sicher sein, dass das, was Sie Ihren Kindern vorleben, eine überzeugende Wirkung hat (auch wenn diese nicht immer sofort sichtbar ist). Es ist allerdings wichtig, dass Sie ehrlich miteinander umgehen, denn Sie können den Kindern nichts vormachen. Sie vergeben sich nichts, wenn Sie gestehen, dass auch Sie manchmal mit dem »inneren Schweinehund« kämpfen. Und wenn Sie selbst diesen Kampf manchmal verlieren, so sollten Sie es auch den Kindern einmal zugestehen.

Wichtig sind auf jeden Fall regelmäßige Absprachen und die Möglichkeit, dass alle Beteiligten Beschwerden und neue Anregungen loswerden können, damit Sie ständig Ihre Arbeitsteilung optimieren.

Ihrer Fantasie und Ihrer Kreativität für die Motivation der »Mitarbeiter« sind keine Grenzen gesetzt. Hauptsache, Sie gehen davon aus, dass nicht Sie die Bediensteten sind, sondern dass sich alle Familienangehörigen im Rahmen ihrer Möglichkeiten an der Familienarbeit beteiligen.

Entlastung durch Familienangehörige

Wenn Geschwister oder Eltern in der Nähe wohnen, die Ihnen ab und zu unter die Arme greifen, so sollten Sie diese Angebote auch nutzen. Zum einen unterstützen und entlasten diese Familienangehörigen Sie bei Ihrer Arbeit, zum anderen pflegen sie gleichzeitig die Beziehung zu den Nichten, Neffen oder Enkelkindern und stärken so die Familienbande.

Die familiäre Nähe macht es einerseits leicht, denn die Familie hat meistens ein Interesse an regelmäßigem Austausch und der Pflege der Beziehungen. Sie treffen sich sowieso mehr oder weniger regelmäßig, und die Kinder können leichter Kontakt zu einer Großmutter oder einer Tante aufnehmen als zu fremden Personen. Deshalb werden Sie von Familienangehörigen in den meisten Fällen auch am ehesten durch Kinderbetreuung oder gemeinsame Ausflüge mit den Kindern entlastet.

Andererseits sind die emotionalen Verbindungen zu Familienangehörigen enger und verstrickter als zu Leuten, die nicht zur Familie gehören. Wenn ein Kind geboren wird, strukturiert sich die ganze Familie neu. Besonders wenn es das erste Enkelkind ist, macht es die Eltern zu Großeltern und versetzt sie sozusagen in die »nächste Generation«. Nicht für alle frisch gebackenen Großeltern ist es einfach, mit diesem Generationswechsel fertig zu werden.

Viele Großeltern erziehen weiterhin ihre »Kinder«, auch wenn diese schon selbst Eltern geworden sind, meist ohne es zu merken. Sie verknüpfen mit der Geburt der neuen Generation den Wunsch, dass die »Kinder« ihre Kinder entweder genauso erziehen, wie sie es selbst getan haben, oder dass die »Kinder« aus den Fehlern lernen, die sie selbst gemacht haben, und alles besser machen sollen.

Die »Kinder«, die nun selbst Eltern geworden sind, reagieren darauf manchmal sehr empfindlich. Auf der einen Seite ist für sie die neue Verantwortung für die eigenen Kinder mit großen Unsicherheiten verbunden. Auf der anderen Seite haben sie eigene Vorstellungen von Erziehung und Familie und sind hin und her gerissen zwischen den eigenen Ansprüchen und dem unaufhörlichen Wunsch, den Eltern zu gefallen. Sie fühlen sich leicht zu Unrecht kritisiert, wenn die Eltern oder Schwiegereltern mit Tipps und Ratschlägen bezüglich der Behandlung und Erziehung der Kinder aufwarten.

Deshalb kann die Unterstützung durch Familienangehörige auch eine heikle Angelegenheit sein, für die es viel Behutsamkeit, Achtung, Toleranz und manchmal neue Positionsbestimmungen braucht. Denn was nützt es Ihnen, wenn Ihre Mutter oder Schwiegermutter Ihnen ab und zu das Kind (oder die Kinder) abnimmt, damit Sie in Ruhe etwas erledigen können, wenn Sie hinterher einen mittleren Nervenzusammenbruch erleiden?

In vielen Fällen rühren solche Verletzlichkeiten aus alten Familiengeschichten, die nicht mehr zu verändern sind. Was Sie jedoch verändern können, ist Ihre innere Haltung dazu. Manchmal müssen dazu einige Dinge nachträglich geklärt werden, vielleicht mit den Eltern oder den Geschwistern, vielleicht aber auch nur für Sie selbst. Manchmal kann der Partner (oder die Partnerin) dabei helfen, und manchmal ist eher eine psychologische Beratung hilfreich, um sich von bestimmten »alten Geschichten« zu verabschieden und eine neue innere Position zu finden. Je mehr Sie sich über Ihre innere Haltung in Bezug auf Ihre Herkunftsfamilie im Klaren sind, desto besser können Sie sich abgrenzen, wo es nötig ist. Gleichzeitig wird es Ihnen leichter fallen, die Hilfe von Familienangehörigen in Anspruch zu nehmen, wenn Sie sie als echte Hilfe empfinden.

Entlastung durch Freunde

Wenn Sie Freunde haben, die Ihnen gelegentlich etwas abnehmen, so sind Sie mit ihnen nicht so eng verstrickt wie mit Familienangehörigen. Häufig entwickeln sich Kontakte zu (neuen) Freunden, wenn Sie etwa gleichaltrige Kinder haben. Sie schlagen gleich zwei Fliegen mit einer Klappe: Zum einen pflegen Sie die Freundschaft, zum anderen bietet sich hin und wieder die Möglichkeit zur gegenseitigen Entlastung. Sie können sich austauschen über Freud und Leid des Alltags und sich gegenseitig beraten, wenn Sie Probleme haben oder unsicher sind. Sie können sich auch (gegenseitig) die Kinder abnehmen, um andere Dinge in Ruhe zu erledigen. Solange die Kinder klein sind, geht das meist sehr gut.

Aber was ist, wenn die Kinder größer werden und sich womöglich streiten, sobald sie sich sehen? Oder was ist, wenn Sie das Kind Ihrer Freunde nicht mehr mögen oder wenn die Freundin oder der Freund Ihr Kind nicht mag? Das sind häufig Gründe, warum solche Freundschaften dann wieder auseinander gehen.

In Freundschaften gibt es viele Fallen. Sie sollten sich daher folgende Fragen genau überlegen:

- Warum und wofür sind Sie Freunde?
- Sind Sie mit den Eltern befreundet oder sind die Kinder Freunde?
- Steht die Freundschaft im Vordergrund oder die gegenseitige Entlastung?
- Setzen Sie womöglich die Freundschaft aufs Spiel, wenn Sie Kinderstreitigkeiten zu Ihren Streitigkeiten machen?
- Wie gehen Sie damit um, wenn die Kinder keine Freunde (mehr) sind?

Bemühen Sie sich, deutlich zu trennen: Wer will was von wem? Wenn Ihnen das klar ist, können Sie in Konfliktsituationen zielstrebig nach konstruktiven Lösungen suchen.

Vielleicht haben Sie Freunde, mit denen Sie gar nicht über die Kinder verbunden sind. Nur selten halten Freundschaften, wenn der eine Kinder hat und der andere nicht. Wenn so eine Freundschaft trotzdem hält, dann ist es eine echte Freundschaft, die (trotz aller Unterschiede in den aktuellen Alltagserlebnissen) zu pflegen sich lohnt. Von Freunden ohne Kinder können Sie meist nur wenig Verständnis für den Familienalltag erwarten, und Sie sollten sie deshalb auch nicht allzu sehr mit diesen Inhalten strapazieren, sondern sich andere Gemeinsamkeiten erhalten.

Wenn Sie Freunde haben, deren Kinder vom Alter her nicht zu Ihren Kindern passen, so ist auch der Familienalltag eher unterschiedlich. Freunde mit älteren Kindern können Ihnen manchmal gute Babysitter vermitteln.

Aber auch gemeinsam mit Freunden, die keine Kinder oder keine Kinder im Alter Ihrer Kinder haben, finden Sie oft einen guten Ausgleich zu Ihrem anstrengenden Alltag. Vielleicht treiben Sie gern Sport zusammen, gehen ins Kino oder zum Tanzen, spielen Gesellschaftsspiele oder haben gemeinsame Interessen an Literatur, Philosophie oder Politik. Zumindest ist die Freundschaft nicht von der Beziehung der Kinder untereinander abhängig. Solche Freunde übernehmen nur selten direkt Dienste in Ihrer Familie, weil es dafür wahrscheinlich keine Gegenleistung gibt. Und wenn diese Freunde Sie doch hin und wieder im Familienalltag unterstützen, dann lassen Sie diese Hilfe nicht einseitig werden, sondern überlegen Sie, wie Sie sich revanchieren können. Langfristig braucht auch die beste Freundschaft Gegenleistungen, wenn sie von Dauer sein soll.

Die Tatsache, dass Sie überhaupt Freunde haben, ist vielleicht schon eine große Entlastung. Es lohnt sich immer, Freundschaften zu pflegen, damit Sie im Notfall auf Hilfe zählen können. Denn wer hilft schon gern jemandem, der sich immer nur meldet, wenn er etwas von einem will? Gehen Sie fair und behutsam mit Ihren Freunden um. Nutzen Sie die Freundschaften, aber nutzen Sie sie nicht aus! Dann haben Sie neben der Freude an den Freunden auch die Sicherheit, dass Sie im Notfall nicht allein sind.

Entlastung durch Tauschdienste

Wenn Sie nur wenig oder keine Unterstützung von Familie und Freunden haben, wenn Sie keine bezahlten Kräfte in Ihrem Haushalt beschäftigen können oder wollen, wenn es in Ihrer Familie (trotz Arbeitsteilung) immer wieder Arbeiten gibt, die liegen bleiben, weil niemand dafür Lust oder Zeit hat, dann sollten Sie einmal über Tauschdienste nachdenken.

Für Tauschdienste können Sie sich direkte Partner suchen, mit denen Sie einen Tauschhandel vereinbaren, z. B.: Du bügelst unsere Hemden und ich schneide euch dafür die Haare. Oder: Du putzt meine Fenster und ich mache deine Steuererklärung. Oder: Du hütest meine Kinder ein paar Stunden die Woche und ich flicke deine Wäsche. Oder: Du zupfst bei mir Unkraut und ich mähe deinen Rasen … Besonders günstig im direkten Tausch ist die gegenseitige Kinderbetreuung: Heute nehme ich deine Kinder, morgen bringe ich dir meine Kinder. Das verschafft Ihnen freie Zeit, und die Mehrbelastung durch die zusätzliche Betreuung der fremden Kinder ist für die meisten Eltern verschwindend gering. Oft ist es mit der Zeit sogar eine Entlastung, wenn noch ein zusätzliches Kind bei Ihnen ist, denn ab ca. zwei Jahren fangen die Kinder an, miteinander zu spielen, und hängen dann nicht immer an Ihrem »Rockzipfel«. Auch jüngere Kinder können sich häufig länger ins Spielen vertiefen, wenn noch ein Spielgefährte im Haus ist.

Wenn Sie außer Kinderbetreuung noch andere Arbeiten direkt tauschen wollen, sollten Sie sich überlegen, was Sie besonders gern tun oder besonders gut können, was Sie also zu bieten haben. Und auf der anderen Seite müssen Sie sich überlegen, welche Arbeiten Sie dafür loswerden möchten. Suchen Sie sich Tauschpartner über Kleinanzeigen, Anschläge an schwarzen Brettern in Kindergärten, Elternschulen, Familien-Bildungsstätten oder sonstigen kulturellen Einrichtungen. Erzählen Sie allen Leuten, die Sie kennen, von Ihren Tauschwünschen, und fragen Sie herum, um einen passenden Partner zu finden.

Wenn Sie vielleicht an mehreren Tauschgeschäften interessiert sind oder wenn Sie keinen direkten Partner für Tauschdienste finden, dann gibt es die Möglichkeit, dass Sie sich einem Tauschring anschließen – oder einen gründen. In vielen Orten gibt es bereits solche Tauschringe für Familien-Dienstleistungen. Dort haben Sie zwar meist keinen direkten Tauschpartner, doch sobald Sie für ein anderes Mitglied eine Arbeit übernehmen, bekommen Sie eine bestimmte Anzahl Punkte oder Einheiten (die »Währung« der verschiedenen Tauschringe hat die unterschiedlichsten Namen) gutgeschrieben, abhängig von der Zeit, die Sie für jemand anderen gearbeitet haben, aber unabhängig von der Art der Arbeit. Diese Punkte können Sie dann wieder für die Dienste anderer »ausgeben«. So verrichten Sie in anderen Haushalten Arbeiten, die Sie gerne tun oder die Ihren Fähigkeiten entsprechen, und dafür übernimmt jemand anderes Ihre ungeliebten Aufgaben. So graben Sie zum Beispiel heute für Frau Müller den Garten um oder bügeln ihr die Hemden, dafür kommt vielleicht morgen Frau Meier und putzt Ihre Fenster.

Erkundigen Sie sich, ob es in Ihrer Nähe schon einen Tauschring gibt. Meistens wissen die kommunalen Gleichstellungsbeauftragten oder die Familien-Bildungsstätten darüber Bescheid. Wenn nicht, können Sie selbst einen solchen Tauschring gründen. Ihre Gleichstellungsbeauftragte wird Ihnen dabei sicherlich mit Rat und Tat zur Seite stehen.

Entlastung durch bezahlte Kräfte

Schließlich gibt es noch die Möglichkeit, bestimmte Arbeiten an bezahlte Kräfte abzugeben: z. B. an eine Haushaltshilfe, eine Köchin, eine Kinderfrau, einen Babysitter, einen Fensterputzer oder einen Gärtner. Sie können sich auch mit mehreren Familien zusammenschließen und gemeinsam eine solche Kraft bezahlen. Das entlastet das Portemonnaie jeder einzelnen Familie, erfordert aber klare Absprachen aller Beteiligten. Ein solches Modell bietet sich besonders an, wenn es um Kinderbetreuung geht.

Für manch eine Familie ist ein Au-pair-Mädchen eine gute Lösung, das 30 Stunden wöchentlich für Kinderbetreuung und leichte Hausarbeiten zur Verfügung steht. Hier müssen Sie allerdings bedenken, dass die jungen Mädchen für die Dauer ihres Aufenthalts in Ihrer Familie quasi »Familienmitglieder« werden.

Einige Arbeiten lassen sich auch gut außerhalb Ihres Haushaltes erledigen:

Sie können

- Ihr Kind bei einer Tagesmutter betreuen lassen,
- (einen Teil der) Wäsche in eine Wäscherei oder Reinigung bringen,
- das Essen (gelegentlich) bestellen,
- für Feste einen Partyservice beauftragen oder
- sich (einen Teil der) Einkäufe nach Hause bringen lassen.

Bedenken Sie bei allen bezahlten Kräften auch, dass diese die Arbeit wahrscheinlich anders machen als Sie selbst. Sie müssen gut eingearbeitet werden, klare Anweisungen bekommen und regelmäßig kontrolliert werden. Lassen Sie jeder Hilfskraft ihre »Macke«, suchen Sie immer den optimalen Kompromiss. Dann können Sie Ihre dadurch gewonnenen Freiräume nutzen und die Ergebnisse und Erfolge genießen.

Kommunikation

Unter Kommunikation versteht man die wechselseitige Verständigung zwischen zwei oder mehreren Individuen. Dazu gehören alle Arten von verbalen Mitteilungen, also alles, was Menschen sprechen oder schreiben, aber auch die so genannte nonverbale Kommunikation. Mit nonverbaler Kommunikation meint man alle Mitteilungen, die nicht über die Sprache, sondern über den Körper (die Haltung, die Stimme, der Gesichtsausdruck etc.) oder über das Gefühl gesendet bzw. aufgenommen werden.

Die Kommunikation in der Familie ist eine wesentliche Form des Umgangs miteinander. Jeder kommuniziert mit jedem: Vater mit Mutter, Mutter mit Vater, Vater mit Kind, Mutter mit Kind, Kind mit Mutter, Kind mit Vater, Kind mit Kind usw. Wenn Sie sich noch einmal die Abbildung auf S. 59 anschauen, dann sehen Sie, wie viele einzelne Personen miteinander kommunizieren, die alle durch ein Beziehungsgeflecht vernetzt sind. Je größer die Familie, desto vielschichtiger ist auch die Kommunikation innerhalb der Familie.

Die Kommunikation zwischen Menschen ist immer abhängig von

- der Beziehung, die die Kommunizierenden zueinander haben (mit dem Partner gehen Sie anders um als mit Ihrem Kind oder mit Ihrem Chef),
- der Laune oder der Tagesform (wenn Sie »gut drauf« sind, gehen Sie anders mit Ihren Mitmenschen um und nehmen auch deren Kontaktangebote anders an, als wenn es Ihnen nicht so gut geht),
- den gegenseitigen Erwartungen und Zielen (wenn Sie etwas von einem anderen wollen, begegnen Sie ihm anders, als wenn Sie wissen, dass er etwas von Ihnen will).

Die Kommunikation wird immer auch geprägt durch die Körpersprache, durch den Ton, den Sie anstimmen, und durch Ihre Haltung. Deshalb werden Sie das Gesagte mit Ihrer Stimme und Haltung entweder bestätigen oder auch dementieren. (Wenn Ihnen jemand mit verschränkten Armen und in aggressivem Ton sagt: »Ich liebe dich«, dann ist das entweder ein Scherz oder es ist nicht sehr viel dran.)

Neben der eigenen Familie haben Sie eine Reihe von anderen Mitmenschen, mit denen Sie kommunizieren. Da jede Kommunikation die Gefahr birgt, dass es Missverständnisse gibt, lohnt es sich, einmal über die Kommunikation im Alltag nachzudenken.

Kommunikation zwischen den Eltern

Als Eltern haben Sie viele Möglichkeiten, aber auch Notwendigkeiten der Kommunikation miteinander. Sie leben in Ihrer Beziehung auf der einen Seite als Paar und haben entsprechende Erwartungen aneinander. Auf der anderen Seite sind Sie Eltern, haben jeder für sich Erwartungen an die Kinder und gleichzeitig

Erwartungen an den Partner bezüglich der (gemeinsamen) Erziehung der Kinder.

Wenn das erste Kind geboren wird, so ergibt sich bei vielen Paaren eine andere Art der Kommunikation. Die körperliche Beziehung wandelt sich schon allein durch die körperliche Veränderung der Frau und die Beziehung wandelt sich insgesamt durch das neue, gemeinsame »Projekt«. Bisher waren Sie aufeinander bezogen, auf Ihren Beruf, auf Freunde oder Ihre Hobbys, und nun tragen Sie die gemeinsame Verantwortung für Ihren Nachwuchs und Ihre Familie.

Manche Paare kümmern sich so intensiv um den Familienzuwachs, dass die Beziehung als Paar weitestgehend in den Hintergrund tritt. Wenn dies für beide Partner in Ordnung ist, dann ist das eine Entscheidung, die Sie als Paar getroffen haben und über die Sie sich offensichtlich einig sind.

Bei vielen Paaren ist es jedoch so, dass sich ein Partner mehr um das neue Familienmitglied kümmert (meist die Frau), während der andere Sehnsucht nach mehr Partnerschaft hat. Viele Frauen haben nach der Geburt eines Kindes nur wenig oder keine Lust auf Sex, oder ihre Sexualität hat sich grundlegend verändert. Dazu kommen der veränderte Tagesablauf, ein neuer Tag-Nacht-Rhythmus und die Verantwortung für das Kind, mit der sich manche Eltern zunächst überfordert fühlen. Diese Veränderungen stellen die meisten Paare auf eine harte Probe und es ergeben sich nicht selten erhebliche Spannungen aus dem Missverhältnis der Bedürfnisse. (Mindestens ein Drittel aller Eltern sechsjähriger Kinder leben getrennt und die Ursprünge der Trennung liegen meistens in den ersten eineinhalb Jahren nach der Geburt.)

Deshalb sollten Sie (besonders in der ersten Zeit nach der Geburt) Ihre Kommunikation kultivieren:

- Tauschen Sie sich regelmäßig aus über Ihre Erlebnisse, Ihre Gedanken, Ihre Bedürfnisse, Ihre Wünsche, aber auch Ihre Ängste und Sorgen.
- Berühren Sie sich mindestens einmal am Tag. Auch wenn es

(zeitweise) vielleicht keine oder nur wenig Zärtlichkeiten zwischen Ihnen gibt, fassen Sie sich an, spüren Sie den körperlichen Kontakt zum anderen. Lassen Sie auch den Körper erleben, dass der andere noch da ist.

- Sorgen Sie dafür, dass Sie auch einmal Zeit zu zweit haben, dass es Sie auch noch ohne Kind(er) gibt.
- Versuchen Sie zu trennen zwischen unterschiedlichen Meinungen und gegenseitigen Erwartungen und Enttäuschungen. Wo sind Kompromisse nötig? Und wo sind Kompromisse möglich?
- Reden Sie nicht nur über die Kinder. Finden Sie auch andere Themen, die Sie miteinander verbinden: Ihre Paarbeziehung, Hobbys, Freunde, Politik, Sport, Musik, Kunst oder sonstige Themen, die Sie beide interessieren.
- Beachten Sie bei Ihren Auseinandersetzungen immer: Wie können Sie sich gegenseitig unterstützen, statt sich gegenseitig fertig zu machen?

In Zeiten der Überforderung suchen viele Menschen schnell nach einem Schuldigen für ihre ausweglos erscheinende Situation. Und in der Familie gibt es immer wieder Zeiten, in denen sich ein Elternteil oder beide Eltern überfordert fühlen. Die Kinder werden Sie dann kaum anklagen, aber der Partner oder die Partnerin wird in solchen Situationen leicht zum Sündenbock. Um an dieser Stelle die Beziehung nicht aufs Spiel zu setzen, empfehle ich Ihnen regelmäßige Zwiegespräche. Michael Lukas Möller hat in seinem Buch »Die Wahrheit beginnt zu zweit« sehr hilfreiche Regeln dafür aufgestellt.

Wenn Sie das Gefühl haben, allein nicht weiterzukommen, so ist es ratsam, eine Ehe- oder Familienberatung aufzusuchen. Manchmal helfen schon einige wenige Sitzungen, damit Sie eine gemeinsame Linie wiederfinden. Beratung oder Therapie sind kein Zeichen von Verrücktheit oder Kapitulation, sondern die Inanspruchnahme professioneller Hilfe, wie Sie es in anderen Bereichen auch kennen:

- Wenn Sie mit dem Putzen nicht mehr fertig werden, besorgen Sie sich eine Haushaltshilfe.
- Wenn Sie krank sind, gehen Sie zum Arzt.
- Wenn das Auto kaputt ist und Sie es nicht selbst reparieren können, bringen Sie es in eine Werkstatt.

Genauso ist es mit Ihrer Beziehung: Solange alles gut läuft, brauchen Sie keine Hilfe. Wenn es aber Probleme gibt, so ist es auch hier ratsam, (rechtzeitig) professionelle Unterstützung zu suchen.

Kommunikation zwischen Eltern und Kindern

Kinder erlernen den Umgang mit anderen Menschen hauptsächlich durch ihre Vorbilder. Sie lernen sprechen, weil Sie als Eltern vom ersten Tag an mit ihnen sprechen, auch wenn die verbale Kommunikation zunächst eine einseitige ist. Im zweiten Lebensjahr beginnen die Kinder dann, die Laute für die verschiedenen Bedeutungen nachzuahmen, bis sie ein bis zwei Jahre später auch ganze Sätze mit komplexerem Inhalt vollbringen. In den verschiedenen Lebenslagen und -phasen lernen sie zu sprechen, zu fragen, zu antworten, zu streiten, zu lieben, zu verhandeln, zu trösten, zu provozieren und sich wieder zu vertragen – kurz: das ganze Spektrum menschlicher Kommunikation. Sie als Eltern sind dafür das wesentliche Vorbild. Großeltern, Tanten, Onkel, Nachbarn, Lehrer und andere Menschen aus Ihrer Umgebung können auch auf die Umgangsformen Ihres Kindes mit einwirken, aber Sie als Eltern stehen hier an erster Stelle. Einer meiner Kursteilnehmer sagte einmal: »Da hilft die beste Erziehung nichts, die Kinder tun doch nur, was die Eltern ihnen vormachen.« Deshalb sollten Sie sich in erster Linie darum bemühen, *selbst das Vorbild für das zu sein, was Sie Ihren Kindern vermitteln wollen.*

Verlangen Sie von Ihren Kindern keine besseren Umgangs- oder Ausdrucksformen, als Sie es ihnen täglich vorleben. Wenn Sie wollen, dass Ihre Kinder nicht fluchen, hören Sie als Erstes selbst damit auf. Wenn Sie möchten, dass Ihre Kinder sich bei Tisch und in Gesellschaft anständig benehmen, dann pflegen Sie auch zu Hause gute Sitten.

Und der zweite wichtige Punkt ist: *Berücksichtigen Sie den Entwicklungsstand Ihrer Kinder!*

Wenn Kinder sprechen können, glauben Sie als Eltern häufig, dass die Kinder auch alles verstehen können. Rein von der Sprache her mag das auch so sein, aber die Bedeutung – und auch die (moralischen) Folgen – sind den Kindern noch lange nicht klar. Als Erwachsene haben Sie ein ausgeprägtes Bewusstsein für Werte. Dieses erreicht ein Kind jedoch erst im Alter von 12 bis 14 Jahren in vollem Umfang, in manchen Fällen sogar noch später. So lange dauert es also, bis die Kinder in der Lage sind, die (moralischen) Folgen ihres Handelns abzusehen. So wie Sie zwei Jahre mit den Kindern gesprochen haben, bis das erste Wort herauskam, so müssen Sie sich über Jahre mit dem Verhalten der Kinder in allen Alltagssituationen beschäftigen, bis sie die verschiedenen Formen menschlicher Auseinandersetzung kennen und anwenden können.

Wie verzweifelt ist manche Mutter, wenn der Fünfjährige »zum hundertsten Mal« in eine Prügelei verwickelt ist: »Dabei weiß er doch ganz genau, dass er den anderen nicht wehtun soll! Und ich habe ihm doch schon hundertmal erklärt, dass er mit Worten streiten soll!«, klagt die geplagte Mutter. Richtig! Sie tut gut daran, dass sie ihm regelmäßig und konsequent freundlich Alternativen zur körperlichen Auseinandersetzung anbietet. Sie wird auch weiterhin immer wieder in solchen Situationen helfen müssen. Denn Kinder, die – aus welchen Gründen auch immer – zu Prügeleien neigen, brauchen konsequent gute *Vorbilder für andere Verhaltensweisen.* Nur so kann man sicher sein, dass auch dieses

Kind langfristig lernt, sich in solchen Situationen anders zu verhalten.

Genauso verhält es sich auch bei Kommunikationsmustern. Verzweifeln Sie nicht. Bleiben Sie dabei, unermüdlich vorzumachen, was die Kinder lernen sollen.

Und wenn es zu innerfamiliären Konflikten und Auseinandersetzungen kommt, dann sprechen Sie darüber, wenn alle sich wieder beruhigt haben. Auch kleinen Kindern können Sie schon erklären, was gewesen ist, wenn einmal etwas schief gelaufen ist. Sie verstehen vielleicht nicht die Zusammenhänge, aber sie spüren etwas aus der Atmosphäre heraus. Und wenn Sie über Konflikte sprechen, dann entwickelt sich von Anfang an Offenheit in der Familie, so dass die Kinder später auch offen über alles mit Ihnen sprechen können. So wie Sie Fehler eingestehen und wieder gutmachen, so wird dies auch den Kindern leichter fallen. Aber denken Sie immer daran: Sie als Eltern sagen grundsätzlich, wo es langgeht. Sie treffen die wesentlichen Entscheidungen und die Kinder brauchen Ihre Sicherheit zu ihrer Orientierung (s. a. S. 72 f.).

Regelmäßige Gespräche in der Familie sind wichtig

Nehmen Sie sich Zeit für Gespräche, nicht nur mit Ihrem Partner, sondern mit allen Familienmitgliedern. Wenn die Altersspanne zwischen den Kindern sehr groß ist, dann ist es ratsam, die Familie hin und wieder in Gesprächsgruppen zu teilen, denn die Gespräche mit Zehn- oder Fünfzehnjährigen gestalten sich anders als mit Klein- und Kleinstkindern, die Ansprüche an die Gesprächsqualität sind bei älteren Kindern natürlich größer.

Grundsätzlich bieten sich die gemeinsamen Mahlzeiten an, um Gespräche mit allen zu führen, egal, wie viel verschiedene Alters-

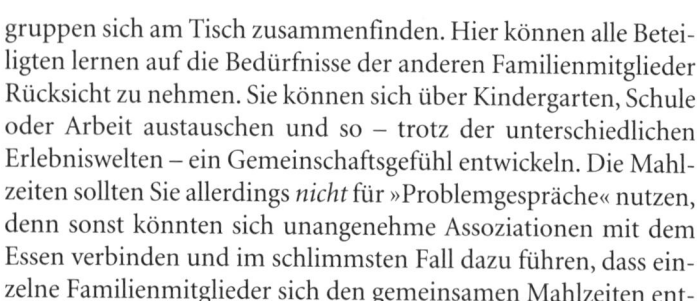

gruppen sich am Tisch zusammenfinden. Hier können alle Beteiligten lernen auf die Bedürfnisse der anderen Familienmitglieder Rücksicht zu nehmen. Sie können sich über Kindergarten, Schule oder Arbeit austauschen und so – trotz der unterschiedlichen Erlebniswelten – ein Gemeinschaftsgefühl entwickeln. Die Mahlzeiten sollten Sie allerdings *nicht* für »Problemgespräche« nutzen, denn sonst könnten sich unangenehme Assoziationen mit dem Essen verbinden und im schlimmsten Fall dazu führen, dass einzelne Familienmitglieder sich den gemeinsamen Mahlzeiten entziehen.

Wenn es um Probleme, die Planung oder die Arbeitsverteilung geht, sollten Sie sich alle auf das Gespräch konzentrieren können und nicht nebenbei andere Dinge tun. Für solche Gespräche sollten Sie eine angenehme Atmosphäre schaffen, in der sich alle Beteiligten wohl fühlen. Für Ihre Planung und Arbeitsverteilung müssen Sie sich regelmäßig absprechen – das fällt den meisten nicht besonders schwer. Nehmen Sie sich aber auch Zeit, um über Probleme zu sprechen! In manchen Familien gibt es regelmäßige »Konferenzen«, in denen alle Schwierigkeiten erörtert werden (Thomas Gordon hat zu diesem Thema sein Buch ›Familienkonferenz‹ verfasst.) In anderen Familien werden Probleme »nach Bedarf« besprochen. Aber sprechen Sie sie auf jeden Fall an: Die Tatsache, dass man über ein Problem nicht spricht, lässt es nicht verschwinden! Unausgesprochenes gärt allzu leicht unter der Oberfläche und führt an unpassenden Stellen zu unangemessenen Explosionen. Deshalb sollten Sie Probleme nicht allzu lange anstehen lassen, sondern rechtzeitig gemeinsam nach Lösungen suchen.

Neben den Gesprächen in der Familie sollten die Kinder auch die Möglichkeit zu Einzelgesprächen mit den Eltern haben. Dadurch bekommt ein Kind einmal ungeteilte Aufmerksamkeit und hat die Möglichkeit, auch Dinge anzusprechen, die es vielleicht nicht so gerne mit allen besprechen möchte. Wenn dies tagsüber nicht möglich ist, so bietet es sich an, vor dem Einschlafen zu jedem Kind zu gehen und ihm vor dem Gutenachtsagen noch einmal »das Ohr zu leihen«. Dies ist auch deshalb ein guter Zeitpunkt, damit die Kinder noch alles loswerden können, um ruhig einzuschlafen. Bei der Gelegenheit können Sie auch den folgenden Tag mit dem Kind besprechen, damit es sich innerlich auf die kommenden Ereignisse einstellen kann. Wenn mehrere Kinder in einem Zimmer schlafen, dann können Sie das Gespräch entweder an einen anderen Ort verlegen oder es doch bereits während des Tages führen. Jedes Kind braucht jedoch regelmäßig die Möglichkeit, auch einmal ungeteilte Aufmerksamkeit zu genießen.

Bei allen Gesprächen sollten Sie einige Grundregeln beachten:

1. Hören Sie zu, wenn jemand spricht. Wenn Sie gerade nicht zuhören können (z. B. weil Sie gerade mit Ihren Gedanken woanders sind oder die Akustik die Kommunikation unmöglich macht), unterbrechen Sie den Sprechenden und bitten Sie ihn, es zu einem späteren Zeitpunkt noch einmal zu erzählen, damit Sie es wirklich aufnehmen können.

2. Lassen Sie den anderen aussprechen, unterbrechen Sie ihn nicht und lassen Sie sich nicht vom anderen unterbrechen.

3. Werten Sie nicht, sondern nehmen Sie erst einmal auf, was der andere Ihnen sagt. Antworten Sie innerlich mit der Reaktion: »Aha, das hat er also gesagt.« Versuchen Sie das Gesagte aus der Perspektive des Sprechenden zu verstehen und reagieren Sie entsprechend. Viele Konflikte lassen sich vermeiden, wenn Sie Verständnis für Ihr Gegenüber entwickeln.

4. Sprechen Sie aus Ihrer persönlichen Perspektive, machen Sie Ihren persönlichen Bezug zu dem Gesagten deutlich. Sagen Sie nicht: »Es ist so, dass man …«, sondern: »Für mich ist es wichtig, dass …«, oder »Ich (persönlich) finde …«, oder »Mein persönlicher Bezug dazu ist …« Es gibt eine Menge Formulierungen, mit denen Sie Ihre persönliche Perspektive oder Betroffenheit zum Ausdruck bringen können. Wichtig ist nur, dass Sie Ihre persönliche Sichtweise nicht als absolut darstellen, weil Sie sonst unglaubwürdig wirken.

(Viele hilfreiche Tipps zur Kommunikation finden Sie auch in dem Buch von Friedemann Schulz von Thun, ›Miteinander reden: Störungen und Klärungen‹.)

Niemand kann hellsehen

Je besser Sie sich gegenseitig kennen, je intimer die Beziehung ist, desto eher können Sie die Vorlieben, Gedanken oder Meinungen des Partners voraussagen. Auch Ihre Kinder kennen Sie gut und schätzen sie in vielen Situationen richtig ein. Gerade die Tatsache, dass Sie ab und zu erraten, was der andere denkt oder will, macht die Beziehung intim. Wenn Sie sich jedoch einmal irren, dann kommt es nicht selten zu Streit, Auseinandersetzungen oder Enttäuschungen. Deshalb sollten Sie sich nicht nur auf Ihre eigenen Interpretationen verlassen, sondern hin und wieder einmal nachfragen, ob diese auch stimmen. Manchmal ist nämlich der eigene Wunsch der »Vater der Erwartungen«, und entsprechend auch Ihre Sichtweise.

Erwarten Sie aber auch umgekehrt nicht, dass der andere hellsieht, was Sie sich wünschen, wie z. B. in der folgenden Geschichte:

Eine Mutter dachte seit langem, dass ihre acht und zehn Jahre alten Kindern ihre Schulbrote eigentlich selbst schmieren könnten. Von einer Freundin hatte sie gehört, dass deren gleichaltrige Kinder das schon seit längerem selbst taten. Aus reiner Gewohnheit schmierte sie aber weiterhin allmorgendlich die Brote und wurde von Tag zu Tag wütender darüber, dass ihre Kinder nicht auch auf die Idee kamen, die Brote selbst zu schmieren. »Die wissen doch, dass sie langsam alt genug dafür sind, und könnten mir diese Arbeit doch endlich mal abnehmen!«, dachte die Mutter. Eines Tages, als die Tochter sich ausdrücklich Käse auf ihr Schulbrot wünschte, brach es aus der Mutter heraus: »Verdammt noch mal, schmiert euch eure Brote doch selbst! Ihr seid alt genug und ich bin nicht eure Dienstmagd!«

Sie können sich vorstellen, dass die Kinder den heftigen Ausbruch nicht verstanden, und erst am Nachmittag, als die Mutter mit den Kindern noch einmal über den Vorfall am Morgen sprach, konnte geklärt werden, dass die Mutter eigentlich nur böse darüber war, dass die Kinder ihren Wunsch nicht selbstverständlich erraten hatten. Woher sollten die Kinder aber wissen, dass der Mutter das Brote-Schmieren eigentlich zu viel war, wenn sie es doch täglich, ohne zu murren, für sie tat? Sie hatten keinen Anhaltspunkt für die Unzufriedenheit der Mutter und waren auch keine Hellseher.

Deshalb ist es wichtig, dass Sie den anderen rechtzeitig mitteilen, was Sie beschäftigt und was Sie sich wünschen oder von ihnen erwarten. Sonst werden Sie von Tag zu Tag missmutiger und eines Tages wird womöglich Ihre aufgestaute Wut aus Ihnen herausplatzen. Und Ihre Mitmenschen werden vermutlich aus allen Wolken fallen angesichts der Heftigkeit, mit der niemand gerechnet hat. Umgekehrt sollten Sie sich hin und wieder rückversichern, ob Ihre Einschätzung einer Situation mit der Einschätzung der anderen übereinstimmt. Zu oft gehen Sie ganz selbstverständlich davon aus, dass der andere genauso empfindet wie Sie selbst. Wenn es dann Unstimmigkeiten gibt, sagen Sie womöglich: »War doch klar, dass …« Dem anderen war jedoch gar nichts klar. Mit großer Wahrscheinlichkeit war ihm sogar gerade das Gegenteil klar. Deshalb sollten Sie sich angewöhnen, so oft wie möglich Rücksprache zu halten, ob dem anderen das Gleiche ebenso klar ist wie Ihnen selbst. Sonst geht es Ihnen wie dem alten Ehepaar, das seit 50 Jahren morgens das Brötchen teilte: Er nahm immer die untere, sie immer die obere Hälfte, bis am Tag der goldenen Hochzeit die Frau ihrem Mann gestand, dass sie eigentlich immer lieber die untere Brötchenhälfte gehabt hätte, ihm zuliebe aber darauf verzichtet hatte. Darauf erwiderte er: »Ich hätte eigentlich immer lieber die obere gegessen, dachte aber, dass du diese Hälfte bevorzugst, und habe sie aus meiner tiefen Liebe immer dir überlassen.«

Wünsche äußern erlaubt!

Viele (erwachsene) Menschen trauen sich nicht, ihre Wünsche offen auszusprechen. Sie empfinden sich vielleicht als unverschämt, haben gelernt, bescheiden und mit dem zufrieden zu sein, was sie haben. Kinder hingegen werden zu jedem Geburtstag, zu Weihnachten und zu anderen Gelegenheiten gefragt, was sie sich wünschen, und haben, zumindest bis zu einem gewissen Alter, keine Hemmungen, die größten Wünsche aneinander zu reihen. Vielleicht versuchen auch Sie, Ihre Kinder zu bremsen, ihnen Bescheidenheit und ein Gefühl für realistische Wünsche zu vermitteln, so dass die Kinder mit der Zeit lernen, sich auf wenige kleine Wünsche zu beschränken. Materielle Wünsche können die meisten Menschen noch relativ leicht äußern. Wenn es jedoch darum geht, sich etwas zu wünschen, was andere durch ihr Verhalten erfüllen sollen, fällt es ihnen wahrscheinlich sehr viel schwerer, dies auch auszusprechen.

Sie sollten unterscheiden zwischen *Forderungen* und *Wünschen.* Forderungen haben etwas mit Ansprüchen zu tun, die jemand geltend machen will, und da bleibt es zu prüfen, ob die jeweiligen Forderungen berechtigt sind oder nicht. Sie können von niemandem fordern, dass er sich so oder so verhält. Sie können sich jedoch ein bestimmtes Verhalten wünschen, und wenn Sie Glück haben, wird Ihr Gegenüber es Ihnen erfüllen.

Gerade in familiären Beziehungen braucht es das Prinzip der Freiwilligkeit. Das Verhalten hat immer etwas mit Möglichkeiten oder Fähigkeiten zu tun, und die lassen sich nun einmal nicht verordnen: Was nützt es zu fordern, dass das Kind gute Diktate schreibt, wenn es Legastheniker ist? Was nützt es zu fordern, dass Ihr Mann sich mehr um die Familie kümmert, wenn er selbstständiger Alleinverdiener ist? Es wird Sie nur in mehr Konflikte stürzen, wenn Sie unerfüllbare Forderungen stellen.

Wünschen jedoch können Sie sich alles! Ob Ihre Wünsche auch in Erfüllung gehen, steht manchmal in den Sternen – und niemand hat einen Anspruch darauf. Aber für die Beziehung zu nahe stehenden Personen ist es gut und wichtig zu sagen, was man sich selbst wünscht, und zu wissen, was der andere sich wünscht. Denn wenn die Wünsche gar nicht erst ausgesprochen werden, können sie auch nicht erfüllt werden!

Sprechen Sie aus, was immer Sie sich wünschen, und gehen Sie gleichzeitig davon aus, dass nicht alle Wünsche (sofort) erfüllbar sind. Damit müssen Sie leben – und Ihr Partner und Ihre Kinder ebenfalls. Je mehr Sie erlauben, dass unerfüllbar scheinende Wünsche ausgesprochen werden, desto eher ergeben sich manchmal Möglichkeiten, von denen Sie gar nicht zu träumen gewagt haben.

Es geht nicht darum, wer Recht hat, sondern darum, wie ein Problem gelöst werden kann

In jeder Familie gibt es regelmäßig Meinungsverschiedenheiten und Auseinandersetzungen, aber die Probleme werden meist nicht gelöst, indem Sie klären, wer Recht hat, sondern indem Sie sich damit beschäftigen, was das eigentliche Problem ist. Und wer was braucht, damit er besser damit umgehen oder damit das Problem gelöst werden kann. Das sind die Fragen, mit denen Sie es in der Familie zu tun haben.

Natürlich mag Ihr Mann Recht haben, wenn er sagt, dass der Haushalt manchmal zu wünschen übrig lässt. Aber was nützt es ihm, Recht zu haben, wenn Sie den lieben Tag lang die Kinder versorgen und dabei die eine oder andere Arbeit einfach liegen lassen müssen oder wenn Sie den ganzen Tag mit »sich selbst reproduzierender Arbeit« beschäftigt sind? Natürlich hat Ihr Sohn Recht, wenn er sich beschwert, dass Sie immer »meckern«. Aber was nützt ihm sein Recht, wenn Sie allgemein überlastet sind und er, statt Ihnen einmal zu helfen oder Rücksicht zu nehmen, Ihre Nerven auch nicht gerade schont? Und natürlich haben Sie Recht, wenn Sie behaupten, dass Jacken und Schuhe nicht unmittelbar hinter der Haustür auf dem Fußboden aufbewahrt werden sollen …

Es gibt eine Vielzahl an Situationen im Familienalltag, in denen Sie über Recht und Unrecht diskutieren können. Damit lösen Sie jedoch nicht das Problem. Das Problem ist nämlich nicht der Haushalt, das Gemecker oder die Schuhe an sich, sondern die Tatsache, dass es mindestens eine Person in der Familie gibt, die mit der Situation unzufrieden ist. Die Frage ist deshalb, wie Sie mit dem Problem umgehen. *Nicht die Sache selbst ist das Problem, sondern die Tatsache, dass Sie ein Problem damit haben.*

Wenn Sie ein Problem haben, dann ist es egal, was es ist, und egal, aus welchen Gründen, und egal, ob andere es vielleicht kleinlich finden. Es gibt nichts, was per se ein Problem ist. Sie haben ein Problem, wenn *Sie* sich gestört und in Ihrer Lebensfreude beeinträchtigt fühlen. Das ist die Natur des Problems. Und ihr persönliches Problem löst sich nur in äußerst seltenen Fällen allein dadurch, dass andere Menschen Ihnen – oder Sie selbst sich – dieses ausreden. (Für andere ist es immer leicht, darüber zu urteilen, solange sie das Problem nicht selbst haben.)

Ein Problem entsteht dann, wenn die Realität von jenen Regeln abweicht, die Sie bewusst oder unbewusst gespeichert haben, vielleicht sogar zwanghaft. Wenn Sie z. B. die Regel haben: »Der Abwasch muss gemacht werden«, dann ist das durchaus vernünftig, denn irgendwann brauchen Sie ja wieder sauberes Geschirr. Wenn Sie allerdings nicht damit umgehen können, wenn der Abwasch einmal nicht gemacht ist, wenn Sie dann unleidlich werden, andere beschuldigen und nicht ruhig schlafen können, dann haben Sie offensichtlich ein Problem, mit dem Sie nur schwer umgehen können. Die Regel wirkt in Ihrem Bewusstsein wie ein innerer Zwang, dem Sie nicht entfliehen können. Wenn Sie sich dagegen sagen: »Na ja, das habe ich heute nicht geschafft, dann mache ich das eben morgen oder schlimmstenfalls übermorgen«, dann nehmen Sie die Abweichung von Ihrer Regel gelassen hin und haben offensichtlich kein Problem damit; Sie verfolgen lediglich das Ziel, den Abwasch mehr oder weniger regelmäßig zu erledigen. Es ist also nicht der Abwasch an sich das Problem, sondern die Art und Weise, wie Sie damit umgehen (können), insbesondere in dem Fall, in dem die Realität im Widerspruch zu Ihrer Regel steht.

Es kann auch sein, dass Sie ein und dasselbe Problem zu verschiedenen Zeiten unterschiedlich stark als Problem empfinden, abhängig von Ihrer Tagesform und Ihrer inneren Ausgeglichenheit. Wenn Sie die Regel haben, dass bei Tisch nicht gekleckert werden darf, dann gibt es Tage, an denen Sie einfach einen Lappen holen und aufwischen, wenn es doch passiert, während Sie an anderen Tagen deswegen förmlich aus der Haut fahren. Manchmal sind solche Gelegenheiten auch Indikatoren für Ihre Stimmung und den Grad Ihrer Belastung. Je mehr Sie also bei jeder Kleinigkeit »ausrasten«, desto eher sollten Sie sich Gedanken über die Gründe und mögliche Abhilfe machen. Wer kann Sie entlasten? Was brauchen Sie, um dem Alltag wieder gelassener begegnen zu können?

Erlauben Sie sich, *Ihre* Probleme ernst zu nehmen. Manchmal denken Sie vielleicht, es sei albern, dieses oder jenes Problem überhaupt zu haben. Oder andere Menschen regen sich darüber auf, dass Sie dieses oder jenes Problem haben, oder machen sich vielleicht darüber lustig. Lassen Sie sich nicht beirren. Wenn es *Sie* nun einmal stört, wenn der Abwasch stehen bleibt oder wenn die Freunde der Kinder immer in Ihrer Mittagspause anrufen oder wenn Ihre Familie die Zahnbürsten immer neben dem Waschbecken liegen lässt, dann sind das eben alles Dinge, die *Ihnen* zu schaffen machen. Jeder Mensch hat seine eigenen Probleme (es gibt höchstens Menschen, die sich gerade nicht mit ihren Problemen beschäftigen).

Jedes Problem, das Sie lösen, macht wieder Platz für ein neues, und gerade an der Bewältigung Ihrer Probleme entwickeln Sie sich weiter. Wie alle anderen Menschen haben auch Sie Ihr »Säcklein« zu tragen, in dem Sie alle Ihre Erfahrungen und Probleme, aber auch alle Ihre reichhaltigen Schätze mit sich herumtragen, eben alles, was zu Ihrer Persönlichkeit gehört. Wann Sie jedoch Ihren Sack aufmachen und was Sie dann jeweils auspacken, um sich damit zu beschäftigen, um es zu verändern oder um sich davon zu verabschieden, damit es Sie nicht mehr belastet, das entscheiden Sie selbst. Wenn Sie das Bedürfnis nach Veränderung oder Problemlösung haben, stellen Sie erst einmal fest, *was* es ist und *was* verändert werden soll.

Klären Sie zunächst folgende Fragen:

- *Wer* hat ein Problem? Das heißt: Wer wünscht sich eine Veränderung? Sind das mehrere Familienmitglieder oder nur Sie allein?
- *Zu welchen Anlässen* zeigt sich das Problem? Und worin besteht die eigentliche Unzufriedenheit? Ist es z. B. die Tatsache, dass etwas unordentlich ist, oder eher ein Verhalten (der anderen), das stört?
- *Wer soll in die Problemlösung mit einbezogen werden?* Wen betrifft das Problem? Wer kann helfen, eine Veränderung zum Positiven einzuleiten?

Grundsätzlich gibt es zwei Möglichkeiten: Entweder Sie versuchen etwas an der äußeren Situation zu verändern, oder Sie ändern Ihre Einstellung zu dem Problem. Die Frage ist, welches die einfachere Lösung ist. Aber bedenken Sie: Verändern können Sie nur äußere Umstände oder Ihre innere Haltung, nicht jedoch die anderen Menschen oder deren Verhalten. Sie können bestenfalls einen anderen Menschen zu beeinflussen versuchen und so eine Einsicht oder eine Verhaltensänderung bei Ihrem Gegenüber erreichen (dieser Vorgang wird – zumindest zwischen Erwachsenen und Kindern – gemeinhin als »Erziehung« bezeichnet). Aber Sie haben keinen Anspruch darauf, dass jemand anderes sich Ihretwegen oder auf Ihren Wunsch hin verändert. Sie haben Glück, wenn die Beziehung so ist, dass der andere sich ggf. freiwillig ändert. In der Regel nützt es jedoch nichts, darauf zu spekulieren, dass die anderen sich ändern, damit Sie selbst keine Probleme mehr haben.

Undine G. stört sich zum Beispiel daran, wenn jemand seine Schnürsenkel nicht in den Schuhen verstaut, wenn diese im Regal stehen, sondern sie »unordentlich in der Gegend herumhängen lässt«. Darüber lachen Sie vielleicht und kämen gar nicht auf die Idee, dass man damit überhaupt ein Problem haben könnte. Undine hat jedoch eine zwanghafte, verinnerlichte Regel: »Es darf nicht sein, dass die Schnürsenkel aus den Schuhen hängen.« Es spielt auch gar keine Rolle, warum das so ist, entscheidend ist, dass Undine regelmäßig ausrastet und darunter leidet, wenn in ihrem Schuhregal die Schnürsenkel doch einmal aus den Schuhen hängen. Sie empfindet es subjektiv als ein Problem.

Sie hat nun folgende vernünftige Möglichkeit, mit dem Problem umzugehen:

1. Sie spricht mit ihrer Familie und erklärt, warum es sinnvoller ist, die Schnürsenkel in die Schuhe zu legen. Vielleicht haben die anderen noch nie darüber nachgedacht, haben ein Einsehen, und in Zukunft hängen keine Schnürsenkel mehr aus den Schuhen. (Die Familie ändert ihr Verhalten, damit die äußere Situation Undine keinen Anlass mehr bietet, mit ihrem Problem in Berührung zu kommen.)

2. Vielleicht finden die anderen in ihrer Familie es kleinlich, machen sich darüber lustig und setzen sich über ihren Wunsch hinweg. Dann kann sie nur noch erklären, dass es für sie – aus welchen Gründen auch immer – ein echtes Problem darstellt, und wenn es die anderen nicht allzu sehr beeinträchtigte, würden sie ihr einen großen Gefallen tun, wenn sie aus Rücksicht auf sie die Schnürsenkel eben doch immer in die Schuhe legten. (Die Lösung wird über die Verhaltensänderung der Familie gesucht, sie versucht ihre »Beziehungen spielen« zu lassen.)

3. Sollte das wiederholt nicht klappen, so dass sie immer wieder

mit ihrem Problem konfrontiert ist und sich über die wild herumhängenden Schnürsenkel ärgert, könnte sie auch dazu übergehen, nur noch Schuhe mit Reiß- oder Klettverschluss oder Slipper anzuschaffen. (Damit verändert sie die äußeren Umstände und vermeidet den Anlass für Ärger.)

4. Eine andere Möglichkeit wäre, dass sie selbst nicht mehr unter diesem Problem leiden will und versucht, ihre innere Einstellung dazu zu ändern. Sie möchte mehr Gelassenheit entwickeln und es unwichtig werden lassen, ob die Schnürsenkel in die Schuhe gelegt werden oder heraushängen.

Wenn Sie, wie Undine in der vierten Möglichkeit, Ihre innere Einstellung zu einem Problem ändern möchten, so funktioniert das meist nicht von heute auf morgen und auch nicht, indem Sie sich selbst einfach das Gegenteil einreden. Manchmal ist es notwendig, Hilfe von außen – vielleicht von einer Beratungsstelle – in Anspruch zu nehmen. Vielleicht erinnern Sie sich auch, wie Sie früher schon einmal ein anderes Problem überwunden haben, und können die damals erfolgreiche Methode auf Ihr aktuelles Problem übertragen. Auf jeden Fall ist die vierte Möglichkeit die sicherste Methode, sich von einem Problem zu befreien, weil Sie in diesem Fall nicht abhängig von dem Verhalten anderer oder den äußeren Umständen sind.

Manch ein Problem lässt sich allerdings nicht (sofort) lösen, und auch über Geschmack lässt sich bekanntlich nicht streiten. Da können Sie nur Kompromisse schließen. Solange Sie sich von einem Problem nicht befreien können (aus welchen Gründen auch immer), werden Sie es in Ihrem »Säcklein« mit sich herumtragen. Je mehr (Probleme) Sie darin verstaut haben, desto mehr Kraft brauchen Sie, um das »Säcklein« auch tragen zu können und nicht davon erdrückt zu werden. Deshalb:

- Achten Sie auf Ihre (körperlichen) Reserven!
- Sorgen Sie dafür, dass Ihre Kräfte erhalten bleiben und regelmäßig erneuert werden, und

- fordern Sie rechtzeitig Unterstützung an, *bevor* alle Reserven verbraucht sind!
  (Mehr zu diesem Thema im Kapitel »Die Kraft des Körpers«.)

Denken und reden Sie positiv! Seien Sie offen für kreative Lösungen

Wenn Sie ein Problem bearbeiten, wenn Sie eine Frage behandeln, wenn Ihnen eine Aufgabe gestellt wird, dann sagen Sie nicht als Erstes: »Das geht sowieso nicht!« Manche Menschen verbringen ihre Zeit mit Rechtfertigungen, warum irgendetwas nicht gehen kann. Immer wieder dreht es sich dann bei ihnen darum, dass dies oder jenes nicht möglich ist, und je mehr sie sich damit beschäftigen, desto größer wird auch das Leiden darüber, dass es nicht geht.

Der direkte Weg zum Ziel geht über folgende Fragen:

1. Wie heißt mein Ziel? Definieren Sie klar und für alle Beteiligten deutlich, um welches Ziel es sich handelt.
2. Will ich dieses Ziel tatsächlich erreichen? Solange Sie schwanken und darüber unsicher sind, können Sie das Thema gleich abhaken und brauchen auch keine Rechtfertigung, warum Sie es nicht wollen oder warum es sowieso nicht ginge. Wenn Sie aber dazu entschlossen sind, geht es mit folgenden Fragen weiter:
3. Wie könnte es laufen? Wie ist der Weg zum Ziel? Welche Schritte sind notwendig?
4. Wer könnte dabei helfen?
5. Wie können mögliche Hindernisse beseitigt oder überwunden werden?

Formulieren Sie Ihre Ziele und auch den Weg dahin positiv. Überlegen Sie, was und wohin Sie wollen, und nicht, was Sie nicht wollen. Sprechen Sie sich mit allen Beteiligten ab und sorgen Sie dafür, dass Sie sich über das Ergebnis einig sind. Wenn dies nicht möglich ist, verständigen Sie sich über einen Kompromiss.

Manchmal sind vielleicht auch unkonventionelle Methoden oder Lösungen hilfreich. Seien Sie kreativ und haben Sie den Mut Ihre Ideen umzusetzen. Manchmal führen Umwege auch durch die schöneren Landschaften. Wenn Sie etwas wirklich wollen, werden Sie einen Weg dorthin finden. Es kommt immer darauf an, was Sie sich vorstellen. Denn Ihre Vorstellung hat eine enorme Kraft und Auswirkungen auf Ihre Energie. Dazu einige kleine Versuche (wenn es geht, lassen Sie sich den Text vorlesen und schließen dabei die Augen):

1. Stellen Sie sich eine Zitronenscheibe vor, die auf Ihrem Wasserglas steckt. Und stellen Sie sich nun vor, Sie nehmen die Zitronenscheibe und beißen hinein … Was stellen Sie fest? Wie reagieren Ihre Gesichtsmuskeln? Was geschieht mit Ihrem Speichelfluss? Vielleicht gibt es noch weitere Auswirkungen?
2. Stellen Sie sich nun eine Tafel Schokolade vor, Ihre Lieblingsschokolade, lassen Sie sie in Ihrer Vorstellung vor sich liegen, greifen Sie zu, beißen Sie hinein … Was ist nun passiert? Fühlte es sich genauso an wie bei der Vorstellung von der Zitrone? Was war anders? (Wenn Sie zu den Leuten gehören, die an dieser Stelle sofort zu einer echten Schokolade greifen möchten, dann wandeln Sie Ihre Vorstellung und stellen sich vor, dass Sie dieses Buch jetzt weiterlesen, *ohne* aufzustehen, um sich Schokolade zu holen!)
3. Stellen Sie sich nun einen kühlen, verregneten Tag vor, es wird den ganzen Vormittag nicht richtig hell, die Temperatur liegt zwischen 3° und 5° Celsius, es wechseln Nieselregen, Sturzregen und gleichmäßige »Bindfäden« vom Himmel zur Erde, bis es am Nachmittag langsam noch dunkler wird und in der Nacht weiter vor sich hin regnet … Wie geht es Ihnen bei die-

ser Vorstellung? Ist Ihnen kalt und ungemütlich geworden? Wünschten Sie sich eine warme Stube und ein warmes Getränk?

4. Stellen Sie sich nun einen warmen Sommertag vor, eine Temperatur von ca. 25° Celsius, es weht ein leichtes Lüftchen, Sie liegen an einem See auf einer Wiese und lassen die Sonnenstrahlen Ihren Körper erwärmen, hören das leise Plätschern des Wassers und zirpende Grillen, Sie haben frei und können den wunderbaren Tag genießen ... Wird Ihnen da nicht gleich wieder wärmer und wohliger? Und spüren Sie Auswirkungen auf Ihre innere Stimmung?

Sie sehen, Ihr Körper und Ihre Laune reagieren unweigerlich auf die bloße Vorstellung von einer bestimmten Sache oder einer Situation. Genauso ist es mit Ihren Plänen und Zielen im Alltag. Wenn Sie von vornherein überzeugt sind, dass Sie Ihr Ziel sowieso nicht erreichen, so wird das wahrscheinlich auch eintreffen. (Nur wenige Menschen fühlen sich davon motiviert und entwickeln Ehrgeiz die negative Prognose zu widerlegen.) Wenn Sie aber all Ihre Energien darauf richten, den Weg zum Ziel zu beschreiten, dann werden Sie es eines Tages auch erreichen. Sagen Sie sich immer wieder: »Ich will es schaffen! Ich werde es schaffen! Wenn es sein muss, dann suche ich mir Hilfe!«

Sie wissen ja: Viele Wege führen nach Rom! Und: Wer einmal eine Reise tut, der kann was erleben! Sie müssen also nicht immer gleich per Flugzeug ans Ziel gelangen, auch die längere Reise über Land kann sehr interessant sein.

Programmieren Sie sich auf positive Ziele! Legen Sie die einzelnen Schritte fest, mit denen Sie zum Ziel gelangen wollen. Bleiben Sie realistisch und planen Sie lieber kleine, sichere Schritte. Lassen Sie sich nicht beirren, wenn es Hindernisse gibt, sondern finden Sie Möglichkeiten, wie sie überwunden werden können. Jede Hürde, die Sie genommen haben, führt Sie näher an Ihr Ziel.

Die Kraft des Körpers:
Wie der Körper Ihnen helfen kann, den Anforderungen des Alltags standzuhalten

In Ihrem Körper leben Sie und erleben das Leben, atmen Sie, lieben Sie, arbeiten Sie und ruhen Sie, sind Sie gefangen, aber auch ganz frei, denn Ihr Körper gehört Ihnen ganz allein.

Ihr Körper ist der materielle Träger all ihrer Energien, also die Basis all Ihres Seins und Schaffens. Ohne die Kraft Ihres Körpers können Sie den Alltag nicht bewältigen. Deshalb gilt es, mit den Kräften, den Ressourcen und Reserven des Körpers behutsam umzugehen, damit Ihnen bei Bedarf die nötigen Kräfte zur Verfügung stehen.

Ein schwacher Körper bringt Sie schnell an Ihre Leistungsgrenze, und das in jeder Hinsicht. Ein starker Körper kann Sie in Ihrer ganzen Persönlichkeit positiv unterstützen. Um den Körper in der Weise stark zu machen, dass Sie seine Kraft für Ihre allgemeine Lebensbewältigung einsetzen können, bedarf es regelmäßigen Trainings.

Gleichzeitig brauchen Sie aber auch ein Bewusstsein für Ausgewogenheit, so dass Sie dem Körper das für Sie richtige Maß an Training abverlangen und zugleich für genügend Entspannung sorgen. Sie sollten Ihr Bewusstsein für Ihre körperliche Befindlichkeit schulen und spüren lernen, was Ihnen gut tut und was Sie brauchen, um Ihre Reserven aufzufüllen. Manche Menschen arbeiten ständig bis zum Umfallen und nehmen sich die einzigen »Auszeiten« über Krankheiten. Dann werden sie auf schmerzliche Weise an ihre Grenzen erinnert und sind sich selbst nicht selten sogar deshalb böse, denn die Krankheit war wahrscheinlich nicht eingeplant und kommt in nur wenigen Fällen zu einem günstigen Zeitpunkt. Manche Menschen werden auch grundsätzlich zu Beginn des Urlaubs krank oder an langen Wochenenden, an denen sie einmal »richtig ausspannen« wollten. Immer wenn die (tägliche) Anspannung von ihnen abfällt, meldet der Körper sich krank, und sie können ihre Freizeit gar nicht recht genießen.

Natürlich gehört auch Krankheit zum Leben und die Genesung gibt jedes Mal neue Kräfte und eine neue Wertschätzung für die Gesundheit. Wenn Sie jedoch lernen, ausgewogen mit Ihren Kräften umzugehen, wenn Sie dem Körper Regeneration erlauben, bevor er sie sich selbst verschafft, so sind Sie gleichzeitig besser geschützt gegen unerwartete und schmerzliche Krankheiten. Dann bestimmen Sie, wann Anspannung und wann Entspannung sein soll, und Sie können insgesamt verlässlicher planen.

Das Leben vollzieht sich in einer ständigen Bewegung auf einem Spannungsbogen zwischen zwei entgegengesetzten Polen: Anstrengung und Ruhe, Anspannung und Entspannung.

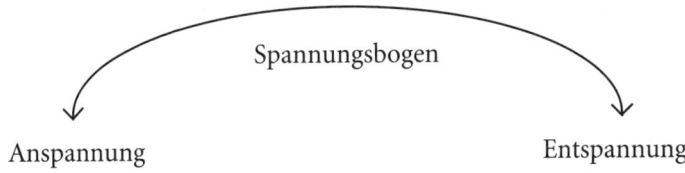

Abb. 3: Für den Körper gibt es einen Spannungsbogen zwischen Anspannung und Entspannung.

Um allzu häufige ungeplante Zusammenbrüche zu verhindern, sollten Sie sich regelmäßig mit Ihrem Körper beschäftigen und für ein Gleichgewicht zwischen Anspannung und Entspannung sorgen. Nicht das eine *oder* das andere ist gut, sondern beides sollte über einen Tag, über eine Woche weitestgehend ausgewogen sein. Wenn Sie ein Bewusstsein für den Zustand und die Bedürfnisse Ihres Körpers entwickeln, können Sie die Balance zwischen Anspannung und Entspannung gezielt steuern. Wenn Sie z. B. merken,

- dass der Nacken verspannt ist und sich bereits Kopfschmerzen ankündigen, können Sie etwas tun, um den Nacken zu entspannen, und damit die Kopfschmerzen vermeiden.
- dass Sie sich »irgendwie« nicht wohl fühlen, können Sie dieses vage Gefühl im Körper aufspüren, um festzustellen, was Ihnen vielleicht gut täte, und entsprechend reagieren.
- dass die Kinder Sie provozieren, können Sie sich bewusst in einen Körperzustand versetzen, der Ihnen genügend Gelassenheit, aber auch genügend »Standfestigkeit« gibt, damit Sie in Ihrer Haltung konsequent bleiben.

Dafür brauchen Sie Übung. Sie werden allerdings bald merken: Je häufiger Sie sich mit Ihrem Körper beschäftigen, desto mehr lernen Sie sich selbst und Ihre eigenen Bedürfnisse kennen und desto besser werden Sie mit der Zeit auf die Signale des Körpers reagieren und für Ihr Wohlbefinden sorgen. Nur wenn Sie lernen zu spüren, in welchem Zustand der Körper sich gerade befindet, werden Sie dauerhaft dafür sorgen, dass Ihnen die Kräfte, die Sie im Alltag brauchen, auch zur Verfügung stehen.

Die Körperarbeit im Familienalltag

Viele Eltern – besonders Mütter – reagieren in den ersten Jahren nach der Geburt mit psychosomatischen Beschwerden. Die ständige Anspannung, die ständige Sorge, die Bereitschaft rund um die Uhr führen bei vielen dazu, dass die Entspannung viel zu kurz kommt. Die Anspannung findet keinen Ausgleich. Je größer aber die Anspannung ist, umso unmöglicher erscheint es, noch »zusätzlich« Zeit für gezielte Entspannung zu finden. Und je angespannter man ist, desto anstrengender erscheinen einem mit der Zeit auch die alltäglichen Arbeiten, die doch früher so leicht von der Hand gingen.

Im Haushalt und in der Familie gibt es eine Menge Aufgaben, bei denen Sie Ihren Körper mit all seinen Kräften brauchen. Es mag Ihnen deshalb regelrecht lachhaft vorkommen, wenn Ihnen jemand noch zu zusätzlichem körperlichem Training rät, denn Sie »trainieren« doch den lieben langen Tag: Kinder schleppen, putzen, Treppen steigen, Wäsche, Abwasch, Einkäufe usw. Sie sind zumindest ständig in Bewegung und werden körperlich belastet. Leider sind diese Belastungen überwiegend einseitig zulasten des Rückens, des Beckenbodens und der Haltung im Allgemeinen. Es gibt wenig Ausgleich in Richtung Entspannung oder regelrechter Kräftigung, damit Sie auch langfristig den alltäglichen Belastungen standhalten.

Die wenigsten Menschen sind es gewohnt, bewusst auf Stresssituationen zu reagieren, also ganz gezielt Aktivitäten zur Entspannung oder zur Kräftigung zu unternehmen, um so leistungsfähig zu bleiben. Das können Sie jedoch lernen: Übung macht den Meister! Und die Meisterin! Fangen Sie in Ihrem Alltag an! Sie haben vermutlich nicht jeden Tag die Zeit, sich ausgiebig zu entspannen oder zu einem Krafttraining zu gehen. Dann nutzen Sie doch die alltäglichen Arbeiten zur Übung:

- Wenn Sie abwaschen, achten Sie darauf, wie Sie stehen. Das kann sehr verkrampft sein oder auch (weitestgehend) entspannt.
- Wenn Sie bügeln, entscheiden Sie, ob Sie lieber krumm vor dem Bügeltisch stehen oder sich z. B. bequem hinsetzen wollen.
- Wenn Sie telefonieren oder fernsehen, nutzen Sie die Zeit, um Übungen zur Kräftigung bestimmter Muskelgruppen zu machen.
- Wenn Sie Kartoffeln schälen, an der Kasse im Supermarkt warten oder an einer roten Ampel stehen, können Sie ein kurzes Beckenbodentraining einlegen.
- Wenn Sie viel tragen müssen, sollten Sie unbedingt einen Kurs in Rückenschule belegen oder sich von einer Krankengymnastin zeigen lassen, wie Sie die alltäglichen Bewegungen und Belastungen möglichst kräftesparend ausführen.
- Sobald die Kinder krabbeln, sollten Sie sie die Treppen (innerhalb des privaten Haushalts) nicht mehr hinauf- und hinuntertragen, sondern ihnen beibringen, selbst rückwärts hinunterzukrabbeln. Sie stehen dabei unterhalb des Kindes, nutzen die Zeit zur Entspannung und können es zur Not auffangen, sollte es fallen. Dabei lernen die Kinder frühzeitig die sichere Überwindung der Treppe und Sie schonen Ihren Rücken und nutzen die Zeit zur Entspannung.

Die Liste der Möglichkeiten, Körperarbeit und Entspannung in den Alltag einzubauen, kann endlos weitergeführt werden – Ihrer Fantasie und Kreativität sind hier keine Grenzen gesetzt. Es ist eine Frage des Bewusstseins für den eigenen Körper. Weitere Ideen für Übungen im Alltag finden Sie auf S. 227–265.

Es gibt aber auch Situationen, in denen Sie durchaus mehr Anspannung brauchen, als Sie im Moment haben. Z. B. wenn Sie müde sind, aber noch etwas leisten müssen, stellen Sie vielleicht fest, dass Sie sich auf dem Spannungsbogen sehr viel weiter auf der Seite der Entspannung befinden, als es für die anstehende Aufgabe gut ist. In einer solchen Situation motivieren Sie sich selbst, sich in der nötigen Weise anzuspannen, und loten aus, mit welchem Minimum an Energie Sie den notwendigen Aufwand bewältigen.

Wenn Sie z. B. am Abend noch ein Faschingskostüm nähen wollen, das Ihr Kind morgen anziehen soll, Sie aber müde und reif für das Bett sind, dann sollten Sie einen schlichten Schnitt bevorzugen, auf jede überflüssige Naht verzichten und so schnell wie möglich arbeiten, damit Sie trotz der drängenden Aufgabe schnell ins Bett kommen. Ober wenn Sie schon zwei Stunden geputzt haben und nun noch die Treppe wischen müssen, obwohl der Rücken Ihnen schon wehtut, machen Sie erst eine Pause, essen oder trinken Sie etwas, und achten Sie anschließend beim Wischen auf ein *angemessenes* Tempo und einen geraden Rücken. Überlegen Sie, wie Sie langfristig vermeiden können, sehr lange am Stück zu putzen, wenn es Sie körperlich so sehr anstrengt.

Versuchen Sie, Ihren Körper während Ihrer täglichen Arbeit zu beobachten. Nehmen Sie wahr, wie er sich anfühlt und welche Signale er Ihnen darüber gibt, was er braucht. Spannen Sie sich nur so viel an, wie es für die jeweilige Tätigkeit notwendig ist. Beim Staubsaugen ist es z. B. nicht notwendig, die Schultern in Ohrenhöhe zu halten, beim Abwaschen auch nicht. Spannen Sie bei solchen Tätigkeiten den Beckenboden an, entspannen Sie die Schulterpartie weitestgehend. Sorgen Sie für eine gute Haltung im Alltag, und verschaffen Sie sich regelmäßig Ausgleich. Machen Sie hin und wieder, wenn Sie allein keine Ruhe dazu finden, mit den Kindern gemeinsam entspannende Übungen. Und nutzen Sie auch alltägliche Bewegungen als Training: Treppensteigen, Radfahren, Spaziergänge, Kinder oder Wäschewannen stemmen und auch manch eine Putztätigkeit können wunderbare Trainingseinheiten abgeben. Es ist alles eine Frage der Definition und der Disziplin. Wichtig ist nur, dass Sie jeweils die richtige Technik anwenden. Wenn Sie hier unsicher sind, suchen Sie sich eine Rückenschule oder den Rat einer Krankengymnastin. Solche Kenntnisse zahlen sich immer aus, wenn Sie sie in den Alltag übernehmen!

Regelmäßiges Auftanken erforderlich

Jedes Auto, das regelmäßig gefahren wird, muss regelmäßig aufgetankt und gewartet werden. Genauso brauchen Sie als Eltern, wenn Sie teilweise rund um die Uhr im Einsatz sind, Möglichkeiten der Regeneration und genügend Kraft, um dem Alltag standzuhalten. Pausen sollten Sie nicht nur zufällig machen, sondern bewusst einplanen. Diese Pausen können Sie dazu nutzen, einen kurzen »Körper-Check« zu machen und Anspannungen loszuwerden.

Beschäftigen Sie sich mindestens einmal täglich ganz bewusst mit Ihrem Körper. Das kann am Morgen vor dem Aufstehen sein oder am Abend vor dem Einschlafen, das kann beim Warten an der Supermarktkasse, beim Telefonieren oder beim Fernsehen sein, beim Kartoffelschälen, beim Bügeln oder in der Mittagspause. Wenn Sie etwas Übung haben, können Sie Ihren Körper auch bei bewegten Tätigkeiten beobachten: beim Staub saugen, Wäsche aufhängen, spazieren gehen, Fahrrad fahren o. Ä. Nehmen Sie wahr, wie der Körper sich anfühlt, und achten Sie darauf, ob Sie auf Schmerz oder Erschöpfung stoßen. Versuchen Sie herauszufinden, was Ihnen hilft, um die Schmerzen zu beseitigen, oder wie Sie Ihre Kraft wieder finden können.

Außerdem tanken Sie viel Kraft durch ein reiches Sexualleben. Das fördert nicht nur Ihre körperliche Befriedigung, sondern auch die Beziehung zum Partner. Wenn Sie sexuelle Probleme haben, suchen Sie nach Lösungen, damit Sie auch aus Ihrer Sexualität (weiterhin) Kraft schöpfen können.

Darüber hinaus ist es sehr hilfreich, eine Entspannungstechnik zu erlernen und regelmäßig an einer Gruppe teilzunehmen, sozusagen als dauerhafte Erinnerung oder Auffrischung und als Unterstützung der eigenen Disziplin.

Vielleicht gibt es auch Aktivitäten, die Ihnen Spaß machen, die aber nicht in erster Linie Körperarbeit sind, die Ihnen aber trotzdem sehr gut helfen, sich zu entspannen. Manche Menschen

- gehen einfach gern einmal ins Kino, ins Theater, in die Oper oder zu sonstigen kulturellen Veranstaltungen,
- treiben Sport ohne bewusste Entspannung im Anschluss,
- betätigen sich kreativ mit Malen, Basteln, Nähen, Töpfern, Seidenmalen etc.,
- gehen spazieren und genießen die Natur,
- lesen gern und viel,
- brauchen einfach den Kontakt und das Gespräch mit Freunden,

und beschäftigen sich so mit ganz anderen Dingen als sonst im Alltag. Das allein ist für manche Menschen schon sehr entspannend.

Egal, was es ist, sorgen Sie dafür, dass Sie »auf Ihre Kosten« kommen. Sie tun sich und Ihrer Familie keinen Gefallen, wenn Sie auf Ihre Entspannung verzichten. Sorgen Sie dafür, dass Sie regelmäßig rechtzeitig auftanken, bevor Sie wie ein leer gefahrenes Auto liegen bleiben.

Körperübungen, die Ihnen im Alltag nützlich sein können

Im Folgenden werden Übungen beschrieben, die Ihnen im Alltag nützlich sein können. Grundsätzlich ist es hilfreich, wenn Sie neben diesen Übungen regelmäßig Anleitung zu Körperarbeit bekommen. Suchen Sie sich am besten eine Gruppe für Autogenes Training, Yoga, Feldenkrais, Chi Gong, T'ai Chi, Fitness oder ein anderes Training zur Körperbeherrschung – auch werden allgemeine Entspannungsverfahren wie z. B. progressive Muskelentspannung nach Jacobson o. Ä. angeboten. Natürlich bedeutet die Teilnahme an solchen Gruppen einen erhöhten organisatorischen Aufwand, aber: Die Anleitung von außen lenkt Ihre Aufmerksamkeit immer wieder an Stellen, die Sie selbst vielleicht ausblenden. So bekommen Sie ein umfassenderes Bild von sich selbst und Ihrem Körper und ein ausgeprägtes Körperbewusstsein. Dies erleichtert Ihnen den Umgang mit Ihrem Körper im Alltag. Und wenn der Erfolg der Teilnahme an solchen Gruppen sich in mehr Gelassenheit und mehr Souveränität gegenüber den Anforderungen im Alltag äußert, dann ist es den organisatorischen Aufwand allemal wert.

Folgende Übungen können Sie in Eigenregie ausprobieren und in Ihren Alltag integrieren. Für einige Übungen ist es hilfreich, wenn Sie dafür etwas Zeit und Ruhe haben, andere sind (mit ein bisschen Routine) in jeder Lebenslage möglich. Beachten Sie die Empfehlungen zu jeder einzelnen Übung, und probieren Sie aus, wie sie für Sie jeweils am besten passt. Wenn nötig, variieren Sie die Übungen so, dass sie *für Sie stimmen*. Sie machen die Übungen nur für sich selbst, Sie können nichts falsch machen, solange Sie nur das tun, was Ihnen gut tut. Das ist der einzige Indikator dafür, dass Sie es richtig machen. Wenn Sie unsicher sind oder wenn Sie eine Übung nicht mögen, dann lassen Sie sie einfach und machen nur das, was zu Ihrem Wohlgefühl beiträgt.

Grundsätzlich sind alle Übungen besonders für Sie als Erwachsene geeignet. An der jeweiligen Altersangabe sehen Sie, dass einige Übungen auch zusammen mit Ihren Kindern möglich sind. Sollten Sie also nur wenig Gelegenheit haben, etwas für sich allein zu tun, oder brauchen Sie manchmal gerade die Auseinandersetzung mit den Kindern, dann können Sie die eine oder andere Übung auch zusammen mit ihnen machen. Vielleicht bringt Ihnen die eine oder andere Übung auch in hektischen Momenten oder in Situationen, in denen Sie unschlüssig sind, was als Nächstes zu tun ist, Erleichterung.

Für die Übungen »Körperreise« und »Gelenke bewegen« brauchen Sie etwas Zeit und möglichst Ruhe. Stellen Sie das Telefon ab und sorgen Sie dafür, dass Sie in dieser Zeit nicht gestört werden. Machen Sie die Übungen zunächst mit einem Partner oder einer

Partnerin, oder nehmen Sie den Text auf eine Kassette auf. Diese beiden Übungen sind grundlegende Übungen, die Ihnen unmittelbar zu tiefer Entspannung verhelfen, außerdem schulen Sie dabei Ihr Körperbewusstsein und lernen sich selbst besser kennen. Das hilft Ihnen, Stresssituationen im Alltag mithilfe Ihres Körpers schneller zu bewältigen.

Für die Übungen »Gesichtsmassage« bis »Standpunkt« sollten Sie sich ebenfalls einen Moment Zeit nehmen. Sie können diese Übungen allerdings gut hier und da zwischendurch machen, auch zusammen mit den Kindern, um eine Unterbrechung in schwierige Situationen zu bringen, um sich (wieder) zu sammeln und gleichzeitig auch Spaß miteinander zu haben (z. B. bei den »Stehaufmännchen«).

Die restlichen Übungen sind Übungen für zwischendurch: Vollführen Sie sie beim Kartoffelnschälen, beim Abwasch, an der roten Ampel, an der Supermarktkasse, beim Telefonieren oder beim Fernsehen. Vielleicht machen Sie an der Kasse im Supermarkt nicht gerade gern Grimassen oder singen in den höchsten Tönen, aber ein kleines Beckenbodentraining fällt vermutlich niemandem auf. Probieren Sie aus, wann Sie was am besten einbauen können und in welchen Situationen Ihnen welche Übungen am besten helfen.

Körperreise

Anwendungsgebiete	• zur allgemeinen Entspannung • hervorragend geeignet für eine (Mittags-)Pause • bei Schlafstörungen • zur Steigerung des Körperbewusstseins
Zeitaufwand	• pro Übung ca. 20 Minuten • am besten einmal täglich üben
Altersgruppe	• ca. 8 Jahre (allerdings ist es oft schwierig, wenn Eltern ihre Kinder bei der Übung anleiten. Besser funktioniert es, wenn andere, die nicht zur Familie gehören, die Übung anleiten, da die Beziehung eher frei von Erwartungen ist.)

Allgemeine Bemerkungen	• Dies ist eine grundlegende Übung und eine gute Möglichkeit, wie Sie sich und Ihren Körper genauer kennen lernen können. • Sorgen Sie dafür, dass Sie eine Weile ungestört sind. • Sie können die Übung morgens, mittags oder abends machen, auch zum Einschlafen (dann ohne am Ende wieder anzuspannen). • Üben Sie am besten im Liegen, aber auch andere Haltungen sind möglich. • Die Übung kann Ihnen unmittelbar tiefe Entspannung geben und sie ist eine gute Grundlage für die vielen »kleinen Entspannungsübungen für zwischendurch«. • Überfordern Sie sich nicht. Versuchen Sie immer wieder, sich einfach nur zu beobachten und unnötige Spannungen loszulassen. • Wenn Sie die Übung häufiger gemacht haben, gelingt sie Ihnen vielleicht auch ohne den Text. Zu Beginn lassen Sie sich den Text am besten von einer vertrauten Person vorlesen, ganz langsam, und zumindest an den Stellen, an denen im Text ein Gedankenstrich steht, soll eine Pause folgen. Wenn Sie niemanden haben, der Ihnen den Text vorliest, oder wenn Sie die Übung mit Ihrem Partner oder Ihrer Partnerin gemeinsam machen möchten, nehmen Sie ihn auf eine Kassette auf. So haben Sie die Anleitung ein für alle Mal. (Wenn es Ihnen lieber ist, können Sie den Text auch in der Du-Form auf Kassette aufnehmen, da Sie sich unter Partnern oder sich selbst eher mit »Du« ansprechen.)
Risiken und Nebenwirkungen	• Wenn Sie ungeübt sind in solcher Art Körperübungen, kann es sein, dass Sie zu Anfang unruhig werden, dass Sie den Atem nicht beobachten können, ohne ihn zu verändern, oder dass der ganze Körper anfängt zu kribbeln. Es kann auch sein, dass der Text zu schnell oder zu langsam gelesen ist. Probieren Sie es aus. Den Text können Sie ggf. noch einmal aufnehmen. Und wegen der Unruhe brauchen Sie sich keine Sorgen zu machen. Mit zunehmender Übung wird sie verschwinden. Diese Nebenwirkung tritt nicht zwangsläufig auf! Wenn doch, lassen Sie sich nicht gleich abschrecken.

Und hier die Anleitung für die Übung:

Zum Üben legen Sie sich am besten auf den Rücken (in der Schwangerschaft in die stabile Seitenlage oder eine Seitenlage mit einem Kissen zwischen den Beinen). – Finden Sie zunächst eine bequeme Position, in der Sie eine Weile liegen bleiben können, ohne sich zu bewegen. – Wenn Sie diese Lage gefunden haben, spüren Sie Ihren Atem. – Es kann sein, dass er sich in dem Moment verändert, in dem Sie beginnen, ihn zu beobachten. Versuchen Sie, ihn nicht zu beeinflussen, sondern ihn ganz von allein fließen zu lassen. Wenn das schwer fällt, dann atmen Sie einfach so, wie es sich für Sie gut anfühlt. – Lassen Sie die Atembewegung sich im ganzen Körper ausbreiten. –

Wenn es Gedanken gibt, die Sie noch nicht loslassen, sagen Sie sich, dass Sie sie auch später weiterdenken können. Jetzt sollen Sie Ihre volle Aufmerksamkeit in den Körper lenken. – Sie wollen sich ganz darauf konzentrieren, sich zu entspannen. Gedanken, die wichtig sind, kommen ganz bestimmt zu einem passenden Zeitpunkt wieder. – Sie können sich auch vorstellen, dass an einem blauen Himmel lauter kleine weiße Schäfchenwölkchen schweben, und jeden Gedanken, der Sie nicht loslässt, setzen Sie auf so ein Wölkchen und lassen ihn von dannen ziehen. –

Dann spüren Sie die Unterlage – und die Stellen, an denen Sie den Boden berühren. Lassen Sie die Auflageflächen immer größer werden, geben Sie Ihr ganzes Gewicht an den Boden ab. Lassen Sie sich tragen. –

Dann wandern Sie mit der Aufmerksamkeit in Ihre Füße, spüren, wie die Füße sich anfühlen. – Die Sohlen – die Zehen – der Spann. – Versuchen Sie, alle Spannungen in den Füßen loszulassen. Stellen Sie sich vor, dass mit jedem Ausatmen noch mehr Spannungen die Füße verlassen. –

Und dann wandern Sie weiter mit der Aufmerksamkeit in Ihre Fußgelenke, lassen auch da noch vorhandene Spannungen los. –

Und dann wandern Sie weiter in die Unterschenkel, erspüren von innen den Raum in den Unterschenkeln. – Stellen Sie einfach fest, wie es sich anfühlt, wenn Sie mit Ihrer Aufmerksamkeit in den Unterschenkeln sind. Wenn Sie hier noch Spannungen spüren, versuchen Sie, sie mit dem Ausatmen loszulassen. –

Dann wandern Sie weiter mit der Aufmerksamkeit in Ihre Kniegelenke, spüren auch hier, wie sie sich anfühlen, ob es noch Spannungen gibt, und lassen Sie mit jedem Ausatmen noch mehr Spannungen aus den Kniegelenken herausfließen. –

Dann wandern Sie weiter mit der Aufmerksamkeit in Ihre Oberschenkel, erspüren auch hier von innen den Raum, lassen alle Muskeln weit und weich werden. Versuchen Sie, mit jedem Ausatmen noch mehr Spannungen abzugeben. –

Dann wandern Sie weiter mit der Aufmerksamkeit in Ihre Hüftgelenke und den Übergang der Beine ins Becken. – Wie fühlen sich diese Gelenke an? – Auch hier brauchen Sie nichts mehr festzuhalten. –

Sie wandern weiter mit der Aufmerksamkeit in Ihr Becken, spüren die Knochen des Beckens bzw. die Stellen, an denen Sie Ihre Beckenknochen vermuten. – Der Beckenboden besteht aus den Muskeln, die das Becken nach unten abschließen. Lassen Sie auch diese Muskeln weit und weich werden. –

Spüren Sie das Becken von allen Seiten: an den Flanken, von der offenen Vorderseite und auf der Rückenseite. –

Dann wandern Sie weiter mit der Aufmerksamkeit in Ihren Rücken, spüren den Verlauf der Wirbelsäule – aber auch die große, breite Fläche des Rückens. Mit jedem Ausatmen können Sie noch mehr Spannungen abgeben. –

Dann wandern Sie weiter mit Ihrer Aufmerksamkeit in den Raum zwischen dem Brustkorb und dem Becken an der Bauchseite. – Spüren Sie diesen mittleren Atemraum – und die Bewegung an dieser Stelle. – Lassen Sie die Atembewegung sich frei entfalten. –

Spüren Sie dann in Ihren Brustkorb – wie er sich hebt und senkt, während Sie atmen. – Versuchen Sie, die Ausdehnung nicht zu begrenzen, lassen Sie ringsherum im Brustkorb alle Muskeln los. –

Dann spüren Sie die Schultern – lassen auch hier noch verbliebene Spannungen los. –

Wandern Sie dann weiter in die Oberarme – und lassen alle Muskeln locker. –

Und weiter in die Ellenbogengelenke – und in die Unterarme – erspüren Sie auch hier den Raum und lassen Sie alles weit und weich werden. –

Weiter in die Handgelenke – und auch die Hände halten nichts mehr fest. – Spüren Sie die Handrücken – die Handinnenflächen – die Finger – und lassen Sie alles los, was nicht mehr gehalten werden muss. –

Ihr ganzer Körper liegt schwer und entspannt auf der Unterlage – der Atem fließt ruhig – Sie halten nichts mehr fest. – Das Bewusstsein nimmt alle Eindrücke aus dem Körper aufmerksam wahr. –

Dann wandern Sie mit Ihrer Aufmerksamkeit in den Nacken, spüren, ob es hier Verspannungen gibt, die Sie noch loslassen können – spüren den Hals ringsherum – wandern weiter in die Kopfhaut, spüren, wie sie ganz locker den Schädel umgibt. –

Die Stirn fällt ganz breit auseinander – die Augen ruhen in ihren Höhlen – die Wangen hängen locker – die Lippen sind locker – der Unterkiefer hält nichts mehr fest – und die Zunge liegt breit im Mund. –

Ihr ganzer Körper liegt schwer und entspannt auf der Unterlage – das ganze Gewicht ist abgelegt – Sie genießen es, im Moment nichts tun und an nichts denken zu müssen – Sie dürfen einfach nur da sein – Sie beobachten jeden Atemzug, wie der Atem in den Körper einströmt, wie die Atembewegung sich im ganzen Körper ausbreitet und wie beim Ausatmen alles locker in sich zusammenfällt. Bleiben Sie eine Weile so liegen und genießen Sie die Entspannung. –

Dann spüren Sie wieder die Unterlage – und den Raum um Sie herum – kommen langsam in Gedanken wieder in den Raum zurück. Wenn Sie so weit sind, beginnen Sie, Hände und Füße zu bewegen, spannen nach und nach Arme und Beine an, öffnen die Augen, räkeln sich, atmen tief durch, gähnen ausgiebig und kommen anschließend wieder zum Sitzen. Vergessen Sie nicht, den Körper wieder kräftig anzuspannen und tief durchzuatmen. Die tiefe Entspannung kann Ihnen nur Kraft geben, wenn Sie die notwendige Spannung für die nächsten Aufgaben wiederherstellen.

Spüren Sie noch einmal in alle Körperteile, bevor Sie aufstehen, atmen Sie tief durch, und merken Sie sich, an welchen Stellen des Körpers Sie ein Unwohlsein gespürt haben, um diesen Stellen immer wieder Aufmerksamkeit schenken zu können.

Gelenke bewegen

Anwen-dungs-gebiete	• zur allgemeinen Entspannung • hervorragend geeignet für eine (Mittags-)Pause • bei Schlafstörungen • zur Lockerung der kleinen Verspannungen in den Gelenken
Zeitauf-wand	• pro Übung ca. 15–20 Minuten
Alters-gruppe	• ca. 8 Jahre (allerdings ist es oft schwierig, wenn Eltern ihre Kinder bei der Übung anleiten. Besser funktioniert es, wenn andere, die nicht zur Familie gehören, die Übung anleiten, da die Beziehung eher frei von Erwartungen ist.)
Allgemeine Bemer-kungen	• Sorgen Sie dafür, dass Sie eine Weile ungestört sind, wenn Sie diese Übung machen. • Sie können die Übung morgens, mittags oder abends machen, auch zum Einschlafen (dann zunächst ohne Bettdecke, aber ohne am Ende wieder anzuspannen). • Verspannungen haben Sie nicht nur an den von außen fühlbaren Stellen des Körpers, sondern auch in den Gelenken. Verspannungen in den Gelenken behindern die Blutzirkulation und die allgemeine Entspannung. Nach dieser Übung berichten viele Menschen, dass sie den ganzen Körper wesentlich deutlicher spüren können und die Entspannung sich besser im Körper ausbreitet. • Manche Menschen können sich besser entspannen, wenn sie etwas tun, statt sich – wie bei der Körperreise – nur zu beobachten und sich unbewegt zu entspannen. Für sie ist diese Übung sehr geeignet. • Wenn Sie die Übung häufiger gemacht haben, gelingt sie Ihnen vielleicht auch ohne den Text. Zu Beginn lassen Sie sich den Text am besten von einer vertrauten Person vorlesen, ganz langsam, und zumindest an den Stellen, an denen im Text ein Gedankenstrich steht, soll eine Pause folgen. Wenn Sie niemanden haben, der Ihnen den Text vorliest, oder wenn Sie die Übung mit Ihrem Partner oder Ihrer Partnerin gemeinsam machen möchten, nehmen Sie ihn auf eine Kassette auf. So haben Sie die Anleitung ein für alle Mal. (Wenn es Ihnen lieber ist, können Sie den Text auch in der Du-Form auf Kassette aufnehmen, da Sie sich unter Partnern oder sich selbst eher mit »Du« ansprechen.)
Risiken und Neben-wirkungen	• keine bekannt

Und hier die Anleitung für die Übung:

Zum Üben legen Sie sich am besten auf den Rücken. – Finden Sie zunächst eine bequeme Position, in der Sie um sich herum genügend Freiraum für Arm- und Beinbewegungen haben. – Wenn es Gedanken gibt, die Ihnen noch durch den Kopf gehen, versuchen Sie sie loszulassen, sagen Sie sich, dass Sie sie auch später weiterdenken können, jetzt wollen Sie sich nur mit Ihrem Körper beschäftigen. Gedanken, die wichtig sind, kommen ganz bestimmt zu einem passenden Zeitpunkt wieder. – Sie können sich auch vorstellen, dass an einem blauen Himmel lauter kleine Schäfchenwölkchen schweben, und jeden Gedanken, der Sie nicht loslässt, setzen Sie auf so ein Wölkchen und lassen ihn von dannen ziehen. –

Spüren Sie Ihren Körper, wie er auf dem Boden liegt, und lassen Sie möglichst alle noch spürbaren Spannungen los. – Wandern Sie mit Ihrer Aufmerksamkeit in Ihren rechten Arm und bereiten Sie sich darauf vor, den Arm gleich zu heben. – Nun stellen Sie den Arm senkrecht auf, richten sich in der Schulter so ein, dass der Arm wie von ganz allein steht, lassen alle unnötigen Spannungen los. –

Und dann beginnen Sie, die Fingergelenke der rechten Hand kräftig in alle Richtungen zu bewegen. Probieren Sie aus, welche Bewegungen in diesen Gelenken möglich sind und wie weit sich jedes Gelenk bewegen lässt, arbeiten Sie kräftig in den Gelenken der rechten Hand, der übrige Körper bleibt jedoch völlig unbeteiligt. Achten Sie einmal darauf, ob Ihre linke Hand ganz entspannt am Boden liegen bleiben kann, und wenn sie heimlich mitmacht, versuchen Sie sie völlig zu entspannen und weiter kräftige Bewegungen *nur* in den Gelenken der rechten Hand zu machen. –

Dann bewegen Sie Ihr rechtes Handgelenk. Die Gelenke der Finger ruhen wieder, nur das rechte Handgelenk arbeitet. Auch hier probieren Sie aus, welche Bewegungen im Handgelenk möglich sind und wie weit Sie das Handgelenk in jede Richtung bewegen können. Überdehnen Sie nicht, aber nutzen Sie den ganzen Bewegungsspielraum des Handgelenks. Achten Sie darauf, dass nur das rechte Handgelenk arbeitet, der Arm ist notwendigerweise mit beteiligt, aber der ganze übrige Körper liegt weitgehend entspannt und ruhig am Boden. –

Dann werden die Bewegungen des Handgelenks wieder kleiner, bis sie ganz zum Stillstand kommen, und Sie beginnen das rechte Ellenbogengelenk zu bewegen. Probieren Sie aus, welche Bewegungen möglich sind und wie weit sich das Gelenk in die jeweilige Richtung bewegen lässt. – Nur das rechte Ellenbogengelenk arbeitet, der übrige Körper bleibt völlig entspannt am Boden liegen. Der Atem geht ruhig und gleichmäßig, der rechte Arm hat mit der Bewegung der Ellenbogengelenke zu tun, der übrige Körper ist unbeteiligt und entspannt. –

Dann werden auch die Bewegungen des Ellenbogengelenks wieder kleiner und kommen zur Ruhe, und Sie beginnen, das rechte Schultergelenk zu bewegen. In welche Richtungen sind hier Bewegungen möglich? Probieren Sie aus, wo Grenzen der Bewegung sind. Und bewegen Sie ausgiebig den Arm aus der Schulter heraus, in alle möglichen Richtungen. Der Atem fließt ruhig und gleichmäßig, der übrige Körper ist weitestgehend entspannt, nur die rechte Schulter hat zu tun. –

Und dann werden auch hier die Bewegungen kleiner, bis die Schulter wieder ganz zur Ruhe kommt. Dann legen Sie den Arm neben dem Körper ab und lassen ihn sich wieder ganz entspannen. – Vergleichen Sie das Gefühl im rechten und im linken Arm. Gibt es einen Unterschied? Wie groß fühlt sich der rechte und wie groß der linke Arm an? Gibt es vielleicht auch einen Temperaturunterschied? –

Wenn Sie das Gefühl in den beiden Armen genügend lang verglichen haben, lassen Sie den rechten Arm ganz entspannt am Boden liegen und den linken Arm steigen, stellen ihn senkrecht auf, richten sich in der Schulter wieder so ein, dass der Arm wie von ganz allein steht, lassen alle unnötigen Spannungen los. –

Und dann beginnen Sie, die Fingergelenke der linken Hand kräftig in alle Richtungen zu bewegen. Probieren Sie aus, welche Bewegungen in diesen Gelenken möglich sind und wie weit sich jedes Gelenk bewegen lässt, arbeiten Sie kräftig in den Gelenken der linken Hand, der übrige Körper bleibt jedoch völlig unbeteiligt. Achten Sie einmal darauf, ob Ihre rechte Hand ganz entspannt am Boden liegen blieben kann, und wenn sie heimlich mitmacht, versuchen Sie, sie völlig zu entspannen und weiter kräftige Bewegungen *nur* in den Gelenken der linken Hand zu machen. Der Atem fließt ruhig und gleichmäßig. –

Dann kommen die Bewegungen der Fingergelenke zur Ruhe, und Sie bewegen das linke Handgelenk. Auch hier probieren Sie aus, welche Bewegungen möglich sind und wie weit Sie das Handgelenk in jede Richtung bewegen können. Überdehnen Sie nicht, aber nutzen Sie den ganzen Bewegungsspielraum des Handgelenks aus. Achten Sie darauf, dass nur das linke Handgelenk arbeitet, der Arm ist notwendigerweise mit beteiligt, aber der ganze übrige Körper liegt weitgehend entspannt und ruhig am Boden. –

Dann werden die Bewegungen des Handgelenks wieder kleiner, bis sie ganz zum Stillstand kommen, und Sie beginnen, das linke Ellenbogengelenk zu bewegen. Probieren Sie aus, welche Bewegungen möglich sind und wie weit sich das Gelenk in die jeweilige Richtung bewegen lässt. – Nur das linke Ellenbogengelenk arbeitet, der übrige Körper bleibt völlig entspannt am Boden liegen. Der Atem geht ruhig und gleichmäßig, der linke Arm hat mit der Bewegung der Ellenbogengelenke zu tun, der übrige Körper ist unbeteiligt und entspannt. –

Dann werden auch die Bewegungen des Ellenbogengelenks wieder kleiner und kommen zur Ruhe, und Sie beginnen, das linke Schultergelenk zu bewegen. In welche Richtungen sind hier Bewegungen möglich? Probieren Sie aus, wo Grenzen der Bewegung sind. Und bewegen Sie ausgiebig den Arm aus der Schulter heraus, in alle möglichen Richtungen. Der Atem fließt ruhig und gleichmäßig, der übrige Körper ist weitestgehend entspannt, nur die linke Schulter hat zu tun. –

Und dann werden auch hier die Bewegungen kleiner, bis die Schulter wieder ganz zur Ruhe kommt. Sie legen den Arm neben dem Körper ab und lassen ihn sich wieder ganz entspannen. – Vergleichen Sie das Gefühl im rechten und im linken Arm. Gibt es jetzt noch Unterschiede? –

Sie lassen den Körper ganz entspannt am Boden liegen und

wandern mit der Aufmerksamkeit in Ihren rechten Fuß. – Dann beginnen Sie mit kräftigen Bewegungen in den Zehengelenken in alle Richtungen. Nur die Zehen des rechten Fußes arbeiten, der linke Fuß und der übrige Körper liegen entspannt auf der Unterlage. Der Atem geht ruhig und gleichmäßig, die Zehen des rechten Fußes machen kräftige Bewegungen in alle möglichen Richtungen. –

Dann lassen Sie die Bewegungen kleiner werden und zum Stillstand kommen und beginnen, das rechte Fußgelenk zu bewegen. Probieren Sie aus, wie groß die Bewegungen sein können, in welche Richtungen sie möglich sind, und bewegen Sie das Fußgelenk so kräftig es geht. Der übrige Körper bleibt ganz entspannt, der Atem geht ruhig und gleichmäßig. –

Dann werden auch die Bewegungen des Fußgelenks wieder kleiner und kommen zum Stillstand, und Sie ziehen das rechte Knie über den Bauch. Dann beginnen Sie, das rechte Kniegelenk zu bewegen, probieren aus, welche Richtungen hier möglich sind, und bewegen nur das rechte Kniegelenk. Die rechte Rumpfseite ist an der Bewegung zwar beteiligt, der übrige Körper bleibt aber weitestgehend entspannt. Der Atem geht ruhig und gleichmäßig, und Sie bewegen das rechte Knie kräftig in alle möglichen Richtungen. – Dann wird auch diese Bewegung wieder kleiner und kommt ganz zur Ruhe, und Sie bewegen das rechte Hüftgelenk in alle möglichen Richtungen. Probieren Sie aus, in welche Richtungen Sie das Hüftgelenk bewegen können und wie weit die Bewegung jeweils möglich ist. Versuchen Sie, auch bei dieser relativ großen Bewegung nur die nötigen Muskeln arbeiten und den übrigen Körper völlig unbeteiligt zu lassen. Das rechte Hüftgelenk wird in alle Richtungen bewegt, der Atem geht ruhig und gleichmäßig. – Langsam lassen Sie die Bewegung wieder kleiner werden, bis sie ganz zum Stillstand kommt, legen das Bein wieder ab und lassen alle verbliebenen Spannungen wieder los. –

Vergleichen Sie das Gefühl im rechten und im linken Bein. Gibt es einen Unterschied bezüglich der Größe oder der Temperatur? –

Wenn Sie das Gefühl genügend lang verglichen und ihm nachgespürt haben, wandern Sie mit der Aufmerksamkeit in Ihren linken Fuß und beginnen mit kräftigen Bewegungen der Zehengelenke des linken Fußes in alle Richtungen. Nur die Zehen des linken Fußes arbeiten, der rechte Fuß und der übrige Körper liegen entspannt auf der Unterlage. Der Atem geht ruhig und gleichmäßig, die Zehen des linken Fußes machen kräftige Bewegungen in alle möglichen Richtungen. –

Dann lassen Sie die Bewegungen kleiner werden und zum Stillstand kommen und beginnen, das linke Fußgelenk zu bewegen. Probieren Sie aus, wie groß die Bewegungen sein können, in welche Richtungen sie möglich sind, und bewegen Sie das Fußgelenk so kräftig es geht. Der übrige Körper bleibt ganz entspannt, der Atem geht ruhig und gleichmäßig. –

Dann werden auch die Bewegungen des Fußgelenks wieder kleiner und kommen zum Stillstand, und Sie ziehen das linke Knie über den Bauch. Dann beginnen Sie, das linke Kniegelenk zu bewegen, probieren aus, welche Richtungen hier möglich sind, und bewegen nur das linke Kniegelenk. Die linke Rumpfseite ist an der Bewegung zwar beteiligt, der übrige Körper bleibt aber weitestgehend entspannt. Der Atem geht ruhig und gleichmäßig, und Sie bewegen das linke Knie kräftig in alle möglichen Richtungen. – Dann wird auch diese Bewegung wieder kleiner und kommt ganz zur Ruhe, und Sie bewegen das linke Hüftgelenk in alle möglichen Richtungen. Probieren Sie aus, in welche Richtungen Sie das Hüftgelenk bewegen und können und wie weit die Bewegung jeweils möglich ist. Versuchen Sie, auch bei dieser relativ großen Bewegung nur die nötigen Muskeln arbeiten und den übrigen Körper völlig unbeteiligt zu lassen. Das linke Hüftgelenk wird in alle Richtungen bewegt, der Atem geht ruhig und gleichmäßig. – Langsam lassen Sie die Bewegung wieder kleiner werden, bis sie ganz zum Stillstand kommt, legen das Bein wieder ab und lassen alle verbliebenen Spannungen wieder los. –

Vergleichen Sie noch einmal das Gefühl im linken und im

rechten Bein. Gibt es noch Unterschiede in Ihrem Gefühl für die linke und die rechte Seite? –

Wenn Sie dies genügend lang beobachtet haben, beginnen Sie, den Kopf zu rollen oder zu drehen. Bewegen Sie ihn aus der Halswirbelsäule heraus, probieren Sie aus, in welche Richtungen der Kopf sich bewegen lässt. Bewegen Sie den Kopf so weit es geht in alle Richtungen, dehnen Sie nicht zu stark, aber nehmen Sie deutlich wahr, wie weit er sich mühelos bewegen lässt und wo es anstrengend wird. Der Atem fließt ruhig und gleichmäßig, und Sie bewegen Ihren Kopf, bis die Bewegungen wieder kleiner werden und ganz zum Stillstand kommen. Lassen Sie alle Muskeln wieder locker werden und gönnen Sie sich noch einen Moment der Ruhe. –

Der ganze Körper liegt schwer und entspannt auf der Unterlage – das ganze Gewicht ist abgelegt – Sie genießen es, im Moment nichts tun und an nichts denken zu müssen – Sie dürfen einfach nur da sein und beobachten, wie der Atem in den Körper einströmt, wie die Atembewegung sich im ganzen Körper ausbreitet und wie beim Ausatmen alles locker in sich zusammenfällt. Bleiben Sie eine Weile so liegen und genießen Sie die Entspannung. –

Dann spüren Sie wieder die Unterlage – und den Raum um Sie herum – kommen langsam in Gedanken wieder in den Raum zurück. Wenn Sie so weit sind, beginnen Sie, Hände und Füße zu bewegen, spannen nach und nach Arme und Beine an, öffnen die Augen, räkeln sich, atmen tief durch, gähnen ausgiebig und kommen anschließend wieder zum Sitzen. Vergessen Sie nicht, den Körper wieder kräftig anzuspannen und tief durchzuatmen. Die tiefe Entspannung kann Ihnen nur Kraft geben, wenn Sie die notwendige Spannung für die nächsten Aufgaben wiederherstellen.

Gesichtsmassage

Anwen- dungs- gebiete	• zur allgemeinen Entspannung • besonders bei Kopfschmerzen
Zeitaufwand	• ca. 5–20 Minuten, je nach Intensität
Alters- gruppe	• auch Babys mögen manchmal schon Gesichtsmassage • als Partnerübung ab ca. 8 Jahren
Allgemeine Bemer- kungen	• Sie können die Gesichtsmassage als Partnerübung oder allein machen. • In Stresssituationen setzen sich auch im Gesicht viele Verspannungen fest. Gerade dies führt häufig zu Kopfschmerzen. Mit der Massage der verschiedenen Teile des Gesichts wirken Sie den Kopfschmerzen entgegen und tun dem ganzen Körper etwas Gutes, denn wenn sich das Gesicht entspannen kann, wirkt das ebenfalls entspannend auf den Körper. • Wenn Sie die Gesichtsmassage als Partnerübung machen, tauschen Sie sich darüber aus, welche Stellen in der Massage besonders bedürftig sind und meiden Sie unangenehme Stellen. Berücksichtigen Sie die Bedürfnisse des Partners!
Risiken und Neben- wirkungen	• Manche Menschen mögen es nicht, wenn jemand anderes in ihrem Gesicht »herumfummelt«. Dann machen Sie die Gesichtsmassage eben nur bei sich selbst.

Für die Gesichtsmassage setzen oder legen Sie sich bequem hin und entspannen sich. Dann legen Sie die Finger beider Hände an die Nasenwurzel und ziehen sie über die Augenbrauen nach außen. (Wenn Sie am eigenen Gesicht arbeiten, nehmen Sie am besten die vier Finger vom Zeigefinger bis zum kleinen Finger. Wenn Sie einem Partner das Gesicht massieren, können Sie sich hinter seinen Kopf setzen und auch sehr gut mit den Daumen arbeiten.) Dann setzen Sie wieder in der Mitte des Gesichts an und ziehen die Finger nach außen zu den Schläfen hin. Bei jedem neuen Ansetzen wandern Sie ein Stückchen höher, bis Sie den Haaransatz erreicht haben. Wenn es Ihnen angenehm ist, können Sie die Bewegung auch in beide Richtungen machen, die letzte sollte jedoch immer von der Mitte nach außen gehen, weil die Spannungen in dieser Richtung herausgezogen werden.

Dann beginnen Sie wieder an der Nasenwurzel und ziehen die Finger an der Knochenkante der Augenhöhle von der Mitte nach außen. Machen Sie diese Bewegung abwechselnd an der oberen und an der unteren Kante der Augenhöhle. Sie können auch hier, wenn es Ihnen angenehm ist, in beide Richtungen arbeiten. Zum Abschluss ziehen Sie jedoch ein- bis dreimal von der Mitte nach außen, damit Sie die Spannungen herausziehen.

Dann ziehen Sie die Finger von der Nasenwurzel über den Nasenrücken zur Nasenspitze – und wiederholen die Bewegung ein paarmal von oben nach unten – und dann vom Nasenrücken über die Nasenflügel zu den Wangen bis zu den Ohren und zurück zum Nasenrücken – ein paarmal hin und her, die letzte Bewegung wieder von der Nase nach außen.

Dann legen Sie jeweils Zeige-, Mittel- und Ringfinger auf die Linie des Oberkiefers, üben einen leichten Druck auf das Gewebe aus und machen kreisende Bewegungen mit den Fingern, links- und rechtsherum, und streichen am Ende die Oberlippe zum Kinn hin aus.

Dann nehmen Sie das Kinn zwischen die Daumen und die Zeige- und Mittelfinger und kneten mit den Fingern das Gewebe des Kinns mit kreisenden Bewegungen. Sie lassen diese knetenden Bewegungen entlang der Unterkieferknochenkante bis zum Ohr hin wandern. Vor den Ohren legen Sie dann die Finger auf die Kaumuskeln und lassen sie mit kreisenden Bewegungen wieder Richtung Kinn wandern.

Anschließend nehmen Sie die Ohrläppchen zwischen Daumen und Zeigefinger und kneten entlang der Ohrmuschel bis zum oberen Ansatz des Ohres, dann hinter den Ohren mit kreisenden Bewegungen der Zeige- und Mittelfinger wieder abwärts. Streichen Sie zum Abschluss mit allen Fingerkuppen ganz locker über das Gesicht, und fahren Sie mit den Fingerkuppen vom Haaransatz über die Kopfhaut, sowohl von der Stirn wie auch von der Schädelbasis aus, »durchforken« Sie sozusagen die Haare von allen Seiten.

Spüren Sie einen Moment nach und bewahren Sie sich die Entspannung, wenn Sie sich gleich wieder anderen Tätigkeiten zuwenden.

Aprilwetter

Anwendungsgebiete	• zur allgemeinen Entspannung • als Pausenübung oder als Abschluss bei ausgiebigen geistigen Anstrengungen • besonders bei Verspannungen auf der Rückseite des Körpers
Zeitaufwand	• ca. 10 Minuten
Altersgruppe	• ab ca. 4 Jahren
Allgemeine Bemerkungen	• Geht nur als Partnerübung. • Tauschen Sie sich mit dem Partner oder der Partnerin darüber aus, welche Stellen am Rücken besonders bedürftig sind, und meiden Sie unangenehme Stellen. Berücksichtigen Sie die Bedürfnisse des Partners! • Wenn Sie die Übung mit Kindern machen, brauchen Sie sich nicht an die »Wetterfolge« zu halten, Sie können sie dann auch im Sitzen oder als Klopfübung machen. Kinder lieben oft die Abwandlung »Schinken klopfen«. Machen Sie den Kindern jedoch klar, dass es nicht darum geht, sich weh, sondern sich etwas Gutes zu tun! Der Schinken soll also nur (lecker) weich geklopft werden.
Risiken und Nebenwirkungen	• Trommeln und klopfen Sie *nicht direkt auf die Wirbelsäule*, sondern lediglich links und rechts davon! • *Meiden Sie den Bereich der Nieren*, also zwischen dem Rückenbecken und dem Brustkorb. In diesem Bereich sollten Sie nur streichen!

Für diese Übung brauchen Sie einen Partner. Zunächst einigen Sie sich, wer zuerst »das Wetter« macht und wer zuerst »die Erde« ist. Derjenige, der »das Wetter« macht, wird den anderen behandeln, »die Erde« wird vom Wetter »berieselt«.

Wer also zuerst behandelt werden möchte, stellt sich mit dem Oberkörper nach vorn gebeugt vor den Partner hin. Sie können sich sehr weit nach vorn beugen oder auch nur ein bisschen den Kopf nach vorn fallen lassen, je nachdem, was Ihnen angenehm ist und in welcher Haltung Sie eine Weile aushalten, ohne sich zu bewegen. Sie können sich auch rittlings auf einen Stuhl setzen und den Kopf auf die Arme legen, die Sie auf die Lehne gestützt haben. Der Partner muss nur Ihre ganze Rückseite gut erreichen können. Dann beginnt das »Aprilwetter« (s. nachfolgende Tabelle).

Das »Wetter« behandelt die »Erde«, im Anschluss darf die

Erde noch einen Moment nachspüren, dann wechseln Sie die Rollen. Sie machen die gleiche Wetterfolge noch einmal (die kommt im April schließlich auch nicht nur einmal vor), bis auch der zweite Partner die positiven Nachwirkungen dieser Übung spüren kann.

Eine wunderbare Übung übrigens auch für zwischendurch im Büro.

Das Wetter

Wetterfolge (gesprochen)	Was tut der Partner?
• Die Sonne scheint, es geht ein leichter Landwind, die Erde wird von der Sonne durchwärmt. Die Strahlen lassen bereits den Sommer erahnen.	• Er streicht entsprechend leicht und wärmend über die ganze Rückseite (Rücken, Po, Beine, so weit erreichbar).
• Der Wind wird stärker, und er bringt einige Regentropfen mit.	• Er beginnt, vom Streichen in ein Klopfen mit den Fingerkuppen überzugehen.
• Es beginnt ein leichter Regen.	• Er klopft mit den Fingerkuppen die Rückseite ab.
• Der Regen wird stärker.	• Er klopft kräftiger mit den Fingerkuppen.
• Es gießt, und es kommt Sturm auf, vielleicht mischen sich sogar Hagelkörner unter den Regen.	• Er arbeitet mit den Fingerkuppen, den Fäusten oder den ganzen Handflächen.
• Es gibt ein Gewitter und donnert und blitzt.	• Die Handflächen »donnern und blitzen« über die Rückseite, so kräftig, wie es gerade noch angenehm ist.
• Das Gewitter lässt langsam nach, es regnet noch.	• Er klopft wieder mit den Fingerkuppen.
• Auch der Regen wird weniger, es fallen nur noch einige Tropfen.	• Das Klopfen wird leichter.
• Die Sonne kommt wieder, einige Rinnsale laufen noch über die Erde und versickern im Boden,	• Er fährt mit den Fingerkuppen die »Rinnsale« über die Rückseite.
• bis die Erde wieder getrocknet ist und von der Sonne durch und durch gewärmt wird.	• Er streicht wieder mit der ganzen Handfläche die Rückseite ab, lässt »die Erde« noch etwas nachspüren. Und dann ist Rollentausch.

Stehaufmännchen, Stehauffrauchen, Stehaufkindchen

Anwendungsgebiete	• zur allgemeinen Entspannung • besonders bei Verspannungen im Rücken
Zeitaufwand	• ca. 10 Minuten
Altersgruppe	• ab ca. 3 Jahren
Allgemeine Bemerkungen	• Diese Übung ist zugleich eine Massage für den Rücken wie auch eine Übung für das (innere) Gleichgewicht durch die bewusste Veränderung des eigenen Schwerpunkts. • Sie brauchen eine nicht zu harte, aber auch nicht zu weiche Unterlage auf dem Fußboden (ein weicher Teppich ist gut geeignet, eine Matratze ist meist schon zu weich) und Platz um Sie herum. • Bequeme Kleidung ist empfehlenswert. • Dies ist eine gute Übung, wenn Sie allgemein unruhig oder hektisch sind, auch sehr geeignet für unruhige Kinder. Die Übung schafft Entspannung, weil Sie den Rücken quasi mit Ihrem eigenen Körper massieren, und Ausgeglichenheit, weil Sie sich auf Ihren inneren Schwerpunkt konzentrieren und diesen gezielt verändern müssen. Dieser (innere und äußere) Vorgang fördert die allgemeine Konzentration.
Risiken und Nebenwirkungen	• Es ist eine relativ schwere Übung. Kinder können sie meist schneller als Erwachsene. Geben Sie nicht gleich auf, sondern freuen sich auch über kleine Erfolge! Arbeiten Sie immer wieder an Bewegungen, die Ihnen nicht gleich gelingen wollen.

Für diese Übung setzen Sie sich auf den Boden, legen die Fußsohlen aneinander und die Knie nach außen. Ziehen Sie die Fersen so weit zum Schambein, dass es noch bequem und gut auszuhalten ist. Fassen Sie die Fußgelenke mit den Händen und lassen Sie Ihr Gewicht zu einer Seite rollen. Rollen Sie zunächst so weit, bis der Oberschenkel und das Knie sich auf dem Boden ablegen, halten Sie dann inne und rollen Sie noch einmal in die senkrechte Position zurück. Stellen Sie sich vor, Sie haben in Ihrem Leib eine schwere Kugel, die in Ihrer Mitte liegt, und dadurch, dass die Kugel in Ihrem Inneren ins Rollen kommt, verändert sich Ihr Schwerpunkt und damit die ganze Haltung.

Kennen Sie diese Stehaufmännchen, die einen kugelförmigen Bauch haben, in dem sich eine schwere Kugel befindet? Wenn Sie das Stehaufmännchen umkippen, stellt es sich von selbst wieder auf, weil die Kugel immer wieder in die Mitte rollt und so das Männchen wieder aufrichtet.

Stellen Sie sich also vor, dass die Kugel in Ihrem Inneren zu einer Seite rollt, dadurch rollen Sie über den Oberschenkel zum Knie und über das Knie hinaus. Sie lassen die Kugel aber noch weiter nach außen rollen, bis Sie auch auf den Arm und langsam über die Schulter auf den Rücken rollen. Je langsamer Sie rollen, desto weniger kann die Bewegung außer Kontrolle geraten.

Wenn Sie auf dem Rücken angekommen sind, lassen Sie Ihre innere Kugel ein paar Mal hin und her rollen, ohne die Fußgelenke loszulassen, so dass Sie mit Ihrem Gewicht den Rücken massieren. Wenn Sie genügend gependelt haben, entscheiden Sie, über welche Seite Sie sich wieder aufrichten wollen: Wollen Sie lieber den gleichen Weg zurück in die Aufrechte rollen oder die Bewegung in einem Kreis vollenden? Entscheiden Sie und lassen Sie dann die Kugel genauso langsam wie bei der Abwärtsbewegung zurück- oder weiterrollen, bis Sie wieder aufrecht sitzen wie zu Beginn. Sie müssten ungefähr an der gleichen Stelle auf dem Boden wieder ankommen, an der Sie angefangen haben. Wenn Sie die Bewegung in eine Richtung und zurück gemacht haben, probieren Sie einmal die andere Seite. Wenn Sie mit Ihrem Körper einen Kreis beschrieben haben, probieren Sie, ob die Kreisbewegung in die andere Richtung genauso gut geht oder sogar besser.

Wenn Ihnen die ganze Kreisbewegung schwer fällt, dann probieren Sie es mit Teilen der Bewegung: Sie verlagern Ihr Gewicht nur von der Senkrechten bis zum Knie und rollen hin und her oder aus der Rückenlage bis zum Knie hin und her. Beachten Sie: Je langsamer Sie sich bewegen, desto deutlicher werden Sie den sich bewegenden Schwerpunkt (also die Kugel) spüren und desto besser wird Ihnen die Übung gelingen. Wenn Ihnen die Bewegung leicht fällt, können Sie mehrere Kreise hintereinander langsam (!) vollführen. Wenn Sie die Übung mit Kindern machen, kann das sehr lustig sein. Es verleitet oft zum Lachen, so dass Sie außer den positiven Wirkungen dieser Übung auch noch die entspannende Wirkung des Lachens genießen können.

Füße kreisen

Anwendungsgebiete	• zum Wachwerden am Morgen • bei Kreislaufproblemen (z. B. bei zu niedrigem Blutdruck) • bei Venenproblemen in den Beinen • zum Ausgleich für den Körper nach langem Sitzen • um die Kraft und das Bewusstsein im Unterkörper zu wecken
Zeitaufwand	• ca. 1 Minute
Altersgruppe	• ab ca. 3 Jahren
Allgemeine Bemerkungen	• Sie können die Übung im Sitzen oder im Liegen machen, am besten ohne Schuhe. • Wenn Sie die Übung morgens im Bett machen, lüpfen Sie die Bettdecke, dann geht es besser. • Nach zehnmal intensivem Füßekreisen soll sich das Blut in den Beinen einmal ausgetauscht haben. Das fördert den Kreislauf und macht müde Beine munter.
Risiken und Nebenwirkungen	• keine bekannt

Diese Übung können Sie immer und überall machen, nur nicht im Stehen, aber z. B. auch unter einem (Schreib-)Tisch. Außerdem ist es gut, wenn Sie dazu die Schuhe ausziehen. Wenn Sie auf einem Stuhl sitzen, setzen Sie sich ganz vorn auf die Kante.

Legen Sie die Füße (je nach ihrer Größe) etwa 30 bis 60 Zentimeter auseinander, ziehen Sie die Zehen in Richtung Nasenspitze, halten Sie die Füße so angezogen und kippen Sie die Fußspitzen zur Körpermitte. Dann lassen Sie die Fußspitzen einen möglichst großen Kreis beschreiben: Drücken Sie sie nach vorn und bewegen Sie sie so dicht wie möglich über dem Boden nach außen und ziehen Sie sie anschließend wieder in Richtung Nasenspitze. Die Beine sind an dieser Bewegung beteiligt, der übrige Körper bleibt weitestgehend entspannt. Machen Sie zehn solche Kreise und spüren Sie dann nach. Sie werden merken, dass wieder Leben in Ihre Beine gekommen ist.

Zehen krallen

Anwen-dungs-gebiete	• zum Wachwerden • bei Kreislaufproblemen • bei Venenproblemen • um die Kraft und das Bewusstsein in den Füßen und Beinen zu wecken • um das Gleichgewicht zu fördern
Zeitaufwand	• ca. 5 Minuten
Altersgruppe	• ab ca. 3 Jahren
Allgemeine Bemer-kungen	• Es ist eine in der Wirkung ähnliche Übung wie die vorangegangene, Sie können sie aber nur im Stehen machen. • Sie brauchen vor sich mindestens einen Meter Platz und eine durchgängige Unterlage. • Auch diese Übung geht nur ohne Schuhe.
Risiken und Neben-wirkungen	• keine bekannt

Stellen Sie die Füße ohne Schuhe parallel auf den Fußboden, der mindestens einen Meter vor Ihnen nicht den Belag wechseln sollte. Die Füße sind etwa hüftbreit auseinander. Verteilen Sie Ihr Gewicht zunächst gleichmäßig auf beide Füße und entscheiden Sie, welchen Fuß Sie als Erstes vorwärts bewegen wollen. Dann verlagern Sie das Gewicht auf den anderen Fuß, stehen stabil und beginnen, den ersten Fuß nur durch krallende Zehenbewegungen sich nach vorn ziehen zu lassen, bis dieser etwa eine Fußlänge vor dem anderen steht. Dann verlagern Sie Ihr Gewicht auf den vorderen Fuß und beginnen den hinteren Fuß auf die gleiche Weise sich nach vorn bewegen zu lassen. Dieser zieht an dem Standbein vorbei, bis er wieder eine Fußlänge vor dem anderen steht. Sie verlagern wieder das Gewicht und lassen den hinteren Fuß durch Zehenkrallen sich nach vorn bewegen, bis er auf der Höhe des anderen Fußes stehen bleibt.

Sie können die Bewegung auch verlängern und jeden Fuß sozusagen noch einen »Schritt« mehr machen lassen, auf jeden Fall soll der Fuß, mit dem Sie begonnen haben, zuletzt auf die gleiche Höhe des anderen Fußes bewegt werden. Dann bleiben Sie einen Moment stehen, verlagern das Gewicht wieder gleichmäßig auf beide Füße und spüren dem Gefühl in Beinen und Füßen nach. Nun verlagern Sie das Gewicht auf den zuletzt bewegten Fuß und beginnen die Rückwärtsbewegung mit dem anderen Fuß: Nur durch Zehenbewegungen wird der Fuß jetzt nach hinten geschoben, bis er eine Fußlänge hinter dem anderen steht. Dann verlagern Sie wieder das Gewicht, lassen den anderen Fuß rückwärts an dem zuerst bewegten Fuß vorbeiziehen. Auf dem Rückweg machen Sie die gleiche Anzahl »Schritte« wie auf dem Hinweg.

Dabei schieben sich womöglich Ihre Strümpfe über die Fußspitzen. Wenn Sie das stört, machen Sie die Übung barfuß. Dann müssen Sie nur darauf achten, dass der Untergrund entsprechend rutschig ist, damit die Füße darauf entlanggleiten können. Spüren Sie am Ende noch einmal nach, was sich in Ihren Füßen und Beinen verändert hat, welche Kraft Sie auch in Ihren Beinen und Ihrem Unterkörper haben und wie sich diese Übung auf Ihren ganzen Körper ausgewirkt hat, bevor Sie gleich wieder anderen Tätigkeiten nachgehen.

Machen Sie die Übung, so oft Sie Ihnen Spaß macht und gut tut, einfach hin und wieder zwischendurch.

Standpunkt

Anwendungsgebiete	• bei Unsicherheiten bezüglich des eigenen Standpunktes (in jeder Hinsicht) • zur Förderung des (inneren) Gleichgewichts
Zeitaufwand	• 5 Minuten, nach Belieben länger
Altersgruppe	• Erwachsene, in einzelnen Fällen Kinder ab 10 Jahren, in der Regel ab 14 Jah-ren (Stehen können die Kinder natürlich schon vorher, aber das Bewusstsein für den eigenen Stand und die Übertragung auf das Verhalten im Alltag fällt den Kindern noch schwer.)
Allgemeine Bemerkungen	• Ein sicherer Stand(punkt) im Körper überträgt sich auch auf Ihre allgemeine Haltung im Alltag. Wenn sich Ihr Körper im Gleichgewicht befindet, wenn Sie sicher stehen, so dass Sie nicht von jedem kleinen Hauch umgepustet werden können, überträgt sich dies auch auf Ihre Haltung in Alltagssituationen, in denen Sie in Auseinandersetzungen »standhalten«, in denen Sie Ihren »Standpunkt vertreten«, »Ihren Mann« oder »Ihre Frau stehen« müssen.

	• Sie können diese Übung zu Hause in aller Ruhe am Morgen, am Abend oder auch zwischendurch einmal machen. Mit etwas Routine ist es auch eine gute Übung für Alltagssituationen wie z. B. an der Kasse im Supermarkt, beim Kartoffelnschälen, an einer roten Fußgängerampel oder bei sonstigen Wartezeiten im Stehen. Sie bekommen mit der Zeit ein gutes Gefühl dafür, welche Muskeln beim Stehen angespannt sein müssen, und können unnötige Spannungen wieder loslassen.
	• Wenn Sie mit dieser Übung einigermaßen sicher geworden sind, können Sie sich kontrollieren lassen. Lassen Sie z. B. ein Kind versuchen, Sie umzustoßen. Das macht den Kindern Spaß, und für Sie ist es eine zusätzliche Herausforderung. Sie werden sehen, je lockerer Sie dabei sind, je sicherer Sie sich Ihres eigenen Standpunktes sind, je mehr Sie dabei nur auf Ihre eigene Haltung achten und sich auf die eigenen Kräfte konzentrieren, desto weniger wird es den Kindern gelingen, Sie umzustoßen. Sicherlich ist das auch abhängig von Ihrer Tagesform und Sie werden merken, dass es Tage gibt, an denen Ihnen diese Übung besser gelingt als an anderen. Je mehr Sie jedoch üben, desto mehr mobilisieren Sie Ihre eigenen Kräfte, die Ihnen zu einem sicheren Standpunkt verhelfen, wo immer Sie ihn brauchen.
	• Vergleichen Sie dazu auch die Übung »Beckenbodentraining«.
Risiken und Neben-wirkungen	• Manchmal fällt es (besonders zu Anfang) schwer, eine Weile ruhig zu stehen und alles loszulassen. Überfordern Sie sich nicht, fangen Sie mit einzelnen Stellen an, freuen Sie sich über jede Stelle, die Sie loslassen können, und belassen Sie die Stellen, an denen Sie sich noch nicht wohl fühlen, wie sie sind, ohne dass Sie sich darüber aufregen.
	• Es kann sein, dass Hände und Füße sich nach einer Weile dick, schwer und geschwollen anfühlen oder auch zu kribbeln anfangen. Versuchen Sie, das Kribbeln abfließen zu lassen, sozusagen mit dem Ausatmen loszulassen. Wenn es gar zu unangenehm ist, nehmen Sie die Hände nach oben (lassen die Schultern hängen und knicken die Arme in den Ellenbogen ein) und lassen die Füße noch mehr in den Boden ein. Wenn es dann immer noch unangenehm ist, brechen Sie die Übung ab.
	• Bei niedrigem Blutdruck kann es in einigen Fällen zu Schwindelanfällen kommen. Brechen Sie die Übung dann ab, legen Sie sich hin und die Beine hoch oder setzen Sie sich und machen die Übung »Füße kreisen«, um wieder klar zu werden.

Für diese Übung stellen Sie sich aufrecht an eine Stelle, an der Sie sich wohl fühlen. Stellen Sie die Füße etwa hüftbreit auseinander und möglichst parallel. Wenn Sie dabei das (unangenehme) Gefühle haben, Sie stünden mit den Füßen nach innen, dann dürfen Sie die Füße auch ein wenig nach außen stellen, aber so parallel wie möglich.

Spüren Sie zunächst, wie es sich anfühlt, wenn Sie so stehen. Wie ist das Gewicht auf den Füßen verteilt? Wie ist der Kontakt zum Boden? Wie ist die Aufrichtung? Ist es anstrengend, so zu stehen? Welche Körperstellen spüren Sie jetzt besonders? Gibt es schmerzende Stellen? Gibt es Stellen, an denen Sie Anspannungen loslassen können? Wie ist der Atem in dieser Haltung?

Und dann verteilen Sie das Gewicht gleichmäßig auf die Fußsohlen, die Zehen, die Ballen, die Fersen, wobei beide Füße gleichmäßig belastet sind. Verankern Sie die Füße im Boden, lassen Sie in Ihrer Vorstellung Wurzeln in den Boden wachsen, die Sie halten. Sie bleiben weich in den Fußgelenken, die Knie sind nicht durchgedrückt. Zur Kontrolle können Sie die Beine einmal kräftig anspannen und dann alle Muskeln wieder lösen. Dabei lösen sich auch die Knie, und Sie lassen die Beine weitestgehend entspannt.

Dann spüren Sie das Becken, probieren aus, welche Beckenstellung am angenehmsten ist, indem Sie das Becken aus den Hüftgelenken nach vorn kippen und wieder aufrichten. Wenn Sie das Becken nach vorn kippen, entsteht leicht ein Druck im Lendenwirbelbereich, wenn Sie das Becken extrem nach hinten kippen, spannen Sie Ihre Bauchmuskeln an und drücken das Kreuz heraus. Probieren Sie aus, welche Auswirkungen die Beckenhaltung auf Ihren Stand hat, und versuchen Sie dann, für das Becken eine entspannte Aufrichtung zu finden, in der Sie es weder mit den Bauchmuskeln noch mit der Lende halten müssen. Stellen Sie sich vor, Sie würden sich im Stehen gemütlich hinsetzen. Sie setzen also das Becken auf den Beinen ab und lassen Bauch- und Rückenmuskeln los. Der Beckenboden bleibt in seiner normalen Grundspannung, nicht nach unten hängend, aber auch nicht extrem hochgezogen.

Wenn Sie die entspannte Beckenhaltung gefunden haben, spüren Sie Ihren mittleren Atemraum, also den Bereich zwischen dem Becken und dem Brustkorb, und lassen auch in diesem

Bereich alles locker, so dass sich die Atembewegung auch im Bauchraum fortsetzen kann. Dann spüren Sie die Schultern, ziehen sie einmal nach vorn, wobei Sie die Schulterblätter auseinander ziehen – die Arme bleiben dabei locker hängen – und bewegen die Schultern auch nach hinten, wobei Sie den vorderen Brustkorbbereich dehnen, ziehen die Schultern vielleicht auch einmal hoch und lassen dann alle Muskeln im Schulterbereich fallen. Die Arme hängen locker aus den Schultern zum Boden.

Dann spüren Sie Ihren Kopf, wie er auf der Wirbelsäule steht, und stellen sich vor, er würde an einem unsichtbaren Faden am Scheitelpunkt am oberen Hinterkopf nach oben gezogen. Verlagern Sie Ihren Kopf einmal leicht nach hinten, nach vorn und zu den Seiten, und lassen Sie ihn immer wieder von diesem unsichtbaren Faden sich aufrichten, bis Sie im Nacken, im Hals und im Kopf möglichst alle Spannungen loslassen können und der Kopf sich weitestgehend allein auf der Wirbelsäule trägt. Spüren Sie sich in diesem Stand. Wandern Sie noch einmal mit der Aufmerksamkeit durch den Körper: Ist das Gewicht noch gleichmäßig auf den Füßen verteilt? Sind Fußgelenke und Knie locker? Ist das Becken locker aufgerichtet? Sind Bauch und Po locker? Hängen die Schultern locker? Sitzt der Kopf locker auf der Wirbelsäule? Wie ist der Atem in dieser Haltung? Kann er sich im ganzen Körper ausbreiten? Wie ist die Verbindung mit dem Boden? Wie sicher stehen Sie nun?

Stellen Sie sich vor, jemand wollte Sie umstoßen. Bleiben Sie ruhig stehen, konzentrieren Sie sich auf Ihren Schwerpunkt in Ihrem Becken, eine Handbreit unterhalb des Bauchnabels im Inneren Ihres Körpers. Von dort kommen die Kräfte, die Ihren Stand(punkt) stabilisieren. Lassen Sie den Atem diese Kräfte in Ihrem Körper mobilisieren. Und spüren Sie, wie Ihre Füße fest im Boden verankert sind. Wie tief reichen ihre Wurzeln?

Die Wurzeln halten Sie fest am Boden, die Kräfte aus Ihrem Becken halten Sie in der Aufrechten. Bleiben Sie bei sich selbst und ruhen Sie in Ihrem Standpunkt, dann wird es niemandem gelingen, Sie umzustoßen oder beiseite zu schieben.

Thymusdrüse klopfen

Anwendungsgebiete	• für mehr Selbstbewusstsein • wenn die Kräfte schwinden • zur Anregung des Immunsystems • zum Abbau von Überempfindlichkeiten • für Ausgeglichenheit im Alltag • für die Mobilisierung körpereigener Kräfte • manchmal sogar zur Lösung oder Linderung von Ängsten
Zeitaufwand	• ca. 1 bis 3 Minuten, klopfen Sie einfach auch zwischendurch, an der roten Ampel im Auto, beim Telefonieren o. Ä.
Altersgruppe	• Diese Übung empfehle ich nur Erwachsenen, da sie mit ihrem Gefühl auf die Übung reagieren können und nur das tun, was nicht weh, sondern gut tut. Eine behutsame Anleitung kann diese Übung aber auch für (Schul-)Kinder möglich machen.
Allgemeine Bemerkungen	• Die Thymusdrüse liegt hinter dem oberen Bereich des Brustbeins. Bei Kindern ist sie noch sehr ausgeprägt, in der Pubertät verkümmert sie weitestgehend. • Man nimmt an, dass das Hormon der Thymusdrüse für das Immunsystem wichtig ist und damit auch für die Selbstheilungskräfte und das Selbstbewusstsein. • Schon durch leichtes Klopfen wird die Drüse angeregt – das Immunsystem wird stimuliert. • Diese Übung können Sie an Tagen machen, an denen Sie viel vorhaben, vor denen Sie einen Horror haben, vor Lehrergesprächen, vor voraussehbaren Konfliktsituationen oder wenn Sie das Gefühl haben, es wird Ihnen alles zu viel oder eine Krankheit kündigt sich an. • Diese Übung wird übrigens auch im Bewerbungstraining angewendet, um Selbstsicherheit, Ausgeglichenheit und Angstfreiheit zu unterstützen, Aufgeregtheit zu lindern und innere Ruhe zu fördern.
Risiken und Nebenwirkungen	• Klopfen Sie nur im Bereich der Rippen und des Brustbeins, *nicht* jedoch auf die Schilddrüse oder den Hals!

Bei dieser Übung geht es nur darum, dass der obere Bereich des Brustkorbs leicht beklopft wird. Dadurch wird die bei Erwachsenen weitestgehend verkümmerte Thymusdrüse stimuliert und das körpereigene Immunsystem angeregt.

Machen Sie nichts anderes, als im oberen Bereich Ihres Brustkorbs zu klopfen, leicht mit den Fingerkuppen oder auch mit den Fäusten. Klopfen Sie direkt auf das Brustbein, rechts und links daneben, gerade so stark, wie es Ihnen angenehm ist. Und auch nur so lange, wie Sie es gut aushalten können. Es könnte sein, dass Sie sich an einen Affen erinnert fühlen, der sich angeberisch auf die Brust klopft.

Wenn Sie aufgehört haben, streichen Sie den beklopften Bereich mit der ganzen Handfläche, spüren Sie noch einen Moment nach, atmen Sie tief durch, genießen Sie die Entspannung und versuchen Sie, Ihre Kräfte zu spüren.

»Pferdeschnauben«

Anwendungsgebiete	• in Situationen, in denen Sie gleich zu platzen drohen • in Situationen, in denen Sie am liebsten zuschlagen möchten • in Situationen, in denen Sie unfair zu werden drohen • in Situationen, in denen Sie sich über jemanden oder etwas aufregen
Zeitaufwand	• ca. 1 Minute, bei Bedarf auch länger
Altersgruppe	• alle
Allgemeine Bemerkungen	• Diese Übung kann brenzlige Situationen gut entzerren, denn Kinder sind meist sehr überrascht, wenn Sie anfangen, zu schnauben statt zu schreien oder gar zu schlagen. • Die entspannende Wirkung dieser Übung entsteht durch den vertieften Atem und durch die Entspannung des Mundbereichs durch das »Blubbern« der Lippen. • Wenn Sie mit dem Schnauben Ihre Kinder womöglich erschrecken oder verblüffen, dann führt das meist zu allgemeiner Erheiterung. Das entschärft die Situation, und das Lachen selbst entspannt noch einmal zusätzlich.
Risiken und Nebenwirkungen	• Wenn Sie dabei zu dicht vor einer Scheibe oder einem Spiegel stehen (oder im Auto sitzen), könnte die Scheibe bespuckt werden. • Wenn Ihnen schwindelig wird, hören Sie auf und atmen ruhig und gleichmäßig weiter. • Der Bereich der Lippen könnte anfangen zu kribbeln. Manchen Leuten ist das unangenehm, andere finden das sogar besonders schön.

Für diese Übung atmen Sie tief ein, legen die Lippen locker aufeinander und atmen durch die geschlossenen Lippen langsam und lange, aber kräftig wieder aus. Dabei entstehen schnelle öffnende und schließende Bewegungen der Lippen und ein schnaubendes Geräusch. Daher auch der Name der Übung: »Pferdeschnauben«. Das Lippenschnauben zwingt Sie zu einem tiefen, ruhigen Atem und führt zu einer Entspannung im Bereich des Mundes.

Probieren Sie es aus, in welchen Situationen die Übung Ihnen hilft. Sie finden selbst am besten heraus, wann Sie sich mit dieser Übung »retten« können.

Tönen, Summen, Singen

Anwendungsgebiete	• bei allgemeiner Anstrengung • bei allgemeinen Verspannungen • bei Stimmproblemen
Zeitaufwand	• je nach Bedarf
Altersgruppe	• alle
Allgemeine Bemerkungen	• Um Töne zu halten, beim Summen und beim Singen müssen Sie zwangsläufig die Atmung vertiefen und verlängern oder gezielt einteilen. Diese vertiefte Atmung führt automatisch zu Entspannung. • Die Töne versetzen den ganzen Körper in Schwingung. Auch diese Schwingungen führen zu Entspannung und zu besserer Laune. • Je nachdem, welchen Vokal Sie singen oder summen, erreicht die Schwingung eine andere Partie des Körpers. Auch die Tonhöhe hat Einfluss auf die Wirkung im Körper. • Halten Sie den Hals möglichst durchlässig und entspannt. Versuchen Sie, klare Töne zu erzeugen. • Wenn Sie viel sprechen müssen, wird Ihre Stimme enorm in Anspruch genommen. Um die Stimmbänder »gut geschmiert« zu halten, empfiehlt sich regelmäßiges Summen anstelle von häufigem Räuspern.
Risiken und Nebenwirkungen	• Die Nachbarn könnten sich bei zu exzessiver Ausübung wegen Ruhestörung beschweren.

Unter »Tönen« versteht man die Erzeugung eines langen Tons auf einem bestimmten Vokal oder einer bestimmten Silbe. Sie atmen tief ein und lassen beim Ausatmen einen möglichst langen Ton auf einem bestimmten Vokal entstehen, z. B. AAAAAAA-AAA ... oder OOOOOOOOO ... Versuchen Sie, den Atem frei fließen zu lassen, verschließen Sie nicht die Muskeln im Hals, damit es nicht zu einem Quietsch- oder Kreischton kommt. Lassen Sie den Ton klingen, bis der Ausatem ganz versiegt ist, und warten Sie in Ruhe ab, bis der Einatem von allein wieder einsetzt.

Experimentieren Sie mit der Tonhöhe, versuchen Sie denselben Vokal einmal in einer tiefen und in einer hohen Tonlage und finden Sie so heraus, in welcher Höhe Ihnen der Ton am leichtesten fällt und für Sie am angenehmsten klingt. Experimentieren Sie auch mit der Lautstärke, und seien Sie dabei nicht zu zaghaft. Laute Töne (bei denen Sie entspannt tönen können und nicht schreien) führen zu größeren Schwingungen im Körper und damit zu einer größeren Entspannung.

Sie können das Tönen überall machen, wo Sie sich ungestört fühlen und keine Rücksicht auf andere (wegen der Lautstärke) nehmen müssen. Nutzen Sie Zeiten (allein) im Auto, bei der Hausarbeit oder unter der Dusche für solche Übungen. Versuchen Sie einmal, *alle* Vokale zu singen – also auf A, E, I, O, U – und probieren Sie auch Ä, Ö und Ü. Spüren Sie jeweils nach, wo im Körper welcher Ton wie wirkt und welche Töne Ihnen am angenehmsten sind. Je mehr Sie damit experimentieren, desto besser lernen Sie Ihren Körper kennen und wissen, wann Ihnen welcher Ton gut tut. So lernen Sie, bestimmte Töne gezielt einzusetzen.

Auch Summen und Singen haben ähnliche Wirkungen. Summen und singen Sie nach Lust und Laune, neben der Entspannung wird es Ihre Stimmung in jedem Fall heben!

Singen ist auch eine beliebte Beschäftigung mit Kindern. Die meisten Kinder lieben es, wenn Sie ihnen etwas vorsingen. Vielleicht singen Sie zusammen, vielleicht singen Sie den Kindern etwas vor. Auf jeden Fall wird das Singen Ihnen und Ihrem Körper gut tun.

Auf den Atem hören, Atemräume vergrößern

Anwendungsgebiete	• in Stresssituationen • bei Unruhezuständen • in Überforderungssituationen • bei Provokationen von außen • bei allgemeiner Anstrengung
Zeitaufwand	• je nach Ausgiebigkeit ein paar Minuten
Altersgruppe	• alle, die bewusst mit ihrem Atem umgehen wollen und können
Allgemeine Bemerkungen	• Wenn Sie die »Körperreise« (s. S. 227) ab und zu machen, wird Ihnen diese Übung im Alltag leichter fallen, denn es geht hier darum, die Atembeobachtung aus der Körperreise mit in Alltagssituationen zu nehmen. • Sie können diese Übung tatsächlich immer und überall machen, es ist von außen nichts zu sehen. • Diese Übung ist immer angebracht, wenn Sie sich im Stress fühlen, wenn Sie sich überfordert fühlen, wenn Sie erst einmal sortieren müssen, bevor Sie sich für die nächste Aufgabe entscheiden, oder auch, wenn jemand Sie provoziert und Sie sich nicht aus der Ruhe bringen lassen wollen. • Diese Übung ist nichts anderes als eine bewusste Entspannung in jeder Lebenslage.
Risiken und Nebenwirkungen	• keine bekannt

Wo Sie gerade gehen und stehen, können Sie Ihren Atem beobachten. Besonders in Stresssituationen neigen Sie dazu, nur sehr kurz und flach zu atmen, und behindern damit den Körper, die nötige Kraft aus dem Atem (und der Sauerstoffaufnahme) zu ziehen. Deshalb sollten Sie immer wieder einmal Ihren Atem beobachten, zunächst ohne ihn zu bewerten. Stellen Sie fest: Aha, so fließt der Atem, wenn ich ihn gar nicht beeinflusse. Und fragen Sie sich: Fühle ich mich wohl, wenn ich so atme? Oder brauche ich mehr Luft? Kann sich der Atem genügend in meinem Körper ausbreiten? Oder ist er (an zu vielen Stellen) gehemmt?

Versuchen Sie, wo immer Sie sind und was immer Sie tun, dem Atem die größtmögliche Entfaltung in Ihrem Körper zu geben. Die Atembewegung kann sich ausbreiten, wenn der Körper entspannt ist. Und umgekehrt: Wenn der Atem sich weiter ausbreitet, kann der Körper sich (mehr) entspannen.

Wenn Sie das Gefühl haben, dass Ihr Atem zu begrenzt ist, dass Sie nicht genug Luft bekommen oder dass Sie sich allgemein verspannt fühlen, wenn Sie mehr Kraft brauchen oder einer Provokation von außen widerstehen müssen, dann versuchen Sie, Ihre Atemräume zu vergrößern. Wenn Sie kurz und flach atmen, atmen Sie in der Regel zu wenig ein und auch zu wenig aus, so dass der allgemeine Luftaustausch geschmälert ist. Sie könnten nun bewusst tief einatmen, um einfach mehr Luft zu bekommen. Für solch einen Einatem brauchen Sie jedoch extra Kraft. Deshalb ist es meist der leichtere Weg, wenn Sie den Ausatem verlängern. Denken Sie auch daran, dass die Einatemphase die Phase des Krafttankens ist, während die Ausatmung die Entspannungsphase des Atemzyklus ist. Beim Einatmen füllt sich der Körper mit Luft, also auch mit Sauerstoff und Kraft, die Muskulatur wird gedehnt, beim Ausatmen geben Sie verbrauchte Luft und Spannungen wieder ab, die Muskulatur entspannt sich wieder.

Versuchen Sie einmal, am Ende des Ausatems noch mehr auszuatmen (dazu müssen Sie die Muskeln des Rumpfes zusammenziehen, jedoch nicht verkrampfen), bis Sie das Gefühl haben, alle Luft aus dem Körper herausgedrückt zu haben. Dann warten Sie die Pause ab und werden erleben, dass sich ganz von allein ein tieferer Einatem anschließt. Dieser Einatem wird sich auch weiter im Körper ausbreiten als die vorhergehenden flachen Atemzüge. Lassen Sie den Atem frei fließen und warten Sie ab, bis der Atem sich ganz von allein wieder beruhigt. Geben Sie jedem Einatem größtmögliche Entfaltung, indem Sie alle unnötigen Spannungen loslassen. Je entspannter Sie sind, desto effektiver kann der Körper auch mit Sauerstoff und Kraft versorgt werden.

Spüren Sie nach, wie der verlängerte Ausatem und der dadurch verlängerte Atem Ihr Körpergefühl verändert hat, und bei Bedarf wiederholen Sie diesen Vorgang bis zu dreimal.

Sie werden sehen, dass es eine hervorragende Übung ist, die Sie quasi überall zwischendurch machen können und die Ihnen nicht nur Kraft gibt, sondern auch die Möglichkeit, Ihr Körperbewusstsein zu schulen, indem Sie immer wieder den eigenen Körper in den verschiedenen Spannungszuständen beobachten.

Gesichtsgymnastik

Anwendungsgebiete	• bei allgemeiner Verspannung • bei (drohenden) Kopfschmerzen • gegen einen düsteren Gesichtsausdruck
Zeitaufwand	• je nach Ausgiebigkeit ein paar Minuten
Altersgruppe	• alle
Allgemeine Bemerkungen	• In Stresssituationen sieht man es Ihnen schnell an, dass Sie überlastet sind, weil alle Verspannungen sich auch im Gesicht abbilden. Wenn der (negative) Stress nachlässt, wirken Sie auch im Gesicht wieder entspannter und umgekehrt: Wenn Sie die Verspannungen im Gesicht lösen können, wirkt sich diese Entspannung auf Ihre ganze Persönlichkeit aus. • Bei Kopfschmerzen oder wenn Ihnen solche drohen, kann die Gesichtsgymnastik Ihnen helfen, dass Sie sich wieder entspannen, bevor die Kopfschmerzen richtig unangenehm werden. • Die Gesichtsgymnastik können Sie immer und überall machen, wo Sie sich unbeobachtet oder nicht gestört fühlen, sei es bei der Hausarbeit, im Auto an der roten Ampel oder vor dem Fernseher.
Risiken und Nebenwirkungen	• Wenn Sie dabei »erwischt« werden, könnte jemand Sie für etwas irre halten, aber da stehen Sie sicherlich drüber.

Bei der Gesichtsgymnastik geht es im Grunde um nichts anderes, als dass Sie Grimassen schneiden, nach Lust und Laune und so ausgiebig wie möglich:

- Ziehen Sie die Augenbrauen und die Stirn nach oben und spannen Sie die Kopfhaut bis über die Ohren. Ziehen Sie die Augenbrauen zusammen und sich sozusagen die Stirn über die Augen.
- Versuchen Sie, mit den Ohren zu wackeln.
- Reißen Sie die Augen weit auf, und kneifen Sie die Augen fest zusammen.
- Öffnen Sie den Mund, so weit es geht, bewegen Sie die Kiefergelenke, so dass es in den Ohren knirscht. Sie können auch den

Unterkiefer mit dem Ausatem öffnen und mit dem Einatem wieder schließen.

- Pressen Sie die Lippen fest aufeinander oder machen Sie einen dicken, festen Kussmund. »Verrenken« Sie Ihre Lippen in alle möglichen Richtungen.
- Ziehen Sie das ganze Gesicht in die Breite, indem Sie die Mundwinkel zu den Ohren ziehen, und machen Sie auch ein ganz langes, schmales Gesicht, indem Sie das Kinn nach unten, den Mund zu einem schmalen O und alle Muskeln quasi zur Nasenspitze hin ziehen. Machen Sie also ein breites Gesicht wie der grinsende Oliver Hardy und ein langes wie der peinlich berührte Stan Laurel.

Übertreiben Sie alle diese Bewegungen so, dass es gerade noch auszuhalten ist. Wenn Sie fertig sind, spüren Sie nach, lassen Sie alle Spannungen aus dem Gesicht wieder entweichen, und genießen Sie die Entspannung.

Zungenübungen

Anwendungsgebiete	• bei allgemeiner Verspannung, besonders auch im Nackenbereich
Zeitaufwand	• zwischendurch, einige Minuten
Altersgruppe	• alle
Allgemeine Bemerkungen	• Die Zunge ist ein hochsensibles Organ, das Sie nicht nur zum Sprechen, Schmecken und Fühlen brauchen, sondern das auch Indikator für Ihre inneren Spannungen sein kann. • Sie ist mit dem Nacken verbunden, so dass durch Zungenübungen besonders auch Verspannungen im Nackenbereich gelöst werden können. • Diese Übung können Sie gut nebenbei anwenden: an der roten Ampel im Auto, beim Fernsehen, bei der Hausarbeit usw. • Dies ist eine gute Übung gemeinsam mit Ihren Kindern, denn die finden solche Zungenspiele meist ganz witzig.
Risiken und Nebenwirkungen	• Auch bei dieser Übung könnten Außenstehende leicht irritiert reagieren. Erklären Sie ggf., was Sie tun, und empfehlen Sie die Nachahmung.

Spüren Sie zunächst, wie Ihre Zunge sich anfühlt:

- Liegt sie im Mundboden, oder klebt sie eher am Gaumen?
- Ist sie fest oder weich?
- Ist sie schmal oder breit?
- Wo spüren Sie die Zunge am deutlichsten? Mehr im hinteren oder mehr im vorderen Bereich? Mehr an der Oberseite oder mehr an der Unterseite? Und wie ist das Gefühl für die Zungenseiten?

Und dann versuchen Sie, die Zunge zunächst einmal ganz und gar zu entspannen. Geht das? Wo geht es vielleicht nicht? Und wie fühlt die Zunge sich in der Entspannung an? Merken Sie sich dieses Gefühl, bevor Sie beginnen, mit der Zunge zu üben:

Als Erstes lassen Sie die Zunge immer zwischen Gaumen und Mundboden hin und her wandern, drücken sie bei geschlossenem Mund ganz fest an den Gaumen und dann bei weit geöffnetem Mund an den Mundboden. Dabei dehnen Sie gleichzeitig Ihr Kiefergelenk. Wie fühlt sich das in der Zunge an? Wie wirkt das auf den Nacken und die Schultern? Vielleicht spüren Sie die Wirkung noch an anderen Stellen in Ihrem Körper?

Und dann fahren Sie mit der Zungenspitze jeweils rechts und links hinter Ihren letzten Backenzahn bzw. an Ihrem Oberkiefer so weit nach hinten, wie Ihre Zungenspitze am Kiefer entlang reicht. Stellen Sie sich vor, Sie wollten die Zungenspitze aus den Ohren wieder herausstrecken. Wie fühlte sich das in der Zunge an? Wie ist die Wirkung auf den Nacken und den übrigen Körper? Wechseln Sie zwischen links und rechts hin und her, und tun Sie dann das Gleiche am Unterkiefer. Spüren Sie, wie sich diese Bewegungen auswirken. Und dann strecken Sie die Zunge so weit wie möglich über das Kinn heraus (das ist natürlich grenzenlos übertrieben und soll nur die Richtung und Kraft verdeutlichen). Und dann versuchen Sie, mit der Zunge Ihre Nasenspitze zu erreichen. Machen Sie auch diese Bewegungen jeweils im Wechsel, so dass sich die gestreckte Zunge auf und ab bewegt.

Gönnen Sie sich eine Pause, wischen Sie vielleicht Kinn, Lippen und Nase etwas ab, und beginnen Sie dann, die herausgestreckte Zunge in Richtung der Ohren zu bewegen, wieder rechts und links im Wechsel.

Nach einer weiteren kleinen Pause können Sie abschließend große, kreisende Bewegungen mit der herausgestreckten Zunge machen, in beide Richtungen, wobei die Zunge auch den Unterkiefer mitbewegt.

Lassen Sie die Zunge sich wieder ganz entspannen, spüren Sie nach, wie sie sich nun anfühlt. Gibt es einen Unterschied zu dem Gefühl in der Zunge vor der Übung? Spüren Sie nach, wie sich die Übung auf den Nacken, die Schultern und den übrigen Körper ausgewirkt hat, und lassen Sie mit den folgenden (möglichst tiefen) Atemzügen die Restspannungen aus Ihrem Körper entweichen.

Sie können auch einzelne Teile dieser Übung zwischendurch machen. Probieren Sie aus, welche Zungenübungen Ihnen zur Entspannung verhelfen. Sie finden am besten selbst heraus, wann Sie welche Übung zu Ihrem Wohlgefühl und Ihrer Entspannung einsetzen können.

Lachen

Anwendungsgebiete	• bei allgemeiner Verspannung • gegen Trübsinnigkeit
Zeitaufwand	• je nach Bedarf, aber so viel wie möglich
Altersgruppe	• alle
Allgemeine Bemerkungen	• Ist nie verkehrt! • Lachen Sie über Dinge, über die Sie sich freuen, nicht nur aus Schadenfreude!
Risiken und Nebenwirkungen	• Nach exzessiven Lachsalven können Sie im Extremfall am nächsten Tag an Muskelkater leiden.

Lachen ist einerseits Ausdruck für gute Grundstimmung und gute Laune. Andererseits schafft Lachen auch eine gute Stimmung. Erinnern Sie sich, als Sie das letzte Mal ausgiebig gelacht haben: Sicher ging es Ihnen anschließend richtig gut, zumindest besser als vorher.

Die positive Auswirkung des Lachens auf den Körper rührt daher, dass die Muskeln des Rumpfes wunderbar trainiert werden und dadurch der Atem enorm vertieft wird. Wenn Sie sich die Vorgänge im Körper beim Lachen einmal bewusst machen, leuchtet es ein, warum es Ihnen so gut tut: es entspannt! Beim Lachen drücken das Zwerchfell und die Bauchmuskeln ruckartig und kräftig ein Maximum an Luft aus den Lungen. Das heißt zum einen, dass eine Menge verbrauchter Luft aus dem Körper ausgeschieden wird. Zum anderen zieht es auch einen tiefen Einatem nach sich, und der Körper wird mit viel frischem Sauerstoff versorgt. Außerdem breitet sich ein so tiefer Atemzug im ganzen Rumpfraum aus, es erfolgt eine zusätzliche Massage der inneren Organe im Bauchraum. Durch diese Ausdehnung der Atembewegung und Massage des Gewebes lösen sich Verspannungen, besonders im Bauchraum und im Bereich der Lendenwirbelsäule. Insofern ist Lachen auch eine gute Medizin gegen Rückenschmerzen in diesem Bereich und manchmal mehr wert als eine Massage von außen.

Lachen ist sozusagen eine kombinierte Übung aus dem »Tönen« und den »vergrößerten Atemräumen«. Vielleicht kommt sogar noch etwas unfreiwillige Gesichtsgymnastik dazu, so dass Sie sich in mehrfacher Hinsicht etwas Gutes tun. Die angenehme Wirkung zeigt sich in dem tiefen, freien Atem nach dem Lachen und Ihrem allgemein entspannten Körpergefühl. Außerdem überträgt sich das körperliche Wohlgefühl in jedem Fall in positiver Weise auf Ihre seelische Verfassung. Lachen hebt Ihre Stimmung insgesamt enorm.

Schaffen Sie sich Anlässe zum Lachen. Wenn Sie im Alltag wenig zu lachen haben, dann spielen Sie hin und wieder Gesellschaftsspiele, die Spaß machen und zum Lachen anregen. Ihr Körper(gefühl) wird es Ihnen danken.

Eine Anleitung zum Lachen brauchen Sie wahrscheinlich nicht. Beachten Sie jedoch, dass Sie frei herauslachen, dass Sie das Lachen nicht künsteln oder im Hals festhalten. Dann wird es die entspannende Wirkung haben, die Sie sich wünschen.

Beckenbodentraining

Anwen-dungs-gebiete	• auf jeden Fall nach der Geburt zur Rückbildung • für die Aufrichtung mit der Kraft aus dem Unterkörper • zur Entlastung des Rückens
Zeitaufwand	• keine Extrazeit, weil immer nebenbei möglich
Altersgruppe	• alle, die ein Bewusstsein für den Beckenboden haben oder ihn trainieren wollen
Allgemeine Bemer-kungen	• Der Beckenboden besteht aus verschiedenen Muskeln, die das Becken nach unten abschließen. Zum einen sorgt er zusammen mit den Bauchmuskeln dafür, dass die Organe im Rumpf an Ort und Stelle gehalten werden. Zum anderen regelt er die Ausscheidungsfunktionen. Außerdem ist er wesentlich an unserer Aufrichtung und Haltung beteiligt. Wenn er (besonders nach Geburten) in seiner Kraft nachlässt, beeinträchtigt dies den gesamten Bewegungsapparat. Da Sie in der Familienarbeit immer besonderen körperlichen Anforderungen ausgesetzt sind (viel heben und sich bücken und auch im Haushalt viele körperliche Arbeiten verrichten müssen), ist es nicht nur nach Geburten zur Rückbildung oder zur Vermeidung von Inkontinenzproblemen von Bedeutung, den Beckenboden zu trainieren, sondern auch, um den Rücken allgemein zu entlasten. Wenn der Beckenboden an Kraft verliert, muss der Rücken die Haltearbeit für den Beckenboden mit übernehmen. So kann es dort zu Überlastungen und Schmerzen kommen. • Der Beckenboden hat auch viel mit Sexualität zu tun, so dass diese Muskelgruppe gleich von zwei Tabus belastet ist: Sexualität und Ausscheidung. Dies sind Themen, über die nach wie vor nur wenige Menschen frei und ungehemmt sprechen können, und wenn, dann ist es zunächst schwierig, angemessene Bezeichnungen dafür zu finden. Dabei ist es gerade mit Kindern nötig, auch für diese Themen eine (unbelastete) Sprache zu finden. • Außerdem kann man den Beckenboden nicht sehen und auch nur innerlich Kontakt mit ihm aufnehmen. Einen Bizeps können Sie leicht von außen kontrollieren und entsprechend den Trainingserfolg messen. Das ist beim Beckenboden natürlich schwieriger. Von einem geschulten Auge lassen sich die Bewegungen des Beckenbodens auch von außen erkennen. Sie selbst können es vor dem Spiegel einmal ausprobieren.

	• Beckenbodenübungen sind nicht nur für Frauen gut und wichtig, sondern ebenso für Männer! Männer brauchen den Beckenboden genauso für ihre Aufrichtung und können mit einem kräftigen und einsatzfähigen Beckenboden den Rücken entlasten. Ein regelmäßiges Training beugt zudem dem Prostatakrebs vor. Und außerdem können Männer über ihren Beckenboden den Orgasmus steuern und ihn bei Bedarf zeitlich verzögern. Drei gute Gründe, warum auch Männer im Alltag ihrem Beckenboden Aufmerksamkeit schenken sollten.
	• Es gibt vielerlei Übungen für den Beckenboden, die ich hier nicht im Einzelnen wiederholen möchte, sondern im Wesentlichen auf die Bücher »Beckenbodentraining« von Susanne Kitchenham-Pec und »Tiger feeling« von Benita Cantieni verweise (s. Literaturempfehlungen). Hier soll nur darauf hingewiesen werden, welche (meist vergessene oder nicht bekannte) Bedeutung der Beckenboden hat und worauf Sie im Alltag zu seiner Kräftigung achten sollten.
Risiken und Nebenwirkungen	• Der Beckenboden korrespondiert auch mit der Gesichtsmuskulatur. Ein entspannter Beckenboden könnte also auch zu einem weicheren Gesichtsausdruck führen.

Neben gezielten Übungen in der Rückbildungsgymnastik oder bei Bedarf in der Krankengymnastik sollte man den Beckenboden auch im Alltag nicht außer Acht lassen. Er ist immer gefordert, wenn Sie Ihren Körper belasten oder wenn es um die Aufrichtung und Haltung des Körpers geht. Um das Bewusstsein für und die Kraft des Beckenbodens zu schulen, gibt es für den Alltag drei verschiedene Übungen:

1. Den Beckenboden vor Belastungen anspannen
2. mit dem Beckenboden spielen, indem Sie Anspannung und Entspannung im Wechsel erzeugen
3. bei jeder aufrechten Haltung für einen guten Grundtonus im Beckenboden sorgen.

Übung 1:
Sie sollten Ihren Beckenboden immer dann anspannen, wenn Sie ein Gewicht anheben. Wenn Sie nicht wissen, wie Sie das machen sollen, stellen Sie sich vor, Sie müssten ganz dringend aufs Klo, haben aber keine Toilette in erreichbarer Nähe. Was tun Sie, um

dem Drängen Einhalt zu gebieten? Versuchen Sie zunächst, die Gesäßbacken entspannt zu lassen. Halten Sie Darm und Blase fest zu. Erst wenn Sie die inneren Muskeln zwischen den Pobacken nach innen hochgezogen haben, können Letztere sich auch mit anspannen.

Also, *bevor Sie*

- ein Kind auf den Arm nehmen,
- eine Kiste anheben,
- den Kinderwagen stemmen,
- eine Tasche umhängen,
- einen Kochtopf anheben,
- den Staubsauger anfassen oder
- ein Bett ausschütteln,
- die Spülbürste in die Hand nehmen,
- ein Brot zum Mund führen oder
- die Kaffeetasse ansetzen,

spannen Sie den Beckenboden an!

Experimentieren Sie damit, wie viel Spannung Sie für welche Belastung brauchen. Sicherlich braucht es weniger für eine Kaffeetasse als für ein Kind. Versäumen Sie jedoch keine Gelegenheit, sich die Haltearbeit des Beckenbodens bewusst zu machen und nutzen Sie seine Kraft!

Übung 2:

Wo Sie stehen oder sitzen, beim Kartoffelnschälen, beim Bügeln, in der Warteschlange im Supermarkt, an der roten Ampel, beim Telefonieren oder beim Fernsehen, können Sie Ihren Beckenboden trainieren, indem Sie ihn anspannen und wieder entspannen. Das fördert zum einen das Bewusstsein für den Beckenboden, zum anderen ist es ein hervorragendes Training.

Übung 3:

Probieren Sie aus, wie sich Ihre Haltung verändert, wenn Sie im Stehen den Beckenboden anspannen und entspannen:

- Was verändert der Tonus, also die Spannung, an der Becken-haltung? Und wirkt sich das auf die Haltung insgesamt aus?
- Bei welcher Spannung können Sie den Rücken weitestgehend entspannen?
- Was verändert die Beckenbodenspannung auch in Ihrem Gesicht?
- Und wie verändert sich der Kontakt der Füße zum Boden?

Experimentieren Sie mit diesen verschiedenen Haltungen und lassen Sie Ihre Erfahrungen vielleicht auch in die Übung zum Standpunkt mit einfließen. Wenn Sie dabei herausgefunden haben, welche Spannung im Beckenboden Sie optimal stützt, können Sie dies im Alltag gezielt einsetzen, wenn Sie eine sichere Haltung besonders benötigen.

Zusammenfassung

Der Körper ist der Träger all Ihrer Energien und damit die wich-tigste Quelle Ihrer Kräfte, seien sie körperlicher, seelischer oder geistiger Natur. Deshalb ist es notwendig, den Körper (sportlich) fit zu halten, aber auch die rechte Abwechslung zwischen span-nenden und entspannenden Momenten in Ihrem Alltag zu fin-den. Dafür bedarf es nicht nur des Trainings, sondern auch des Bewusstseins für die verschiedenen Zustände und Bedürfnisse des Körpers. Um Stress nicht als belastend zu empfinden, sondern den Herausforderungen des Alltags in der Familie gewachsen zu sein, sollten Sie sich regelmäßig mit Ihrem Körper beschäftigen und sorgsam mit ihm umgehen. Neben regelmäßigem Training sowohl zur Kräftigung als auch zur Entspannung können Sie viele Übungen in Ihren Alltag einbauen und so in jeder Lebenslage Ihr Körperbewusstsein schulen.

Elf Goldene Regeln für eine effektive Organisation

1. Überlegen Sie sich, was *Sie selbst* wollen, bevor Sie mit der Planung beginnen. Überlassen Sie nichts dem Zufall oder der Entscheidung anderer, solange Sie selbst nicht sicher sind, was bei einem bestimmen Projekt herauskommen soll.

2. Machen Sie sich klar, was für Sie unbedingt Priorität hat, was auf jeden Fall stattfinden soll, was also ohne Kompromisse geplant und in die Tat umgesetzt werden soll.

3. Definieren Sie genau das Ziel, das Sie erreichen wollen. Je nachdem, wie umfangreich Ihr Projekt gerade ist, können Sie das im Kopf oder schriftlich machen.

4. Verplanen Sie maximal 50 Prozent der Ihnen zur Verfügung stehenden Zeit. Dann können unvorhergesehene Ereignisse Ihnen keinen Strich durch die Rechnung machen.

5. Sorgen Sie dafür, dass es neben den aktiven Phasen auch genügend Entspannung gibt. Nur dann ist die Arbeit wirklich effektiv.

6. Halten Sie sich nicht damit auf, mögliche Hindernisse zu durchdenken! Überlegen Sie, wie Sie am einfachsten und schnellsten zu Ihrem definierten Ziel kommen.

7. Machen Sie eine möglichst genaue Planung Ihrer Besorgungen und Vorbereitungen.

8. Machen Sie eine möglichst genaue Planung, wer wann was erledigt.

9. Überprüfen Sie, ob die Planung realistisch ist. Versuchen Sie, mögliche Engpässe oder Stresssituationen vorab zu identifizieren, und überlegen Sie, wie Sie sie vermeiden können.

10. Treffen Sie möglichst klare Absprachen mit allen an dem Projekt beteiligten Personen. Bedenken Sie immer, dass niemand hellsehen kann und alle auf eindeutige Informationen angewiesen sind.

11. Wir alle sind nur Menschen und machen Fehler. Seien Sie nicht böse über die eigenen Fehler oder die der anderen. Rechnen Sie von vornherein damit, dass es Fehler geben wird. Bauen Sie auf die Stärken jedes Einzelnen und berücksichtigen Sie immer, wer was besonders gut kann. Betrauen Sie die jeweils geeignete Person mit der zu erledigenden Aufgabe.

Zum Schluss

Dieses Buch ist voll von
- Beschreibungen
- Vorschlägen
- Aufforderungen
- Ratschlägen
- Informationen
- Planungshilfen
- Tipps
- Empfehlungen und
- Anregungen.

Ich hoffe, Sie können den einen oder anderen Hinweis gebrauchen und dadurch Ihren Alltag erleichtern.

Schreiben kann ich darüber viel, aber:
Bestimmen müssen Sie Ihr Familien-Management und Ihr Leben selbst!
Dabei wünsche ich Ihnen alles Gute!

Literaturempfehlungen

Die Inhalte dieses Buchs sind im Wesentlichen aus meiner Arbeit mit Familien in den letzten zehn Jahren entstanden. Hier zudem einige Hinweise zu Literatur, die mir bei meiner Arbeit sehr geholfen hat oder die ich für empfehlenswert halte.

Zum Thema »(Familien-)Management«:

Blanchard, K., Oncken, W., jr., und Burrows, H.: Der Minuten-Manager und der Klammeraffe. Reinbek: Rowohlt 1990.

Blanke, Karen, Ehling, Manfred und Schwarz, Norbert: Zeit im Blickfeld. Ergebnisse einer repräsentativen Zeitbudgeterhebung des Bundesministeriums für Familie, Senioren, Frauen und Jugend (=Schriftenreihe, Bd. 121). Stuttgart: Kohlhammer 1996.

Ehrhardt, Ute und Johnen, Wilhelm: Frauen steigen wieder ein. Ein Programm für den neuen Start in den Beruf. Frankfurt/Main: Fischer 1998.

Freund, Peter: Management im Überblick. München: Econ 1991.

Jansen, Margrit und Seibert, Ulrike: Kinder und Job. Erfolgsrezepte für Mütter, die beides wollen. Reinbek: Rowohlt 1997.

Quast, Christoph von: Psychotest: Zeitmanagement. München: Humboldt-Taschenbuchverlag Jacobi KG 1994.

–: Psychotest: Streßmanagement. Humboldt-Taschenbuchverlag Jacobi KG 1994.

Schuster, Klaus: Abenteuer Verhaltenstherapie. Neue Erlebnisse mit sich und der Welt. München: Deutscher Taschenbuch Verlag ²2000.

Schwäbisch Hall: Planung. 1993.

Verbraucherzentrale e.V.: Zeitmanagement im Haushalt. Düsseldorf 1996.

Zum Thema »Eltern werden«:

Albrecht-Engel, Ines: Geburtsvorbereitung. Handbuch für werdende Mütter und Väter. Reinbek: Rowohlt 1993.

Bullinger, Hermann: Wenn Paare Eltern werden. Die Beziehung zwischen Frau und Mann nach der Geburt ihres Kindes. Reinbek: Rowohlt 1986.

Zum Thema »Erziehung«:

Kast-Zahn, Annette und Morgenroth, Hartmut: Jedes Kind kann schlafen lernen. Vom Baby bis zum Schulkind: Wie Sie Schlafprobleme Ihres Kindes vermeiden und lösen können. Ratingen: Oberstebrink & Partner 1997.

Rogge, Jan-Uwe: Kinder brauchen Grenzen. Reinbek: Rowohlt 1993.

–: Eltern setzen Grenzen. Reinbek: Rowohlt 1996.

–: Pubertät – Loslassen und Haltgeben. Reinbek: Rowohlt 1998.

Schenk, Herrad: Wieviel Mutter braucht der Mensch? Der Mythos von der guten Mutter. Reinbek: Rowohlt 1998.
Walter, Dagmar C.: Autogenes Training für Kinder. Fantasiereisen zum Entspannen. München: Deutscher Taschenbuch Verlag 1998.

Zum Thema »Kommunikation«:

Ehrhardt, Ute: Gute Mädchen kommen in den Himmel, böse überall hin. Warum Bravsein uns nicht weiterbringt. Frankfurt/Main: Krüger 1994.
–: Und jeden Tag ein bisschen böser. Das Handbuch zu »Gute Mädchen kommen in den Himmel, böse überall hin«. Frankfurt/Main: Krüger 1996.
Gordon, Thomas: Familienkonferenz. Hamburg: Hoffmann und Campe 1993.
Gray, John: Männer sind anders, Frauen auch. München: Goldmann 1992.
Moeller, Michael Lukas: Die Wahrheit beginnt zu zweit. Das Paar im Gespräch. Reinbek: Rowohlt 1988.
Satir, Virginia: Selbstwert und Kommunikation. Familientherapie für Berater und zur Selbsthilfe. Stuttgart: Klett-Cotta 1998.
Schulz von Thun, Friedemann: Miteinander reden. Störungen und Klärungen. Reinbek: Rowohlt 1981.
Watzlawick, Paul: Anleitung zum Unglücklichsein. München: Piper 1997.
–: Menschliche Kommunikation. Bern: Hans Huber 1996.

Zum Thema »Körperarbeit«:

Birkenbihl, Vera, Blickhan, Claus und Ulsamer, Bertold: Einstieg in das Neuro-Linguistische Programmieren. Offenbach: GABAL-Verlag 1987.
Cantieni, Benita: Tiger feeling. Das sinnliche Beckenbodentraining. Berlin: Verlag Gesundheit in Ullstein Buchverlage 1997.
Kitchenham-Pec, Susanne und Bopp, Annette: Beckenbodentraining. Beckenbodenprobleme und ihre Behandlung: Mit genauer Anleitung zur Beckenbodengymnastik. Stuttgart: Trias 1997.
Klein, Margarita und Weber, Maria: Das tut mir gut nach der Geburt. Rückbildung und Neufindung: Wie Mütter ihr Wohlbefinden stärken können. Reinbek: Rowohlt 1998.
Preuschoff, Gisela: Ganz entspannt mit Kind und Kegel. Meditationen für gestresste Mütter. München: Kösel 1997.
Siems, Martin: Dein Körper weiß die Antwort. Focusing als Methode der Selbsterfahrung. Eine praktische Anleitung. Reinbek: Rowohlt 1986.

Amüsantes zum Thema »Familie«:

Fried, Amelie: Die StörenFrieds. Geschichten von Leo und Paulina. München: Mosaik Verlag 1995.
Hacke, Axel: Der kleine Erziehungsberater. München: Verlag Antje Kunstmann 1992.

Adressen:

Die Gesellschaft für Geburtsvorbereitung – Familienbildung und Frauengesundheit – Bundesverband e.V. (GfG) hat in Zusammenarbeit mit der Bundeszentrale für gesundheitliche Aufklärung (BzgA) eine Broschüre herausgegeben, in der sich Interessenverbände für Familienfragen vorstellen. Sie heißt »Familienverbände« und ist zu beziehen über die Bundeszentrale für gesundheitliche Aufklärung (BzgA), 51101 Köln.

Ich danke

meiner Familie, in der ich lebe, mit der ich tagtäglich die Erfahrungen machen darf, die Thema dieses Buches sind;

meiner Familie, aus der ich komme, in der ich schon früh das Organisieren lernen durfte;

meinen SeminarteilnehmerInnen, durch deren Anregungen sich mein Konzept ständig weiterentwickeln konnte;

meinen FreundInnen und KollegInnen, die mich immer wieder ermuntert haben, dieses Buch zu schreiben; und besonders

Gisela Fast, Maren Kohn und Sabine Stiboy, die mir mit ihren Anmerkungen sehr geholfen haben und vor allem meiner Lektorin Hannelore Hartmann, die durch ihren liebevollen Umgang mit meinem Manuskript dem Buch den letzten Schliff gegeben hat.